Viechernarrisch

© 2014 Irene Brunmeier
Erste Auflage

Umschlaggestaltung, Illustration: Irene Brunmeier
Lektorat, Korrektorat: Hildegard Außerbaur-Seibl
Übersetzung: keine
weitere Mitwirkende: Monika Brunmeier,

Verlag: tredition GmbH, Hamburg
Printed in Germany
ISBN: 978-3-8495-7730-8

Das Werk, einschließlich seiner Teile, ist urheberrechtlich geschützt. Jede Verwertung ist ohne Zustimmung des Verlages und des Autors unzulässig. Dies gilt insbesondere für die elektronische oder sonstige Vervielfältigung, Übersetzung, Verbreitung und öffentliche Zugänglichmachung.

Bibliografische Information der Deutschen Nationalbibliothek: Die Deutsche Nationalbibliothek verzeichnet diese Publikation in der Deutschen Nationalbibliografie; detaillierte bibliografische Daten sind im Internet über http://dnb.d-nb.de abrufbar.

ISBN: 978-3-8495-7730-8

Lena Bach

Viechernarrisch

Selbsterlebte Geschichten
aus dem Tierreich

Zum Nachdenken

Vielleicht stünde es um die Welt besser, wenn die Menschen Maulkörbe, und die Tiere Gesetze bekämen.
Georg Bernhard Shaw

"Würde man Menschen mit Tieren kreuzen, würde dies die Menschen veredeln, aber die Tiere herabsetzen."
Mark Twain

Mit einem kurzen Schwanzwedeln kann ein Hund mehr Gefühl ausdrücken als mancher Mensch mit stundenlangem Gerede.
- Louis Armstrong –

Liebe Leser!

Eine gute Freundin meinte kürzlich, als ich ihr einige Anekdoten aus meinem Leben erzählte, dass ich Tagebuch führen und meine Erlebnisse mit Mensch und Tier auch anderen zugängig machen sollte. Im Allgemeinen finde ich mein Dasein nicht so aufregend, wahrscheinlich weil es für mich das normalste der Welt scheint, ständig alle möglichen Lebewesen in unseren Haushalt zu integrieren. Meist solche, die vorher kein artgerechtes Leben hatten, überflüssig wurden und auch schon mal misshandelte Tiere, aber auch solche, die mich ganz einfach faszinieren und die ich deshalb gerne um mich habe.

Es ist mir aber schon öfter aufgefallen, dass meine Mitmenschen, die „normaler" leben als wir, dieses chaotische Zusammenleben von Pferden, Schafen, Kühen, Hunden, Katzen und Meerschweinchen als durchaus aufregend empfinden und sich meine kleinen Geschichten staunend und belustigt anhören. Immer wieder werde ich aufgefordert, mehr davon zu erzählen. Nun habe ich ja auch schon ein paar Jährchen auf dem Buckel, wie man so schön sagt, und so dachte ich mir, bevor meine Arthrosen mich endgültig dazu zwingen, den Stift für immer aus der Hand zu legen, bringe ich die eindrücklichsten Ereignisse aus meinem Leben mit den Tieren zu Papier. Vielleicht will es ja wirklich der ein oder andere lesen und hat seine Freude daran. Mal sehen.

1...Munkel und andere Tiere

Schon seit meiner frühesten Kindheit war ich nach Aussage meiner Mutter und anderen, die mich aus dieser fernen Zeit kennen, „viechernarrisch". Das ist der bayerische Ausdruck für tierlieb. Dabei konnte ich meine Tierliebe leider nur in der Nachbarschaft unter Beweis stellen, denn in dem kleinen Häuschen, in dem ich aufwuchs, regierte meine Oma, und der waren Haustiere ein Gräuel.

Also suchte ich in meinem engsten Umfeld nach vierbeinigen Freunden und wurde bald fündig. Die „Stadlerin", die etwa so alt war wie meine Oma, besaß einen stattlichen grau-weißen Kater namens Munkel. Er ließ sich streicheln, kraulen und hochheben und war auch einem Spielchen mit kleinen Ästen und Steinen nie abgeneigt.

Ich entkleidete meine Puppen, die ich nackt und ungeliebt zu Hause zurückließ, und zog mit meinem Puppenwagen los, um Munkel, mit Mütze und Hemd ausgestattet, darin herumzukurven. Fest eingepackt ins Federbettchen ließ er sich die holprige Fahrt eine Zeit lang gefallen. Dann hatte er endgültig genug davon und nahm jedes Mal Reißaus, sobald er mich mit meinem Wägelchen ankommen sah.

Also parkte ich schwer enttäuscht meine Karre im Garten und machte mich auf den Weg, um neue Opfer zu suchen. Leider war in unserer Straße mit Hunden und Katzen nicht viel los und so wurde ich nicht fündig.

Was ich allerdings fand, war eine Blindschleiche, die zwischen die Speichen eines Fahrrades geraten war, sodass ihr Kopf beinahe abgetrennt war. Ich nahm die Ärmste mit nach Hause, wo ich aus Omas Kommode im Schlafzimmer ein Taschentuch nahm, es mit Franzbranntwein tränkte und mit einer ordentlichen Portion Penaten-Creme am Hals der Blindschleiche befestigte.

Danach drückte ich eine Kuhle in Omas riesiges Federbett und legte die Blindschleiche hinein. Leider vergaß ich, meiner Oma Bescheid zu geben, und so fiel sie fast in Ohnmacht, als sie das kleine Viecherl in ihrem Bett entdeckte, das zur Krönung noch ihr versautes Taschentuch um den Hals trug. Meine Oma, die sich aus irgendwelchen unerfindlichen

Gründen in den Kopf gesetzt hatte, dass ich der größte Satansbraten auf Gottes Erde sei, versohlte mir ordentlich den Hintern und setzte mich anschließend zusammen mit meinem Patienten vor die Tür.

Gegenüber von unserem Haus lag damals noch ein Wirtsgarten mit großen Kastanienbäumen, unter denen einer der Straßenanwohner seinen fahruntüchtigen VW Karman-Ghia abgestellt hatte. Die Türen waren offen, also legte ich meinen Findling auf den Beifahrersitz und wünschte ihm baldige Genesung.

In den folgenden zwei Tagen sah ich immer wieder nach meinem Freund und brachte ihm Wasser und Gras, weil ich mit meinen vier Jahren nicht wusste, was Blindschleichen so fressen (Meine Oma wollte ich natürlich nicht fragen). Und siehe da: Am dritten Tag schlängelte sich das Tier aus dem Taschentuch und der Kopf saß fest am Körper. Leider kannte mein Freund keine Dankbarkeit und verzog sich schon nach kurzer Zeit ins hohe Gras, wo er dann für immer verschwand.

Ich weiß bis heute nicht, ob es dasselbe Tier war, das an einem der darauffolgenden Tage von einem Kieslaster auf der Teerstraße platt gefahren wurde. Was ich jedoch noch genau weiß, ist, dass ich erneut eine ordentliche Tracht Prügel bezog, als meine Oma feststellte, dass ich den Beifahrersitz des Karman-Ghia mit Penaten-Creme, Franzbranntwein- und Grasflecken versaut hatte.

Allerdings regte sich die Gute völlig umsonst auf, da wenige Wochen später ein Schrotthändler den kaputten Wagen abholte.

Einige Tage nach dem Vorfall mit der Blindschleiche erinnerte ich mich an meinen Puppenwagen, der immer noch verwaist im Garten stand. Als ich darauf zuging, sah ich Munkel, der, angezogen von dem weichen, sonnengewärmten Bettchen, sein Schläfchen darin hielt.

Ich konnte mein Glück kaum fassen. Ganz leise und vorsichtig näherte ich mich dem Kater, streichelte und kraulte ihn und erzählte ihm eine lange Geschichte von kranken Blindschleichen und verständnislosen Omas. Nach langer Zeit erst wachte er auf, gähnte und streckte sich, machte einen Katzenbuckel und verschwand Richtung Stadlerin.

Von da an kam er jeden Tag, hielt sein Schläfchen, spielte mit den geklauten Wollknäueln meiner Oma und hörte sich geduldig meine Geschichten an. Bald kam ich auf die Idee, kleine Portionen meines Mittagessens für Munkel abzuzwacken, damit er sich den Weg zur Stadlerin sparen konnte.

Zu jener Zeit, also in den späten sechziger Jahren, konnte man in den Läden noch kein Katzenfutter finden. Jeder, den ich kannte, fütterte seine Haustiere mit Essensresten und Milch. Munkel nahm meine Mahlzeiten freudig entgegen und hielt sich nun wirklich mehr bei uns auf als bei seiner Besitzerin.

Im Winter lockte ich ihn ins Haus, wo er auf dem Fensterbrett Stellung bezog. Das war sehr praktisch, weil er, wenn meine Oma kam, schnell aus dem Fenster geschoben wurde, um ihn später wieder einzulassen. Ich war glücklich wie noch nie und wähnte mich schon als stolze Katzenbesitzerin, doch da hatte ich die Rechnung ohne die Stadlerin gemacht.

Sie sorgte sich natürlich wegen des vermehrten Ausbleibens ihres Katers und machte sich auf die Suche nach ihm. Weit musste sie nicht gehen. Sie fand ihn friedlich schlafend in meinem Puppenwagen und ab ging die Post nach Hause mit ihm.

Meine Oma hielt mir eine gehörige Standpauke, bei der Sätze wie „Aneignung fremden Eigentums" fielen und verbot mir Umgang und Fütterung.

Trotz Wegfall der Häppchen erschien Munkel bald wieder jeden Tag auf der Bildfläche. Schon damals wusste ich genau, dass man eine Katze ohnehin nicht „besitzen" konnte. Man konnte höchstens ihre Gunst erlangen, und das war mir bei Munkel zweifellos gelungen.

Als er eines Tages auf unserer immer stärker befahrenen Straße überfahren wurde, gab es keinen, der mehr um ihn getrauert hat, als ich. Mein bester Freund war für immer fort und ich war lange Zeit untröstlich. Stundenlang saß ich am Fenster und sah in die Richtung, aus der er immer gekommen war.

Meiner Mutter tat ich damals so leid, dass sie mir trotz Omas Ablehnung eine Katze schenken wollte. Aber immer, wenn ich an Munkels Schicksal dachte, fiel mir ein, dass es jeder anderen Katze in unserer Straße genauso ergehen würde, und so verzichtete ich aus freien Stücken. Dafür waren sie einfach zu schade.

Weil ich dennoch ohne Tiere nicht leben wollte, fing ich mir eine Maus. Das hört sich so einfach an, war aber in Wirklichkeit das Schwierigste, was ich damals in meinem jungen Leben ausführte. Wochenlang beobachtete ich eine Feldmaus, eruierte sämtliche Löcher, aus denen sie aus dem Boden kommen würde und hatte eines Tages wirklich das Glück, sie zu erwischen. Leider erwischte sie mich auch, und zwar mit den Zähnen am Zeigefinger. Dennoch verschwendete ich nicht eine Sekunde lang den Gedanken daran, sie loszulassen. Ich biss nun meinerseits die Zähne zusammen und versuchte vorsichtig, die der Maus aus meinem Finger zu lösen, ohne sie dabei fallenzulassen.

Mit meiner pochenden, blutenden Wunde wickelte ich das bissige Ding in meine Strickweste und rannte schnurstracks nach Hause, wo schon seit Wochen mein Bücherschrank für den neuen Mitbewohner ausstaffiert bereit stand. Das Gitter eines alten Vogelkäfigs sollte den Ausbruch des Nagers verhindern. Leider hatte ich nicht damit gerechnet, dass mein neuer Kumpel sich durch die Rückwand der Sperrholzwand beißen würde. So hatte ich plötzlich nach wenigen Tagen nicht nur einen ramponierten Schrank, (Wie sollte ich das nur meiner Oma erklären?) sondern auch eine freilaufende Maus im Zimmer (???)

Mit viel Geduld, Zwieback und Brotkrümeln gelang es mir allerdings nach einigen Wochen, die Maus dazu zu bewegen, auf meine Hand zu klettern. Glauben Sie mir, das war überhaupt nicht einfach und heutzutage würde ich an so einer Aufgabe schier verzweifeln. Damals machte mir dieses Geduldsspiel gar nichts aus. Vielmehr freute ich mich über jeden noch so kleinen Erfolg. Nach einer gewissen Zeit hatte ich meinen Freund so weit, dass er auf meiner Schulter saß, sich putzte, und anschließend zu den Leckereien in meiner Hand huschte. Sogar streicheln durfte ich das putzige Ding, solange ich keine hastigen Bewegungen machte.

Die schwierigste Aktion war es, das Mäuschen dauerhaft vor meiner Familie zu verstecken. Über so einen Hausgenossen wäre auch meine Mutter nicht erfreut gewesen. Ich erinnerte mich noch gut an die Mausefallen, die sie im Herbst auf dem Dachboden aufgestellt hatte, um dem dauerhaften Rumoren ein Ende zu bereiten. Fast ein Jahr lang ging alles gut und keiner bemerkte die Anwesenheit meines mittlerweile zahmen Nagers, zumal er sich ruhig verhielt und die meiste Zeit in einer meiner

Westentaschen steckte. Als ich jedoch mit meiner Mutter einen Sonntagsausflug in den Münchner Tierpark unternahm, war nach unserer Rückkehr mein Liebling unauffindbar.

Ich stellte mein Zimmer auf den Kopf, rückte das Bett von der Wand, ich rief und schnalzte, ohne Erfolg. Die Maus war und blieb verschwunden. Zu allem Überfluss durfte ich es mit meiner aufgeregten Suche nicht übertreiben, um die Aufmerksamkeit der Erwachsenen nicht auf meinen geheimen Zimmergefährten zu lenken.

Nach Tagen der Ungewissheit fasste ich mir ein Herz und fragte beiläufig nach der Entdeckung einer Maus in meinem Zimmer, was allerdings nur ein Achselzucken bei den Befragten auslöste. Schließlich musste ich mich mit der Tatsache abfinden, dass mein Freund in meiner Abwesenheit das Weite gesucht und gefunden hatte. Traurig, wie ich war, hoffte ich für ihn auf ein gutes Leben und verabschiedete mich in vielen Nächten unter Tränen von ihm.

Ein anderes Mal, als ich meine Mutter abholen wollte, die täglich um 15.00 Uhr aus der Frühschicht kam, fand ich eine Eidechse. Sie sonnte sich auf einem Stein und verharrte total bewegungslos, so dass ich sie zuerst einmal für tot hielt.

Als ich ihr zu nahe kam, wurde sie plötzlich lebendig und kurz darauf war sie verschwunden. Ich untersuchte das Gelände etwas genauer und nach und nach entdeckte ich viele von den braun-grünen Eidechsen, die auf den Steinen ihr Sonnenbad nahmen. Sofort kam mir der Gedanke, eine dieser Echsen zu fangen und mit nach Hause zu nehmen, doch als es mir tatsächlich nach langer Zeit gelang, eine zu fassen, hielt ich zu meinem Entsetzen nur deren Schwanz in der Hand. Schwer enttäuscht trat ich den Rückweg zur Firma an und nahm meine Mutter in Empfang, um sie sofort mit tausend Fragen über diese Spezies zu löchern. Meinen Bericht über den abgetrennten Schwanz quittierte sie mit einem Lachen. „Das hätte ich dir vorher sagen können", meinte sie. „Eidechsen werfen in Todesangst lieber ihren Schwanz ab, als sich fangen und einsperren zu lassen."

Nachdenklich grübelte ich auf dem Heimweg über das arme Tier nach, dem ich solch eine Angst eingejagt hatte. Anscheinend eignete es sich nicht als Haustier und ich verwarf den Gedanken daran. Außerdem hätte ich gar nicht gewusst, womit ich es füttern sollte.

Trotz meiner Einsicht zog es mich von da an immer öfter in das „Tal der Eidechsen", wie ich es insgeheim nannte. Ich begnügte mich damit, den Tieren zuzusehen, wie sie umherhuschten, kleine Fliegen fingen und sich auf den Steinbrocken wärmten, die auf dem ganzen Grundstück verstreut lagen. Manchmal sah ich auch silberne Schlangen, die zusammengerollt die Wärme genossen, während nach einer heftigen Regenphase in den entstandenen Tümpeln kleine Kaulquappen ruderten. Später entwickelten sich daraus niedliche Frösche, die eine schwarz-gelbe Bauchfärbung hatten.

Dieses Gelände war mein allerliebster Abenteuer-Spielplatz. Es gab unzählige Tiere hier, wenn man nur die Augen offen hielt. Hier fühlte ich mich wohl und dachte nicht im Traum daran, Schulfreunden von meiner Entdeckung zu erzählen, da die meisten mit den Tieren nur Unfug trieben.

Meine Enttäuschung war riesengroß, als man ein Jahr später das Brachland neben der Fabrik aushob und mit einem Betonklotz zubaute. Ich dachte an all die Kreaturen, die nun heimatlos geworden waren und an mein verlorenes Paradies.

Von da an weigerte ich mich vehement, meine Mutter von der Arbeit abzuholen, da ich den Anblick des verbauten Grundstücks nicht mehr ertragen konnte.

Wieder war ich der Tiere beraubt worden, die ich doch so sehr liebte. Nicht einmal die Beobachtung in freier Wildbahn war mir vergönnt. Ich hatte den Eindruck, alle Welt habe sich gegen mich und meine Tierliebe verschworen. Als ich zum fünften Geburtstag wieder nur einen Plüschhund bekam, weinte ich Rotz und Wasser. Meine Oma schimpfte mich ein undankbares Ding und sperrte den Hund in den Schrank, doch das war mir egal.

2…Prinz

Ich ging mittlerweile schon zur Schule und auf dem Weg dorthin kam ich immer an einem großen Garten vorbei, den ein riesiger Schäferhund bewachte. Oft stellte ich mich an den Zaun und redete auf ihn ein. Er hörte aufmerksam zu, fiel mir nicht ins Wort und wedelte bald schon mit dem Schwanz, wenn er mich von Weitem sah.

Bei Gelegenheit kam ich mit der Besitzerin ins Gespräch, einer älteren Dame, die nicht mehr gut zu Fuß war. Ich erfuhr, dass der Name des Hundes „Prinz" war und er gerne spazieren ging. Sein Frauchen konnte ihm diesen Wunsch aber nur noch sehr selten erfüllen, und so saß Prinz jeden Nachmittag am Gartentor und sah sehnsüchtig den Passanten nach.

Für mich war die Sache klar. Jeden Tag nach der Schule klingelte ich bei Frau Veitlbauer und sie übergab mir Prinz, der, bereits mit Halsband und Leine ausgerüstet, auf seinen Spaziergang wartete. Das sprach sich im Bekanntenkreis der Veitlbauerin herum, und schon bald war ich täglich mit mehreren Hunden unterwegs.

Ich war in meinem Element. Da ich die Schule und die Hausaufgaben locker schaffte, hatte auch meine Mutter nichts gegen die Spaziergänge einzuwenden. Zumindest solange, bis eine unserer immer besorgten Nachbarinnen Bedenken hinsichtlich der Gefahren äußerte, die beim Ausführen „sooo großer Hunde" über ein Kind hereinbrechen konnten.

Es bestand die Möglichkeit, dass man an der Leine mit fortgerissen wurde, direkt in ein fahrendes Auto hinein, oder einer dieser „riesigen Köter" würde plötzlich aggressiv und würde mich am anderen Ende der Leine zerfleischen.

Sie zeigte meiner Mutter wahre Höllenszenarien auf, und so endeten meine Spaziergänge abrupt mit dem strengen Verbot, je wieder einen fremden Hund auszuführen (ein eigener wäre mir ohnehin lieber gewesen).

Von diesem Tag an hasste ich die Nachbarin und mir fielen einige Dinge ein, mit denen ich ihr das Leben schwer machen konnte. Ich blockierte mit Stöcken den Griff ihres Gartentors von außen oder trat aus Versehen die Kehrschaufel mit dem Unrat um, den sie vom Bürgersteig gefegt hatte. Im Frühjahr verteilte ich die Baldriantropfen meiner Oma in ihrem Garten und lachte mich halbtot über die liebestollen Kater, die sich daraufhin einstellten. Sogar mitten in der Nacht hörte man ihre durchdringenden Schreie, die man mit denen kleiner Kinder verwechseln konnte. Gleich darauf knallte unsere Nachbarin erbost ihre Fenster zu und schimpfte über den schlafraubenden Lärm.

Ihr eigener Sohn, der etwa in meinem Alter war, durfte kein einziges Tier anfassen, um sich nur ja keine ansteckenden Krankheiten zu holen. Trotzdem war er ständig krank und durfte nicht zum Spielen raus. Wenn ich ihm eine Maus oder einen Frosch zeigen wollte, fiel seine Mutter fast in Ohnmacht und belehrte mich über die Krankheiten, die solche Tiere übertragen. Sie band mir auch den Bären auf, dass man von Kröten Warzen bekäme. Gott, was war die Alte schräg.

Über unser Spaziergangs-Verbot war nicht nur ich traurig. Auch Prinz fehlten unsere täglichen Wanderungen in die verschiedensten Ecken der Stadt. Da ich aber ein findiges Persönchen war, ersann ich schon bald eine in meinen Augen tolle Lösung für alle Beteiligten.

Jeden Sonntag, an dem ich die Heilige Messe besuchen sollte, die mir sowieso viel zu langweilig war, holte ich stattdessen Prinz ab und ging für die Dauer des Gottesdienstes auf Schleichwegen mit ihm Gassi. Das ging einige Wochen lang gut, bis unserer immer besorgten Nachbarin mein Fehlen in der Kirche auffiel.

Natürlich musste sie mich ausgerechnet bei meiner Oma verpetzen, die, was Kirche, Gott und den Pfarrer betraf, sehr katholisch war. Mein Fernbleiben vom Sonntagsgottesdienst war für sie der endgültige Beweis, dass bei mir Hopfen und Malz verloren war. Ich brauche wohl nicht eigens zu erwähnen, dass dieser Vorfall mich meiner Nachbarin nicht näher brachte.

Vielmehr verkörperte diese Frau für mich das personifizierte Unheil und wäre meine Mutter nicht gewesen, ich hätte sie nicht mal mehr gegrüßt.

3...Hansi

Die fehlenden Haustiere erzeugten meine ganze Kindheit hindurch den Wunsch, Abhilfe zu schaffen, aber gegen meine Oma kam man nicht an. Deshalb war ich mehr als überrascht, als ich zum 11. Geburtstag einen Wellensittich bekam.

Diese Art von Haustier war sogar für meine Oma vertretbar, weil Vögel in einem Käfig leben, keine Unordnung und wenig Arbeit machen. Dieses Klischee mochte für sämtliche Wellensittiche meiner Freundinnen gelten, nicht aber für meinen Hansi.

Innerhalb weniger Wochen suchte er seinen Käfig nur noch auf, wenn er Hunger oder Durst hatte. Die übrige Zeit verbrachte er auf meiner Schulter oder auf meinem Kopf, wo er an meinen Haaren zupfte. Sobald ich aus der Schule kam, ließ ich ihn frei und verbrachte meine Nachmittage in seiner Gesellschaft.

Er half mir bei den Hausaufgaben, indem er mit dem Schnabel die Ecken meiner Schulhefte in kleine Fetzen verwandelte. Meine Buntstifte bearbeitete er ebenso sorgfältig und auch mein Radiergummi wurde dank seiner unaufhörlichen Bemühungen unverwechselbar für meine Banknachbarin.

Mittags saß er auf meinem Tellerrand und pickte das verhasste grüne Zeug aus meiner Suppe. Die Salatschüssel nutzte er als Vogelbad und als meine Mutter sich grünen Pfefferminzlikör einschenkte, saß er auf dem Schnapsglas und nippte solange, bis er kopfüber an der Tischkante baumelte.

Ebenso gerne turnte er auf der Spiegelablage herum, attackierte seinen vermeintlichen Widersacher und verarbeitete die umliegende Tapete zu Konfetti. Meine Oma machte gute Miene zum bösen Spiel, aber sie änderte ihre Meinung über Vögel von Grund auf.

Manchmal konnte aber selbst sie nicht umhin, sich über Hansis Eskapaden zu amüsieren.

Wenn wir Mensch ärgere dich nicht spielten, flog er kurzerhand aufs Spielbrett und entführte die bunten Kegel. Die Würfel bekam er nicht zu fassen und aus Wut darüber kullerte er sie einfach auf die Erde.

Auf mein Händeklatschen hin flog er sofort auf meine Schulter und ein Fingerschnippen veranlasste ihn, auf der Deckenleuchte zu landen. Er war immer gut gelaunt, witzig und frech und ich liebte ihn über alles.

Ich vergaß nie, seinen Käfig zu reinigen, geschweige denn, ihn zu füttern. Keiner außer mir durfte meinen Vogel versorgen und beim Einkaufen war ich immer darauf bedacht, Hirse und Knabberstangen für ihn in den Korb zu legen.

An einem kalten Morgen im Herbst geschah dann etwas Schreckliches: Meine Oma, gekleidet mit mehreren Lagen Kleidung gegen die Kälte, brachte die Asche nach draußen in die Tonne. Leider bemerkte sie durch ihre Zwiebelmontur hindurch nicht, dass Hansi auf ihrer Schulter saß.

Dieser nutzte die Gunst der Stunde und flog auf und davon. Sein Verlust war für mich sehr schmerzhaft. Auch nach tagelangem Suchen blieb Hansi verschwunden. Meine Hoffnung, er würde wiederkehren, schwand nach einigen Tagen. Angesichts meiner Trauer versprach meine Mama mir, einen neuen Wellensittich zu kaufen, doch das wollte ich nicht.

Wenn nicht Hansi, dann eben keinen. Kein Vogel der Welt hätte Hansi ersetzen können. Und so blieb Hansi verschwunden, und ich „vogellos".

Kurz vor meinem 14. Geburtstag starb meine Oma, und meine Mama wurde schwer krebskrank. Um nicht alleine sein zu müssen, kam ich in ein katholisches Ordensinternat. Der Traum vom Haustier war in weite Ferne gerückt, und ich sorgte mich 15 Monate um meine Mama, die diese Zeit in sämtlichen Krankenhäusern der Umgebung verbrachte. Als sie den Krebs endlich besiegt hatte und wir beide wieder in unserem Häuschen wohnten, war ich der wohl glücklichste Teenager der Welt, obwohl ich mich damals um viele Dinge kümmern musste, an die andere Jugendliche in diesem Alter noch keine Gedanken verschwendeten.

Während meine Freundinnen die ersten Schminkversuche wagten und an Partys teilnahmen, Jungs kennenlernten und langsam erwachsen wurden, sorgte ich mich um die täglichen Dinge des Lebens, bis meine Mutter wieder voll auf dem Damm war. Sie ist mittlerweile übrigens 83 Jahre alt und erfreut sich außer einiger weniger Alterswehwehchen bester Gesundheit.

4...Schweine, Ziegen und Bella

Nach der Schulzeit begann ich eine Lehre als Schriftsetzerin in einer Druckerei, zum einen, weil es das einzige war, was mich interessierte, zum anderen, weil meine Tante den Chef der Firma kannte und ein gutes Wort für mich einlegte.

Zu dieser Zeit war das sogenannte „Vitamin B" wichtig, denn Lehrstellen waren knapp. Natürlich wäre ich viel lieber Tierärztin geworden, und bestimmt keine schlechte, doch es war klar, dass meine Mutter mir ein solches Studium niemals hätte finanzieren können.

Also wurde ich Schriftsetzerin. Die Arbeit machte mir Spaß. Nun begann auch ich, an den Wochenenden das Geheimnis „Diskothek" zu lüften. Da ich zu dieser Zeit noch kein eigenes Auto besaß, fuhren wir zumeist per Anhalter in die örtlichen Tanzlokale, und so lernte ich praktisch auf der Straße meinen heutigen Ehemann kennen. Das war kurz vor meinem siebzehnten Geburtstag.

Ich hielt den Daumen hoch und er, zwei Jahre älter als ich, nahm mich in seinem alten Opel Rekord mit zur nächsten Disco. Wir unterhielten uns, tranken Cola und hörten Musik. Danach brachte er mich bis zur Haustüre. Auf diese Weise vergingen einige Wochenenden und wir verliebten uns ineinander.

Aus seinen Erzählungen wusste ich, dass seine ebenfalls alleinerziehende Mutter eine kleine Landwirtschaft betrieb. Es gab Schweine, Ziegen, Katzen und einen Hund. Wenig später nahm er mich zum ersten Mal mit nach Hause. Das erste, was ich sah, als ich aus dem Auto stieg, war eine grau-weiße Katze, die mich sofort an Munkel erinnerte. Wir gingen in den Schweinestall, wo mehrere Ferkel an den Zitzen der verschiedenen Muttersauen tranken. In einem älteren Teil des Stalles standen drei Ziegen und ein Bock, die mich neugierig beschnupperten.

Zwischen Stall und Wohnabteil befand sich ein langer, dunkler Flur, und kurz vor dem Ende des Flurs, am Aufgang zur Treppe, schnarchte eine Bernhardiner-Hündin namens Bella. Ich war sofort hin und weg und konnte kaum fassen, dass da so ein tolles Riesen-Ding lag, von dem ich schon immer geträumt hatte. Diese Rasse hatte mich schon immer magisch angezogen, diese traurigen Augen, der große Knuddelkopf, und dann eben allgemein diese Größe.

Große Hunde waren mir schon immer lieber als kleine Kläffer. Bella, die „Schöne", machte ihrem Namen allerdings keine große Ehre. Erstens gehörte sie mit ihren sieben Jahren schon zum alten Eisen, da Bernhardiner leider keine große Lebenserwartung haben, und zweitens war sie nicht sehr gepflegt. Das Fell war schmutzverkrustet und voller Stroh, die Lefzen voll mit eingetrockneter Sabber, der auch Spuren auf ihrer großen Nase hinterlassen hatte.

Gleich bei meinem nächsten Besuch sollte sich das gründlich ändern. Ich bürstete ihr Fell, bis es glänzte, reinigte Augen und Ohren mit einem Schwamm und belohnte ihre Geduld immer wieder mit kleinen Leckerbissen.

Mir war natürlich bei meinem ersten Besuch bereits aufgefallen, dass mein Freund mir zwar den Stall gezeigt und alle Tiere vorgestellt hatte, mir das Wohnhaus und seine Mutter aber noch vorenthielt. Zuerst schob ich es auf die späte Stunde, aber schon ziemlich bald konnte ich mich vom Ausmaß der Wohnkatastrophe überzeugen. Die Küche sah aus wie ein Kohlenmeiler, verrußt und schmutzig, die Möbel waren zur Hälfte kaputt und verdreckt.

Auf einem uralten Sofa schlief Bella. Die Wohnstube, die auch als Schlafraum diente, sah unwesentlich besser aus, während der Rest des Hauses schier unbewohnbar war.

Mein Freund schämte sich für diese Wohnsituation, was natürlich völlig unsinnig war, da er mit seinen 19 Jahren schlecht ein neues Haus bauen konnte, und seine Mutter mit der Landwirtschaft, die nur Schulden einbrachte, sichtlich überfordert war. Nach wie vor hielt sie allerdings an dem Glauben fest, dass ihre Schweine eines Tages fetten Gewinn abwerfen würden, von dem sie ein neues Haus bauen konnte. Allerdings hätten die zehn Schweine im Stall dieses Vorhaben in keinem Jahrzehnt umsetzen können. Mein Freund war da realistischer und zahlte seit Beginn seiner Lehrzeit in einen Bausparvertrag ein. Da ich aber erst in allerletzter Instanz ein materiell denkender Mensch bin, interessierte mich das alles nur am Rande. Ich war verliebt bis über beide Ohren und malte mir die Möglichkeiten aus, die sich an diesem Fleckchen Erde für mich auftaten.

5...Hasso

Kurz vor meinem 18. Geburtstag, als wir fast ein Jahr zusammen waren und es, wenn es nach uns ging, auch bleiben würden, schaffte ich mir den ersten eigenen Hund meines Lebens an. Dass dieses Ereignis in keiner Weise geplant war, machte die Sache wirklich aufregend.

Wir waren zu Besuch bei Freunden. Ich stromerte auf dem Hof herum, entdeckte ein paar Stallhasen und schließlich einen älteren Mann, der gerade etwas mit voller Wucht gegen eine Steinwand warf. Dann bückte er sich nach dem nächsten Wurfgeschoss und in diesem Moment war ich so nahe, dass ich bereits erkennen konnte, worum es sich dabei handelte.

Es waren kleine Hundewelpen, oder besser gesagt, es war noch *ein* kleiner Welpe, dessen Schicksal in den nächsten Sekunden besiegelt sein würde. Ich brachte vor Schreck keinen Ton heraus, aber als der Mann seinen Arm über den Kopf hob, um Schwung zu gewinnen, nahm ich ihm den winzigen Welpen von hinten aus der Hand.

Völlig verdutzt drehte sich der Mann zu mir um und rief empört: „He, was soll das denn?" Ich brachte das mittlerweile lauthals protestierende Hündchen außer Reichweite des wild gewordenen alten Bauern und entgegnete ihm vorwurfsvoll: „Was machen SIE denn da? Warum müssen die armen Dinger sterben, gerade dass sie auf der Welt sind? Das muss für die Hundemama doch schrecklich sein?!"

„Ach", meinte er nur, „Das war ein Unfall mit dem Nachbarshund – ein Wolfshund. Und unsere Hündin ist ein Jagdhund. Keine gute Mischung. Eher eine verheerende. Die will doch keiner, da werfe ich sie lieber gleich tot."

Ohne lange nachzudenken, rief ich: „Doch, ich will den hier haben!" Gedanken über das Wie und Wo machte ich mir in diesem Moment noch nicht. „Bitte, bitte! Ich nehme ihn ganz sicher. Aber erst, wenn er alt genug ist -- und jetzt bringen wir ihn zu seiner Mama, damit sie sich beruhigt." Er willigte ein, wenn ich ihm versprach, dass ich den Kleinen auch ganz sicher in etwa acht Wochen abholen würde. Ich versicherte es ihm, versprach es hoch und heilig und war entzückt über die Wiedersehensfreude der Hündin, als der Mann ihr den Welpen in den Zwinger zurückbrachte.

Mein Freund, der in dem Moment dazu kam und dem ich die Umstände des Hundeerwerbs schilderte, lachte nur und meinte: „Das ist typisch, aber wenn´s dir Freude macht, warum nicht." Inzwischen hatte ich selbst Führerschein und Auto und so war es mir möglich, mein liebes Hundekind pünktlich nach acht Wochen abzuholen und ihn bis dahin auch regelmäßig zu besuchen. Ich spielte auch mit der Hundemama, die mir leid tat, weil sie nur ganz selten aus dem Zwinger gelassen wurde. Ich war in einem schrecklichen Zwiespalt. Einerseits vergönnte ich der Hundemama die Zeit mit ihrem einzigen Welpen, andererseits sehnte ich den Tag herbei, an dem ich meinen Hund endlich mit nach Hause nehmen konnte.

Wir hatten schon Vorbereitungen getroffen. Eine Hundehütte stand vor der Tür, Ball und Quietschpuppen lagen bereit und warteten auf ihren neuen Besitzer. Futter war ohnehin genug vorhanden, da Bella mittlerweile zu 75 % von mir versorgt wurde. Meine Schwiegermutter in spe tönte zwar lautstark, wie sehr sie ihren Bernhardiner liebte, doch sobald es an den Geldbeutel ging, egal ob für Futter oder den Tierarzt, verkündete sie stets, dass es ja „unser aller Hund" wäre.

Inzwischen kümmerte ich mich auch um die Katzen, die vor meinem Auftauchen immer nur sporadisch gefüttert oder lediglich mit Milch versorgt worden waren. „Die sollen sich eine Maus fangen.", hieß es dann immer. Also besorgte ich von meinem Lehrlingsgehalt Katzen- und Hundefutter und zahlte die Tierarztrechnungen.

Endlich war der Tag gekommen, an dem ich meinen „Hasso" zu mir holen konnte. Trotz der traurigen Hundemama war ich überglücklich und flippte fast aus vor Besitzerstolz. Unsere alte Bella akzeptierte den Rotzlöffel sofort und half mir einige Male bei der Erziehung, sofern man das so nennen konnte, doch davon später.

Erst einmal war er bei mir und ich hatte mir eine Woche Urlaub genommen, um ihn einzugewöhnen. In dieser Woche machte er kaum eine Bewegung, bei der ich nicht zugegen war. Ich betrachtete ihn beim Schlafen, beim Fressen und beim Spielen. Für mich war er der schönste und beste Hund der Welt. Ich nahm ihn überall mit hin. Wo ich war, war auch Hasso. Ich platzte fast vor Stolz über meinen ersten Hund, der nicht aus Holzwolle und Plüschbezug bestand.

Ganz egal, was er anstellte, ich konnte ihm nie böse sein. Hasso war ein sehr lebhafter Hund und wenn ihm langweilig wurde, verfiel er auf die seltsamsten Ideen. Als ich seine Hundehütte einer Grundreinigung unterzog, fand ich so einiges, was schon längere Zeit vermisst worden war. Neben einem zeltförmigen BH lag ein zerkauter Holzkochlöffel, eine

Farbsprühdose, mehrere Schuhe, aus denen sich allerdings kein Paar bilden ließ, Socken, Arbeitshandschuhe, eine Fahrradhupe und vieles mehr.

Ich fand heraus, dass er Wasser liebte und nahm ihn mit an den Badesee. Während ich noch damit beschäftigt war, mein Handtuch auszubreiten, schwamm Hasso schon voller Vergnügen im See. Als er aus dem Wasser ans Ufer hechtete, schüttelte er sich erst einmal ausgiebig die Nässe aus dem Pelz. Zu meinem Entsetzen machte er das ausgerechnet zwischen einigen Badegästen, die auf ihren Handtüchern in der Sonne gedöst hatten und nun eine kalte Dusche bekamen. Bevor aus den lauten Beschimpfungen Handgreiflichkeiten wurden, verzog ich mich mitsamt meinem rücksichtslosen Hund ans andere Seeufer.

Dort fand ich ein Plätzchen weit ab von den anderen Besuchern, wo Hasso ungestört seine Schwimm- und Schüttelübungen vollziehen konnte. Es war ein friedvoller, sonniger Nachmittag und irgendwann döste ich auf meinem Handtuch ein. Als ich die Augen wieder öffnete, lag mein Hund neben mir und ich freute mich, dass er so brav bei mir geblieben war. Die Freude ebbte allerdings schlagartig ab, als ich langsam erkannte, worauf er da so gelangweilt herumkaute.

Er hielt eine Flasche Sonnenöl zwischen den Pfoten und versuchte mit Ausdauer und seinen Zähnen den Stöpsel zu entfernen. In dem Moment, als ich ihm die Flasche wegnahm, bemerkte ich mehrere bunt leuchtende Objekte um unseren Liegeplatz herum. Da lag ein kleiner, roter Schwimmflügel mit abgebissenen Ventil; eine türkisfarbene Kinderbadehose und der Schläger eines Beachballspieles waren unversehrt. Von einem leuchtend-orangen Badeschuh fehlte ein Teil der Zierblüten und von einer Kindersonnenbrille ein Glas. Außerdem fand ich noch eine zerkaute Papiertüte mit den Resten einer Wurstsemmel und eine total zerbeulte Bierdose.

Nachdem mich erst einmal fast der Schlag getroffen hatte, ging ich los, um Hassos Beute an die rechtmäßigen Besitzer zurückzugeben (mit Ausnahme der Wurstsemmel natürlich). Ich hatte Glück. Die Leute, vor allem die Kinder, nahmen die Sache mit Humor und amüsierten sich über meinen halberwachsenen Hundedieb. Auf dem Heimweg hielt ich ihm eine Standpauke und musste plötzlich an meine Oma denken. Wenn sie mich jetzt mit meinem Hund hätte sehen können, wäre sie bestimmt der Meinung, dass wir hervorragend zueinander passten.

Im Laufe der Zeit wurde Hasso größer, aber keineswegs klüger. Immer wieder schaffte er es, mich in die unmöglichsten Situationen zu manövrieren. Nahm man ihn an die Leine, kam es vor, dass er unvermittelt als Zugtier funktionierte. Das brachte mir unter anderem zwei gebrochene Finger ein, und so ließ ich ihn des Öfteren ohne Leine mitlaufen, wobei er den Abstand von fünf Metern selten überschritt.

Als wir eines Abends in der Stadt unterwegs waren, weckte ein Mann sein Interesse, der bewegungslos in einer Schaufensterpassage verharrte. Vor sich hielt er ein Prospekt mit dem Titel „Erwachet". Neugierig schnüffelte Hasso um den Mann herum, und da dieser weiterhin völlig reglos blieb, hob der Rüde, der den Kerl wohl für einen Laternenpfahl hielt, sein Bein und urinierte auf seine Anzughose. In diesem Moment kam plötzlich Leben in den bis dahin Versteinerten und er schimpfte wie ein Rohrspatz. Augenblicklich wollte er wissen, wem dieses missratene Hundevieh gehöre. Da Hasso sich ein ganzes Stück von mir entfernt aufgehalten hatte, zuckte ich in meiner Verlegenheit mit den Schultern und entgegnete: „Keine Ahnung, wem der Hund gehört, mir läuft er auch schon die ganze Zeit hinterher." Schnurstracks verschwand ich hinter der nächsten Häuserzeile und machte mich aus dem Staub, gefolgt von meinem „missratenen Hundevieh", das sich in diesem Moment schon wieder für ganz andere Dinge begeisterte.

Einige Meter vor uns waren drei ältere Damen unterwegs, von denen eine einen pelzbesetzten Mantel trug. Dieser Pelzbesatz hatte es meinem Hund angetan und ich konnte ihn nicht davon abbringen, immer wieder in den flauschig-weichen Mantelsaum zu sabbern. Da ich die Damen, die bislang von ihrem Verfolger nichts bemerkt hatten, nicht auf uns aufmerksam machen wollte, rief ich immer wieder ganz leise: „Komm her!", worauf er natürlich nicht reagierte. Endlich, als der Pelzbesatz von seinem Speichel schon tropfte und ziemlich elend aussah, bekam ich meinen Tunichtgut am Halsband zu fassen und wieder einmal bogen wir recht eilig in eine andere Straße ab. Für diesen Abend hatte ich genug und wir gingen auf schnellstem Weg nach Hause.

Ein andermal waren wir um die Mittagszeit in einer benachbarten Straße unterwegs, Hasso wie so oft freilaufend. Eben hatte er noch höchst eifrig an einem Papierkorb geschnuppert, plötzlich war er wie vom Erdboden verschluckt. Suchend ließ ich meinen Blick die Straße entlang schweifen, da entdeckte ich eine halboffene Gartentür. Als ich näherkam, sah ich, dass auch die Haustür offen stand. In diesem Moment stürmte ein schwarzer Wirbelwind an mir vorbei und verschwand blitzschnell um die Ecke Richtung Heimat. Ich lief ihm eilends nach und als ich ihn eingeholt hatte, sah ich, was ihn so angetrieben hatte. Er trug stolz und siegessicher einen Kranz Knackwürste im Maul, den er im Innern des Hauses erbeutet hatte. Ihn jetzt noch auszuschimpfen hätte keinen Sinn gemacht, und so hoffte ich, dass es keinen Armen getroffen hatte und ließ ihm seine Mahlzeit.

Am Liebsten war ich mit ihm abseits der Stadt auf Feldwegen unterwegs, wo er nicht so viel Schaden anrichten konnte. Nachdem er am späten Abend in einem dunklen Schaufenster sein Spiegelbild als feindlichen Hund interpretierte, auf ihn zuchetete und dabei dem Fensterglas einen ordentlichen Sprung verpasste, ließ ich mich mit ihm dort lieber nicht mehr sehen.

An den Wochenenden setzte ich ihn ins Auto und wir fuhren an die Inn-Auen. Ein kilometerlanger Dammweg neben dem Fluss bot für ihn das Rennvergnügen schlechthin und ich konnte ihn dabei gut im Auge behalten. Manchmal saßen Angler am Flussufer und warteten auf ihren Klappstühlen auf die Fische, die anbeißen sollten. Dieser Anblick versetzte meinen Hund natürlich in Alarmbereitschaft und geduckt schlich er von hinten an die still da sitzenden Herren. Sie bemerkten seine Anwesenheit meist erst, wenn er ihnen die Hüte oder Kappen, die sie trugen, mit der Schnauze übers Gesicht schob. Gerne machte er sich auch über den Inhalt der wasserbefüllten Eimer her, die die gefangenen Fische aufnehmen sollten.

Nachdem mir die Entschuldigungen ausgegangen waren, nahmen wir auf dem Rückweg die Straße unterhalb des Dammes. Im dichten Grauerlen-Bestand warteten zahlreiche Tümpel auf die Erkundung und wenn wir wieder beim Auto angelangt waren, triefte mein Draufgänger vor Nässe. Trotz aller mitgeführten Decken und Handtücher sah mein Wagen grundsätzlich so verlottert aus, dass ich mich schämte, jemanden darin mitzunehmen.

Obwohl ich ihn nie aus den Augen lassen durfte und er mir so manchen Ärger bereitete, war und blieb Hasso mein absoluter Traumhund, mit dem ich so viel Spaß und Freude hatte, wie nie zuvor.

6...Anka I

Als Hasso fast zwei Jahre alt war, heiratete ich meinen Freund. Wir richteten uns in dem uralten Bauernhaus ein Zimmer notdürftig her und besparten nun gemeinsam den Bausparvertrag, um uns möglichst bald ein neues Haus bauen zu können. Kurz danach wechselte ich den Arbeitsplatz, um die tägliche Wegstrecke von 80 auf 25 Kilometer zu reduzieren.

Nun hatte ich mehr Zeit für meine Tiere und für Besuche bei meiner Mutter, die seit meinem Auszug allein in unserem Häuschen lebte.

Mein Mann, der eine Automechanikerlehre absolviert hatte und seit jeher von Fahrzeugen aller Art geradezu besessen war, begann, neben seinem Job einen kleinen Gebrauchtteile-Handel aufzuziehen. Wir kauften Alt- und Unfallfahrzeuge, wo immer wir welche ergattern konnten. Im Rahmen dieser Beschaffungsmaßnahmen führte uns unser Weg eines Tages zum Städtischen Tierheim, wo ein alter Ford Taunus günstig zu haben war. Während mein Mann das Auto unter die Lupe nahm, sah ich mir die Tiere an, die herrenlos in den Zwingern herumsaßen, lagen oder sprangen.

Dabei fiel mir eine Hündin auf, die traurig und still an der Zwingertür saß. Sie bellte nicht, sie wedelte nicht freudig mit dem Schwanz, sie sah mich aus ihren tiefbraunen Augen an und seufzte, was sich irgendwie hoffnungslos anhörte. Ihre schmale Schnauze und die Hängeohren waren weiß gesprenkelt, der Rest der Hündin war schwarz. Aber ach, wie dieser Rest aussah, werde ich nie vergessen. Das ansonsten leicht lockige Fell schien auf dem Rücken abgescheuert zu sein. Um den Hals trug sie einen dicken Verband. Vom Tierheimbetreuer erfuhr ich dann, dass man ihr das Halsband aus dem Fleisch operiert hatte, da es eingewachsen war. Die fehlenden Rückenhaare stammten von einer Erfrierung. Die Haut glich an dieser Stelle gegerbtem Leder. „Sie frisst nichts mehr", sagte der Betreuer. „Sie hat sich wohl aufgegeben. Dabei ist sie erst zwei Jahre alt."

Auf dem Heimweg konnte ich die traurigen Augen nicht aus dem Kopf bekommen und mir liefen die Tränen nur so übers Gesicht. Mein Mann, der mich von der Seite betrachtete, fragte: „Ist das jetzt wegen dem Hund?" Als ich nickte, wendete er wortlos den Wagen und fuhr zurück zum Tierheim.

Bereits eine halbe Stunde später kehrten wir mit „Anka" auf dem Rücksitz zurück nach Hause. Dort sprang Hasso höchst aufgeregt um das Auto herum und konnte es nicht erwarten, seine neue Mitbewohnerin kennenzulernen. Es dauerte nicht lange, da hopste Anka ein wenig unbeholfen aus dem Wagen und erkundete zusammen mit Hasso die nähere Umgebung. Die alte Bella tat, was sie immer tat: Sie hob kurz ihren großen Kopf und schlief gleich darauf beruhigt weiter. Da es sich bei dem Neuankömmling nur um einen Hund handelte und nicht etwa um einen Panzer, gab es für sie keinen Grund zur Aufregung.

Hasso hingegen war sehr aufgeregt und er war bemüht, seiner neuen Freundin, über deren Ankunft er sich zweifellos sehr freute, gleich alle seine Spiel-, Schlaf- und Fressplätze zu zeigen. Bereitwillig teilte er sein Futter mit ihr und zu unserer Freude nahm sie die Brocken an, die er ihr etwas ruppig mit der Nase zuschob. Danach demonstrierte er der völlig verdutzten Hündin einen seiner „Freuden-Anfälle", wie ich sie nannte. Dabei rannte er etwa zehn Meter in irgendeine Richtung, als ginge es um sein Leben, machte kehrt und lief die zehn Meter wieder zurück. Das Ganze wiederholte sich sieben- bis achtmal. Wenn ihm bei der Rennerei plötzlich die Betonmischmaschine in den Weg sprang, war das eben Pech. Manchmal ereilten ihn seine Anfälle im Haus. Besonders fatal war es, wenn während seiner Rennattacken die Tür zwischen Flur und Küche durch einen Luftzug ins Schloss fiel und er mit der Birne dagegen knallte. Er saß dann für eine Weile benommen da, um sich kurz danach mit voller Energie weiterzufreuen.

Anka betrachtete ihn dann regelmäßig mit einem Ausdruck, der sagen mochte: „Du armer Irrer." Ansonsten störte seine ungestüme Art sie überhaupt nicht. Sie selbst hatte ein ruhiges, ausgeglichenes Wesen. Sie klaute und zerbiss keine Sachen, lief beim Spaziergang nicht weg und jagte unterwegs keine Hasen und Rehe so wie er. Nicht, dass er jemals ein Tier erlegt hätte, ihm ging es dabei nur ums Rennen.

Anka blühte in ihrer neuen Umgebung sichtlich auf. Das Landleben gefiel ihr. Langsam begann die Lederhaut auf ihrem Rücken feinen Flaumhärchen zu weichen. Die Narbe am Hals, die man zwar ihr Leben lang fühlen, aber nicht sehen konnte, wurde von seidigen schwarzen Locken überdeckt und die tiefbraunen Augen blickten nun hoffnungsfroh in die Zukunft. Die Hündin liebte Spaziergänge ebenso wie Hasso, doch sie benahm sich dabei viel gesitteter als er.

An einem Nachmittag im Januar waren wir zu dritt unterwegs durch einen nahegelegenen Wald, wo wir einen kleinen Bachlauf fanden. Ich beobachtete Anka, die versuchte, aus dem Rinnsal zu trinken und hielt Ausschau nach Hasso, der schon geraume Zeit durch Abwesenheit glänzte. Urplötzlich tauchte er hinter mir auf, sprang voller Freude an mir hoch und beförderte mich knietief ins eisige Wasser. Der Lodenmantel, den ich trug, saugte sich voll und verwandelte sich auf dem Heimweg, der mir ewig zu dauern schien, in einen schweren Eispanzer. Meine Zehen spürte ich nach wenigen Metern schon nicht mehr. Wahrscheinlich habe ich mich nur deshalb nicht erkältet, weil ich vor Wut kochte.

Im Frühjahr wanderten wir drei an einem anderen Bachufer entlang, als ich, dem angespannten Blick der Hunde folgend, eine Bisamratte entdeckte. Mit einigen Stängeln im Maul schwamm sie am Ufer entlang, vermutlich handelte es sich dabei um Material für den Nestbau.

Eben wollte sie mit ihrer Last unter einem Baumstumpf verschwinden, da stürzte sich Hasso ohne Vorwarnung ins Wasser. Ich war starr vor Schreck, denn eine derart große Ratte kann einem Hund grobe Verletzungen zufügen. Schon nach kurzer Zeit erschien Hasso mit viel Gepatsche und hielt triumphierend nicht etwa die Ratte im Maul, sondern die Stängel, die er ihr abgejagt hatte. Selbst Anka schien zu sagen: „Du Vollidiot". Ich konnte ihr nur beipflichten.

Insgesamt war Anka in jeder Hinsicht eine Bereicherung für unser Leben. Immer ruhig und besonnen hatte sie einen guten Einfluss auf Hasso und viele Hunde, die nach ihr auf unseren Hof kamen. Sie war mit allem, was man ihr bot, zufrieden und schien mit ihrem Leben bei uns restlos glücklich zu sein. Nach ihren schlimmen ersten Jahren schwor ich ihr, dass sie nie mehr schlecht behandelt werden würde und sie dankte es mit unendlicher Treue unserer Familie gegenüber.

7...Noch einmal Bella

Bella war nun bereits biblisch alt geworden. Für einen Hund ihrer Rasse sind zehn Jahre durchaus keine Selbstverständlichkeit. Schon in jüngeren Jahren war sie zu keinerlei Aktivitäten zu bewegen gewesen, sie kam nie mit auf unsere Ausflüge. Lieber lag sie den ganzen Tag über auf ihrer schattigen Insel unter dem Kastanienbaum im Hof. Meist schlief sie und nur wenige Dinge konnten ihr soviel Aufmerksamkeit entlocken, dass sie eines ihrer rot unterlaufenen Augen öffnete.

Einige wenige Male hatte sie sich dazu hinreißen lassen, mit Anka und Hasso auf der Wiese nach Mäusen zu buddeln. Allerdings hatte sich die plumpe Bernhardiner-Hündin schon nach wenigen Sekunden stark überfordert gefühlt und die folgenden Ausgrabungen im Liegen erledigt. Wenn die beiden jüngeren Hunde im Futtergang des Schweinestalles eine Ratte aufstöberten und ihr nachsetzten, bezog Bella Stellung am Ende des Gangs. Hasso und Anka trieben die Ratte auf sie zu, aber anstatt die Zähne zu benutzen, hob Bella ihre Riesenpranke und trat das widerwärtige Nagetier einfach tot. Wir lachten uns manchmal kringelig über ihre Faulheit.

Kurz vor ihrem Tod versetzte sie uns alle noch einmal in großes Erstaunen.

Im Bekanntenkreis meiner Schwiegermutter befand sich damals ein etwas skurriles Pärchen. Die Frau war eigentlich ganz in Ordnung, wirkte aber gegen ihren großmäuligen Schreihals von Ehemann wie ein verhärmtes Mauerblümchen.

Sobald die beiden auf unserem Grundstück auftauchten, wurde es unruhig auf dem Hof. Der unangenehme Kerl war einfach nicht fähig, seine Unterhaltungen in einer normalen Lautstärke zu führen. Manchmal brüllte er so laut, dass Hasso und Anka sich unter die Bank in der Küche verzogen. Ständig versuchte er, jedermann seine seltsamen Gespräche aufzuzwingen und seine plumpen Späße fand nur er allein witzig. Eines Tages war ich draußen beim Wäsche aufhängen. Es war sehr heiß, jeder schwitzte und machte nur das, was unbedingt nötig war. Ich hatte den Idioten hinter mir gar nicht bemerkt. Er hatte sich angeschlichen und schüttete mir aus einer Flasche einen Schwall eiskaltes Wasser über den Rücken. Ich schnappte nach Luft, drehte mich um und schlug ihm rein aus Reflex in sein boshaft grinsendes Gesicht.

Nicht, dass meine Leser nun denken, ich verstünde keinen Spaß, aber mit diesem Menschen verband mich keine Freundschaft und deshalb lag es mir fern, mit ihm herumzualbern. Die Ohrfeige war aber keineswegs mit Absicht verabreicht worden, sondern wie gesagt, rein aus Reflex. Aus dem eben noch schadenfreudigen Gesichtsausdruck des Mannes verschwand das Lächeln. Mit zusammengekniffenen Augen und verkniffenem Mund befingerte er seine sich nun rötende Wange. Er hob langsam die Flasche über den Kopf, aus der er mich eben noch mit Wasser begossen hatte und sofort beschlich mich ein mulmiges Gefühl.

Aus dem Augenwinkel bemerkte ich ein braun-weißes Etwas an mir vorbeiflitzen. Es handelte sich um Bella, die im nächsten Moment den Arm des Mannes packte und nicht mehr losließ. Sie biss keineswegs zu, sondern hielt nur fest, was mich ihrer Meinung nach bedrohte. Dem Kerl wich alle Farbe aus dem Gesicht, außer an der Stelle, wo meine Hand getroffen hatte. Wir alle betrachteten wie versteinert mit offenen Mündern das Geschehen. Das war unglaublich. Nicht ein einziges Mal in ihrem geruhsamen Leben hatte Bella Anzeichen von Interesse an den Vorgängen zwischenmenschlicher Art gezeigt, und nun diese Reaktion. Nach einigen Sekunden ließ Bella den Arm des Mannes los und trottete gemächlich an meine Seite, wo sie sich gähnend im Gras niederließ. Aus dem Geschrei des Mannes war ein Gemurmel geworden, als er sich mit seiner Frau verabschiedete.

Wir haben die beiden nicht mehr oft bei uns gesehen und ich war, ehrlich gesagt, sehr froh darüber. Bei Bella habe ich mich mit einigen Leckereien ausgiebig bedankt.

Es sollten nur noch wenige Wochen sein, die wir sie bei uns hatten. An einem sonnigen Nachmittag tat Bella, was sie immer tat: Sie legte sich unter den Kastanienbaum und schlief ein, aber dieses Mal wachte sie nicht mehr auf.

Ich habe schrecklich um sie geweint. Sie hatte das Hofbild, wie ich es kennengelernt hatte, geprägt und der leere Platz unter der Kastanie tat fast schon körperlich weh. Doch den schönen Tod, den sie hatte, habe ich ihr von Herzen gegönnt.

Noch viele Male saß ich zusammen mit Hasso und Anka unter Bellas geliebter Kastanie und ließ die Jahre mit ihr vor meinem inneren Auge Revue passieren.

8…Ein böser Traum

Bella war noch nicht lange unter der Erde, da hatte ich eines Nachts einen furchtbaren Traum:

Mein Mann und ich waren mit dem Auto unterwegs zu Freunden, Hasso saß auf dem Rücksitz. Wir grillten im Garten und als wir später wieder nach Hause fuhren, fiel mir auf, dass der Hund fehlte. Voller Entsetzen stellten wir fest, dass wir vergessen hatten, ihn mitzunehmen. Ich setzte mich hinters Lenkrad und fuhr alleine zurück, um ihn zu holen. Auf halber Strecke sah ich nachts im Scheinwerferlicht ein Motorrad und eine undefinierbare Masse, die auf dem Asphalt lag. Beim Näherkommen erkannte ich meinen Hasso, der in zwei saubere Hälften geteilt auf der Straße zu verbluten drohte. Das Motorrad war fort. Unter Tränen verfrachtete ich die beiden Hundehälften auf den Rücksitz und machte mich auf den Weg zum Tierarzt.

In diesem Moment wachte ich schweißgebadet auf. Der Traum war irgendwie so beklemmend gewesen, dass ich sofort in meinen Morgenmantel schlüpfte und nach meinem Hund sah. Er schlief tief und fest und war etwas erstaunt, als ich ihm mitten in der Nacht um den Hals fiel und ihn auf die Stirn küsste. Trotz der Bedeutungslosigkeit des Traums fand ich in dieser Nacht keinen Schlaf mehr. Ich trank mehr Kaffee als mir gut tat und fuhr dann zur Arbeit.

Immer noch aufgewühlt, erzählte ich meiner damaligen Chefin von meinem seltsamen Traum. Kurz nach der Mittagspause klingelte das Telefon im Betrieb und zu meiner Überraschung verlangte meine Schwiegermutter mich an den Apparat. Mir schwante nichts Gutes und als sie mir den Grund ihres Anrufes nannte, wurden meine Knie weich. Wir selbst hatten damals noch kein Telefon und ich erfuhr, dass sie vom Anschluss des Tierarztes aus telefonierte. Die Verbindung war schlecht und so verstand ich nur einige Wortfetzen, aus denen ich mir zusammenreimte, was geschehen sein mochte.

Hasso hatte eine schwere Verletzung im Bauchraum, soviel konnte ich verstehen. Ich ließ den Hörer auf die Gabel fallen, entschuldigte mich kurz bei meiner Chefin und dann saß ich schon im Auto und fuhr die 25 Kilometer zum Tierarzt, der bei uns im Dorf wohnt und praktiziert, in Lichtgeschwindigkeit. Auf der Treppe vor der Tierarztpraxis bot sich mir ein Bild des Schreckens. Man hatte den stark blutenden Hund am Treppengeländer festgebunden, da er völlig außer Kontrolle war und sich wie ein Wilder gebärdete. Der Tierarzt stand mit aufgezogener Betäubungsspritze ratlos vor ihm und rief mir schon von Weitem zu: „Seien Sie um Gottes Willen vorsichtig, er beißt alles, was ihm in die Quere kommt."

Als ich all das Blut sah, war mir plötzlich egal, ob er mich verletzen würde, ich wusste nur, dass er so schnell wie möglich Hilfe benötigte. Ich ging langsam auf ihn zu, redete beruhigend auf ihn ein und spürte, wie seine Unsicherheit der Erleichterung wich, mich zu sehen. Ich umfasste seinen Kopf und als er endlich ruhig wurde, konnte der Veterinär ihm die Spritze injizieren. So schnell es ging, trugen wir ihn in die Praxis und legten ihn auf den Behandlungstisch, wo man nun das Ausmaß seiner Verletzung sehen konnte. Ein gezackter Riss verlief vom Brustkorb bis zum Geschlechtsteil, das Bauchnetz war zerrissen und die Gedärme lagen zum Teil frei. Ich muss ausgesehen haben, als würde ich jeden Moment umfallen, denn die Frau des Arztes brachte mir einen Stuhl, auf dem ich zusammenklappte wie ein Taschenmesser.

Hasso sollte sofort operiert werden. Bevor er in den OP geschoben wurde, sah ich ihn ein letztes Mal mit zur Seite gebundenen Pfoten, den Bauch rasiert und mit Jod bepinselt. In diesem Augenblick drängten sich mir die Bilder meines Traumes vor Augen, und ich schwöre bei allem, was mir heilig ist: Es war exakt der gleiche Anblick. Niemals zuvor und auch niemals danach hat sich einer meiner Träume bewahrheitet, aber wenn ich an jenen Vorfall denke, stehen mit heute noch die Haare zu Berge.

Hassos Operation verlief erfolgreich. Er bekam eine Halskrause und schon nach sechs Wochen war er wieder ganz der Alte. Noch am Tag seines Unfalls recherchierten wir den Hergang. Meine Schwiegermutter, eine ausgesprochene Blumenliebhaberin, hatte zur Markierung der neu eingesetzten Pflänzchen Reste von Baustahlgittern verwendet, die scharfkantig neben dem Gartenzaun emporragten. Hasso war beim Überspringen des Zauns auf einem dieser rostigen Eisenstäbe gelandet und bei den darauffolgenden Befreiungsversuchen hatte er sich diesen extrem langen, tiefen Riss zugezogen. Mein Mann hatte diese „Pflanzstäbe" schon des Öfteren kritisiert, zumal an den Wochenenden auch die Kinder unserer Freunde und Verwandten im Garten spielten.

Neben dem Schreck, der Tränen und der Sorge kostete mich diese Sache an die tausend Mark, aber das Wichtigste war, dass es Hasso wieder gut ging.

Den Baustahlgittern und der Erkenntnisresistenz meiner Schwiegermutter verdankten wir viele Jahre später noch einen schlimmen Unfall, aber das ist eine andere Geschichte, die ich zu einem späteren Zeitpunkt erzählen will.

9...Nachwuchs

Die Jahre vergingen, Hasso und Anka waren nach wie vor unser Dream-Team. Er ausgelassen, wild und verspielt, sie sanftmütig, brav und ausgeglichen. Entgegen unserer anfänglichen Befürchtungen hatten die beiden erstaunlicherweise noch nie Paarungsversuche unternommen, so dass wir nach nunmehr vier Jahren einem der beiden Hunde Unfruchtbarkeit unterstellten. Uns war das nur recht, denn auf keinen Fall wollten wir ständig Hundebabys großziehen, um sie anschließend in fremde Hände abgeben zu müssen.

Umso erstaunter waren wir, als der Tierarzt bei einer Routine-Untersuchung feststellte, dass Anka guter Hoffnung war und die Geburt schon in maximal zwei Wochen stattfinden sollte. Ich fiel beinahe aus allen Wolken. In Windeseile richteten wir ein „Kinderzimmer" für Ankas Nachwuchs her und harrten der Dinge die da kommen sollten. Als das große Ereignis stattfand, war jeder von uns in der Arbeit. Als ich als Erste die Wohnung betrat, kümmerte sich Anka bereits mit der ihr eigenen Ruhe und Besonnenheit um fünf schwarze Wonneproppen. Ich konnte mich gar nicht satt sehen an den winzigen Welpen, die kaum meine Handflächen ausfüllten.

Bereits nach der ersten Woche sammelte die fürsorgliche Hundemama alle Quietsch- und Plüschtiere, die vorher irgendwo im Dickicht verschollen waren, und legte sie den Kleinen ins Körbchen. Hasso durfte zu diesem Zeitpunkt nicht in den Umkreis des Welpenkorbes treten, da Anka ihn sofort wütend verjagte. Er schlich dann wie ein begossener Pudel von dannen und verstand die Welt nicht mehr. Als die Kleinen dann die Äuglein öffneten und anfingen, die unendlichen Weiten außerhalb des Körbchens zu erkunden, durfte er endlich seine Vaterqualitäten unter Beweis stellen.

Schon nach drei Wochen folgten die drei Buben und zwei Mädels ihrem Vater überall hin, sofern sie dazu in der Lage waren. Er beteiligte sich an den Säuberungsaktionen und passte auf, dass sich der Nachwuchs nicht zu nah am Teich aufhielt. Als die ersten Interessenten die Hundebabys ansehen wollten, trug ich die Kleinen der Reihe nach in den Garten, um sie im Grünen zu präsentieren. Kaum drehte ich mich um, packte Hasso einen nach dem anderen am Kragen und brachte sie zurück ins Haus.

Als die ersten Hundchen nach acht Wochen von ihren neuen Besitzern abgeholt wurden, gebärdete sich Hasso viel doller als Anka. Ich war froh, dass wir für alle Hundekinder gute Plätze gefunden hatten und traurig darüber, als sie alle fort waren.

Noch einmal wollte ich mir und Anka diese Abschiedsszenen nicht antun und so vereinbarten wir für Hasso einen Kastrationstermin. Er steckte die Sache gut weg und ich glaube nicht, dass seine Lebensqualität in irgendeiner Weise darunter gelitten hat.

Acht Jahre nach unserer Eheschließung kündigte sich noch einmal Nachwuchs an – diesmal bei mir. Nachdem die Ärzte mir nach einer Operation am Eierstock schonend beigebracht hatten, dass wir uns auf eine kinderlose Ehe einrichten sollten, war ich anfangs von der frohen Botschaft zwar sehr überrascht, aber gar nicht so erfreut, wie ich es hätte sein sollen. Nun hatte ich mich wohl oder übel mit der Tatsache abgefunden, dass wir zu zweit bleiben würden und natürlich dementsprechend unsere Zukunft geplant, jetzt wurden alle Pläne über den Haufen geworfen und die Karten wieder neu gemischt. Noch dazu steckten wir mitten im längst überfälligen Hausbau, da das alte Wohnhaus sich mehr und mehr in Wohlgefallen auflöste. Aus finanzieller Sicht war es absolut unmöglich, mit nur einem Einkommen die Baufinanzierung zu bestreiten.

Das Erziehungsgeld, das der Staat damals zahlte, stand, gemessen an meinem Arbeitslohn in einem indiskutablen Verhältnis. Da kam es uns sehr gelegen, dass meine Mutter, die nach ihrer schweren Krankheit wieder gearbeitet hatte, noch im gleichen Jahr in Frührente gehen konnte. Sie erklärte sich bereit, sich um unser Kind zu kümmern, damit ich weiterarbeiten konnte. Nachdem mir diese Last von den Schultern genommen war, stellte sich auch bei mir langsam Vorfreude ein.

Als der Geburtstermin dann näher rückte, wurden in unserem Freundes- und Bekanntenkreis immer mehr Bedenken bezüglich unserer Hunde laut. Sogar meine Mutter meinte: „Ich fürchte, Hasso ist so sehr auf dich fixiert, dass er das Baby nicht ohne Weiteres akzeptieren wird." Am Ende war ich selbst schon skeptisch, was Hasso betraf. Er war mittlerweile fast neun Jahre alt und im Gegensatz zu Anka nahm er seine Befehle ausschließlich von mir entgegen. Alle anderen, meinen Mann eingeschlossen, ignorierte er. Nun, irgendwie mussten wir da durch, ich konnte ihn ja schließlich nicht weggeben. Diese Option stand für mich niemals zur Diskussion.

Meine Tochter kam an einem Novembermorgen nach einigen Komplikationen zur Welt. Im Eifer des Gefechts brach man mir das Steißbein. Trotzdem verließ ich schon einen Tag später mit meinem Säugling die Klinik, um so bald wie möglich wieder bei meinen Tieren zu sein.

Mit starken Schmerzmitteln ausgerüstet, war die Sache auszuhalten, solange ich mich nicht hinsetzte. Die Heimfahrt im Auto war eine Tortur. Zu Hause wartete meine Mutter auf uns, die mir in den ersten Tagen zur Hand gehen wollte, worüber ich heilfroh war. Ich stieg aus dem Wagen, nahm den Tragekorb mit meinem Baby und wollte mich auf den Weg ins Haus machen.

Da kam Hasso auf mich zu gerannt und überschlug sich fast vor Freude über das Wiedersehen. Mit der freien Hand kraulte und streichelte ich ihn, mit der anderen hielt ich den Tragekorb, den er nun recht neugierig beschnupperte. Trotz der Proteste von Seiten meiner Mutter stellte ich ihm nun „sein" neues Baby vor und nahm ihn mit ins Haus, wo Anka schon darauf wartete, mich endlich begrüßen zu dürfen. Nach dieser Zeremonie schälte ich mein Neugeborenes aus den dicken Winterdecken und legte es in das bereitstehende Gitterbettchen.

Hasso machte einen Riesensatz und lag im nächsten Augenblick neben dem Kind, um ihm zärtlich Gesicht und Hände abzulecken. Meine Angehörigen standen starr vor Schreck mit offenen Mündern da und schickten sich an, einzugreifen. Doch ich wehrte ab und ließ den Hund gewähren. Dann veranlasste ich ihn, aus dem Bettchen zu springen und davor Platz zu nehmen. Allen anderen fiel hörbar ein Stein vom Herzen. Hasso hatte mein Baby nicht aufgefressen, im Gegenteil, vom ersten Tag an betrachtete er es als „sein Baby". Er und Anka liebten es von Herzen und so hatte meine Tochter während ihrer Kindheit gleich zwei Schutzengel.

Im Krabbelalter spielten sie mit ihr Bälle rollen. Später, als die Spiele wilder wurden, hat keiner der beiden sie je angeknurrt. Geduldig ließen sie sich an den Ohren ziehen und am Schwanz festhalten. Als sie mit acht Monaten Laufen lernte, war das der Verdienst der Hunde. Sie krabbelte auf einen der beiden zu, zog sich an dessen Nackenfell in die Höhe und marschierte, sich dort festhaltend, mit dem einen Hund zum nächsten, der sie dann zum Ausgangspunkt zurücktransportierte.

Während ihrer Entdeckungsphase lag einer der beiden Hunde, meist war es Anka, auf der untersten Treppenstufe, um ihr den Zutritt zu den gefährlichen Stufen zu verwehren. Treppengitter und Lauflernhilfen gab es bei uns nur auf vier Pfoten.

Im Garten wurde der Teich von den Hundekörpern abgeschottet, beim Einkaufen der Kinderwagen. Sogar nachts wachten die beiden vor dem Kinderbett. Kein noch so gut ausgebildetes Kindermädchen hätte verantwortungsvoller handeln können als meine beiden Hunde, rund um die Uhr, viele Jahre lang.

Während dieser Jahre kamen immer wieder Einwände von Menschen, die wenig oder gar keinen Bezug zu Hunden hatten. „Du darfst das Kind nicht mit den Hunden allein lassen, irgendwann werden sie zubeißen." Solche Sätze hörte ich beinah jeden Tag. Doch ich vertraute meinen Hunden, ebenso wie sie mir, und sie haben, im Gegensatz zu manchen Menschen, mein Vertrauen nie missbraucht.

Einen Monat, nachdem meine Tochter auf der Welt war, rettete Hasso ihr und mir vielleicht sogar das Leben. Es war der 24. Dezember und mein Mann und ich wollten mit unserem Baby den Weihnachtsabend bei meiner Mutter verbringen. Mein Mann fuhr mit Anka schon am Nachmittag los, um ihr bei den Vorbereitungen behilflich zu sein. Am Spätnachmittag, nach Fütterung und Versorgung der Tiere. wollte ich mit Hasso und dem Baby nachkommen.

An diesem Tag setzte schon morgens ein leichter Schneefall ein, der bis zum Nachmittag eine ordentliche weiße Pracht über die Landschaft gelegt hatte. Als wir uns schließlich auf den Weg zu meiner Mutter machten, war es schon dunkel geworden und der Wind trieb dichte Schneeflocken an die Autoscheiben. Wir hatten auf der Bundesstraße erst wenige Kilometer zurückgelegt, da fing Hasso an, sich auf dem Rücksitz wie ein Wilder zu gebärden. Er kratzte an den Türverkleidungen und winselte unaufhörlich, wobei seine Lautstärke mit jeder Sekunde anschwoll. Ratlos versuchte ich, ihn zu beruhigen, was mir aber keineswegs gelang. Nach einem weiteren Kilometer fuhr ich an die Seite und ging um den Wagen herum, um dem Hund die Tür zu öffnen. Ich konnte mir seine Unruhe nur damit erklären, dass er dringend seine Notdurft verrichten musste. Als ich ihn jedoch ins Freie lassen wollte, setzte er sich, plötzlich ganz ruhig geworden, auf die Rücksitzbank und sah mich freudestrahlend an.

Ich begann gerade damit, ihn einen Riesentrottel zu schimpfen, da sah ich die Scheinwerfer eines Autos auf der Gegenfahrbahn. Die Schneedecke auf dem Asphalt dämpfte die Geräusche des herankommenden Wagens, doch selbst aus etwa vierhundert Metern Entfernung konnte man erkennen, dass das Gefährt stark ins Schlingern geraten war und der Fahrer wohl die Kontrolle über das Fahrzeug verloren hatte. Etwa zweihundert Meter vor uns knallte der fremde Wagen an die Leitplanke auf unserer Seite. Wäre ich weitergefahren, wären wir höchstwahrscheinlich mit ihm kollidiert. Noch bevor ich mich auf den Weg machte, um nach dem verunglückten Fahrer zu sehen, umarmte ich meinen Hund ganz fest und dankte ihm und unserem Schutzengel, der wohl an Weihnachten unterwegs war.

Dem Mann in dem übel mitgenommen aussehenden Auto fehlte zum Glück nichts und ich nahm ihn mit zu seinen Freunden, von denen er vor einer knappen halben Stunde erst losgefahren war. Von dort aus wollte er die Polizei alarmieren.

Hasso verlebte einen überaus tollen Weihnachtsabend, denn nachdem meine Angehörigen die Geschichte gehört hatten, wurde er als Held gefeiert und kassierte ein großes Stück vom Weihnachtsbraten.

10...Hausbau

Endlich konnten wir uns unseren Traum vom neuen Eigenheim erfüllen. Wir planten und verwarfen, bis endlich, wenige Monate nach der Geburt unserer Tochter, der Rohbau fertig gestellt war. Meine Schwiegermutter sollte natürlich auch ins neue Haus mit einziehen, jedoch eine eigene, abgeschlossene Wohnung erhalten. Wir einigten uns darauf, dass wir den ersten Stock beziehen wollten, während sie im Erdgeschoss wohnen würde.

Im Februar beendeten wir den Innenausbau und warteten nun noch auf den Kachelofen und die Holztreppe, die zu unserer Etage führte. Bis zu deren Lieferung benutzten wir notgedrungen eine Leiter. Das hört sich jetzt im Nachhinein ganz banal an, war aber zu jenem Zeitpunkt ein ziemlich gewagtes Unterfangen.

Sie müssen sich folgende Szene vor Augen führen: Ich fuhr mit dem Auto vor das Haus, war kurz davor beim Einkaufen und auf dem Rücksitz lag ein wenige Monate altes Baby. Nach dem Aussteigen galt es abzuwägen, was man nun zuerst befördern sollte, den Einkauf oder das Kind. Meist brachte ich zuerst die Taschen nach oben, während meine Tochter im Wagen Terror schlug, wenn sie nicht gerade schlief.

Danach trug ich die Kleine über die manchmal vereisten Leitersprossen und dankte unserem Herrn jedes Mal, wenn wir wohlbehalten oben ankamen.

Die nächste Widerwärtigkeit stellte die fehlende Heizquelle dar. Zwar hatten wir in der Küche und im Kinderzimmer jeweils einen Radiator aufgestellt, der die klirrende Kälte jedoch nur unmerklich milderte. Deshalb schliefen wir meistens in warmer Kleidung, das Baby dick eingepackt und ordentlich zugedeckt.

Das Allerschlimmste in dieser Zeit waren jedoch die fehlenden Tiere in unserer neuen Behausung. Weder die Hunde, noch die Katzen konnten über die Leiter in den ersten Stock gelangen. Mein Mann war die Woche über mit dem LKW unterwegs und so saß ich mutterseelenallein mit meinem Baby dort oben fest. Ich glaube, ich war noch nie im Leben so einsam, wie damals ohne meine Tiere.

Nach vier endlos anmutenden Wochen kam dann die langersehnte Treppe und gleich darauf konnte der begehrte Kachelofen eingebaut werden. Der Frost, der uns das Leben zur Hölle gemacht hatte, wich einer langen Regenperiode.

Bald glich der Hof vor dem neuen Wohnhaus, der erst im Frühjahr gepflastert werden konnte, einer Schlammwüste. Man brauchte Gummistiefel, um vom Wagen bis ins Haus zu gelangen. Als ich eines Tages nach der Arbeit heimkam und die Haustür offen vorfand, wunderte ich mich ein wenig. Meine Schwiegermutter benutzte zwar damals noch den gleichen Eingang wie wir, doch ich konnte mir nur schwer vorstellen, dass sie bei diesem Wetter die Tür offengelassen hätte. Die saftigen, dunklen Pfotenabdrücke auf der Holztreppe ließen mir einiges klar werden.

Mein Hasso konnte so ziemlich alle Türen öffnen. Ihm war es draußen zu nass und zu langweilig geworden und so hatte er sich kurzerhand Zutritt verschafft. Was sich allerdings in der Wohnung abspielte, damit hätte ich in meinen schlimmsten Alpträumen nicht gerechnet. Allem Anschein nach waren nicht nur die Pfoten des Hundes schmutzig, vielmehr zeugten die Tropfen auf dem Flur und an den Wänden, dass sich ein über und über nasser Hund hier ausgiebig geschüttelt hatte. Der nächste Schlag traf mich, als ich die offene Schlafzimmertür sah.

Den beigefarbenen, nagelneuen Teppichboden zierte ein schmaler Schmutzstreifen, seitlich begrenzt von erdigen Tropfen. Im frisch bezogenen Bett lag ein graubraunes Ungeheuer, das ich nur schwer als meinen geliebten Hund zu identifizieren vermochte. Der Übeltäter brachte es sogar fertig, freudig mit dem Schwanz zu wedeln, während ich mir erst einmal eine Sitzgelegenheit suchte, um nicht auf der Stelle umzufallen. Mir fehlten wirklich die Worte.

Schweigend zerrte ich den dreckigen, übelriechenden Köter, auf den ich momentan eine Mordswut verspürte, aus dem Bett und setzte ihn erst einmal vor die Tür. Ich konnte seinen Anblick im Moment nicht ertragen.

Mit Wasser, Seife und zusammengebissenen Zähnen versuchte ich, wenigstens den Teppich zu retten. Es gelang mir nur halbwegs. Heute, nach vielen Hunden und Katzen, weiß ich, es wäre besser gewesen, das Ganze erst einmal trocknen zu lassen und anschließend den Staubsauger zu benutzen. Oder, was noch viel einfacher ist, wenn man Tiere hält: Alles fliesen, dann kann man mühelos wischen. In den folgenden Jahren haben wir alle Teppichböden entfernt und durch Fliesen ersetzt. Auf die Dauer ist es aussichtslos, Wohnansprüche zu haben, zumindest in unserer Familie. Manchmal kommt es vor, dass ich die Menschen beneide, die keine Tiere im Haus halten, oder nur eines, vielleicht einen einzigen Hund. Damit kann man fertig werden, vorausgesetzt, dieser eine Hund heißt nicht ausgerechnet Hasso!

Ich gebe Ihnen an dieser Stelle ein paar gute Ratschläge:

Legen Sie sich eine Armee von Haustieren zu, die Sie als Familienmitglieder betrachten und bei sich im Haus leben lassen, wenn Sie gerne

- mehrmals am Tag mit Putzeimer und Lappen durchs Haus fegen
- von vorne damit anfangen, wenn Sie hinten fertig sind
- Topfpflanzen verabscheuen, ebenso wie ihre Katzen
- sämtliche Innentüren verschließen, damit der Hund nicht ins Zimmer kommt
- alle Teppiche aus der Wohnung entfernen, weil die Katzen draufpinkeln
- keine Fenster ankippen, weil die Katzen sonst darin hängenbleiben
- täglich die Oberflächen sämtlicher Kommoden und Schränke reinigen, um die Pfotenspuren zu beseitigen

- alle für den Hund erreichbaren Gegenstände einschließen, insbesondere Handys,
- Fernbedienungen und Kameras
- beim Fernsehen neben der Couch sitzen, die von fünf bis sechs Hunden belagert ist
- nichts Essbares unbewacht auf dem Tisch oder sonst wo stehen lassen
- den ganzen Tag in Schmutzklamotten herumlaufen
- unangenehme Gerüche oder Ausscheidungen bevorzugen
- nach einem harten Arbeitstag lieber in die Irrenanstalt als nach Hause fahren.

Wenn das alles nicht der Fall sein sollte, dann lassen Sie das mit den vielen Haustieren lieber bleiben.

Glauben Sie mir, manchmal braucht man wirklich eine überdimensional große Tierliebe, um an all diesen Dingen nicht zu verzweifeln. Ich spreche aus jahrzehntelanger Erfahrung.

Mir stellen sich schon jedes Mal die Nackenhaare auf, wenn ich weiß, dass zum Beispiel ein Versicherungsvertreter zu Besuch kommt. Er stellt, bekleidet mit einem dunklen Anzug, seinen Aktenkoffer neben sich auf den Boden und packt seinen Laptop aus. Binnen fünf Minuten sitzt in dem freigewordenen Koffer eine Katze und putzt sich in dem noblen Behälter die Pfoten.

Wenn der nette Herr dann seine Mission erfüllt hat und wir die hochinteressanten Kabel des Laptops erfolgreich vor den Hunden schützen konnten, steht er auf und an seiner Kehrseite prangen Katzenhaare in sämtlichen Farben und Längen. Wenn es sich um einen wirklich netten Herrn handelt, bearbeite ich ihn mit der Fusselrolle, bevor er sich in seinen Wagen setzt. Wenn nicht, macht er sich eben bei seiner nächsten Kundschaft zur Lachnummer. Manchmal ist es wirklich schlimm, vor allem bei schlechtem Wetter. Den lieben, langen Tag ist man bemüht, zumindest die Hunde draußen zu lassen, aber irgendjemand kommt immer und öffnet ihnen Tür und Tor. Fazit: Putzeimer holen.

Oder: Eine Katze hat zu viel gefressen. Sie schreit, sie würgt, sie erbricht sich. Fazit: Putzeimer holen. Oder: Jemand hat den Milchkarton auf dem Tisch stehen lassen. Eine unserer Katzen hat in die Hülle gebissen, die Milch rinnt aus vielen Löchern, es sieht aus wie eine Gießkanne. Fazit: Putzeimer holen. Oder: Es gibt Suppe mit Fleisch. In einem unbeobachteten Augenblick holt der frechste aller Kater einen Fleischbrocken aus der Suppe und rennt damit durch die ganze Wohnung. Fazit: Putzeimer holen.

Sie sehen, bei uns ist immer etwas los, manchmal sogar viel zu viel. Wenn dann noch Besuch kommt, bevor ich den Putzeimer geholt habe, gute Nacht. Vor allem, wenn es dann auch noch Besuch ist, der mit Tieren nichts am Hut hat -- ……..(mag ich mir gar nicht ausmalen)!!!

Eigentlich haben Menschen, die kein Haustier haben, in unserem Haus nichts verloren. In manchen Fällen lässt es sich aber nicht vermeiden. Das sind dann die Momente, in denen ich mir ein normales, tierfreies Heim wünsche. Diese Gedanken sind aber schon bald wieder vergessen und im Normalfall halten sich bei uns sowieso in erster Linie Menschen auf, die Tiere ebenso lieben wie ich.

11…Ein Abschied

Im Sommer 1992, fast fünf Jahre nach der Geburt meiner Tochter, kam ich nachmittags von der Arbeit nach Hause und bemerkte Hassos Fehlen in der Einfahrt. Für gewöhnlich lag er dort und erwartete meine Ankunft. Wenn es regnete, bevorzugte er seinen Aussichtspunkt im 1. Stock des nunmehr unbewohnten alten Hauses. Sobald ich aus dem Auto stieg, rannte er mich zur Begrüßung fast um. An diesem Tag konnte ich ihn nirgendwo entdecken und hatte beinahe sofort ein komisches Gefühl im Bauch. Ich lief ins Haus und anstatt Guten Tag zu sagen, rief ich meinem Mann zu: „Weißt du, wo Hasso ist?" Er schüttelte den Kopf und meinte: „Jetzt wo du es sagst, fällt mir auf, dass ich ihn seit dem Mittagessen nicht mehr gesehen habe." Das flaue Gefühl im Magen wurde stärker. Mein Mann, der mir meine aufsteigende Panik ansah, tröstete mich. „Ach, jetzt mach dir nicht gleich Sorgen, der buddelt bestimmt gerade irgendwo nach Mäusen und hat die Zeit übersehen." Doch ich machte mir Sorgen, sehr sogar, zumal auch Anka ein seltsames Verhalten an den Tag legte. Sie lag vor der Eingangstür, hatte den Kopf auf die Vorderpfoten gelegt und sah mich unverwandt an. Zur Begrüßung hatte sie kaum mit dem Schwanz gewedelt und sich sofort der Tür zugewandt. Ich nahm sie mit nach draußen, um mit ihr zusammen nach Hasso zu suchen.

Zielstrebig schlug sie den Weg zu den Feldern ein, wo der Mähdrescher zum Arbeitseinsatz bereitstand. Noch bevor ich ihn erreicht hatte, sah ich den Hund darunter liegen und aus irgendeinem Grund wusste ich, dass er tot war.

Ich kniete neben dem leblosen Körper nieder und sah meinen Verdacht bestätigt. Ich verstand die Welt nicht mehr. Es hatte keinerlei Anzeichen gegeben, er war weder krank noch sehr alt gewesen. Am Vortag hatte er noch wild mit seiner Frisbeescheibe getobt und jetzt lag er tot zu meinen Füßen. Mein erster eigener Hund, mit dem ich so viel erlebt hatte, der mich über ein Jahrzehnt begleitet hatte, war von einem Tag zum anderen einfach gestorben. Es war, als hätte man mir den Boden unter den Füßen weggezogen.

Wir beerdigten ihn im Garten und mit ihm alle seine Spielsachen, sein Halsband und wohl auch ein Stück meines Herzens. Ich weiß nicht, wie ich die darauffolgenden Wochen überstanden habe. Täglich weinte ich mich zusammen mit meiner Tochter in den Schlaf. Auch in der Arbeit brach ich immer wieder in Tränen aus. Einige Kollegen hatten dafür durchaus Verständnis, andere schüttelten nur den Kopf und meinten: „War doch nur ein Hund." Manchmal beneide ich die Menschen, die sich nichts, oder nicht viel zu Herzen nehmen. Ich hätte manches Mal auch gerne ein dickeres Fell, dann würde mir nicht alles gar so nahe gehen und ich müsste nicht immer so viele Tränen vergießen. Aber, wer weiß, vielleicht hätte ich dann auch nicht so viel Freude mit meinen Tieren.

Egal, man kann sich sein Wesen sowieso nicht aussuchen.

12…Susi

Hasso war nun tot und begraben, der Sommer ging zu Ende und bis zum fünften Geburtstag meiner Tochter waren es nur noch wenige Monate. Anka, die schon vorher kein Energiebündel gewesen war, wurde durch den Verlust ihres besten Freundes noch ein paar Takte stiller. Sie ging nach wie vor mit uns spazieren, fraß und spielte auch schon mal, aber man merkte, dass ihr in allen Dingen die Begeisterung fehlte. Sie mied die Plätze, die Hasso früher für sich beansprucht hatte, legte sich aber oft in deren Nähe und wachte mit traurigem Blick darüber. Ich wusste genau, wie sie sich fühlen musste, mir ging es ähnlich. Immer wieder sah ich zu den Stellen im Wohnzimmer, im Flur oder im Hof, wo Hasso immer gelegen hatte. Ich ertappte mich mehrmals am Tag dabei, wie ich meinen Stuhl nur halb an den Esstisch schob, um Hasso nicht zu verletzen, der darunter sein Mittagsschläfchen gehalten hatte. Diese Gewohnheit sollte ich noch jahrelang beibehalten. Kaum erinnert man sich an diese Dinge, ist man schon wieder traurig und die Tränen rinnen beim Schreiben wieder drauf los.

Auch am Arbeitsplatz kam dieses Thema noch öfter zur Sprache. Eine meiner Kolleginnen hatte nach vielen Jahren einen Pudel einschläfern lassen müssen und konnte meine Trauer gut nachvollziehen. Sie war es dann auch, die mir in der Mittagspause von einem Berner Sennen-Welpen berichtete, den sie sich am vergangenen Wochenende nach Hause geholt hatte. Der Züchter gab die Welpen günstig ab, weil sie keine Papiere hatten. Außerdem stand der Winter vor der Tür und da wurde man die kleinen Hunde nur schwer los. Sie erzählte mir von der schlechten Verfassung der Jungtiere, von einem dunklen Verschlag in einem Nebengebäude und dieses Bild ging mir den ganzen Tag nicht mehr aus dem Kopf.

Als ich abends mit meinem Mann darüber sprach, kamen wir überein, drei Fliegen mit einer Klappe zu schlagen: Unsere Tochter hatte bald Geburtstag und würde sich über ein Hundebaby sicher sehr freuen; Anka hätte wieder einen Gefährten und der Welpe würde ein schönes Zuhause bekommen. Als ich meine Kollegin am nächsten Tag nach der Adresse des Züchters fragte, bot sie sich an, mitzukommen, da sie den Weg noch genau im Kopf hatte.

Gleich nach der Arbeit fuhren wir los. Unser Ziel lag 120 Kilometer entfernt, nicht eben ein Katzensprung. Problemlos fanden wir den Weg, und endlich angelangt, galt es, von drei verbliebenen Hundekindern eines auszusuchen. Ich muss wahrscheinlich nicht extra erwähnen, dass ich am liebsten alle drei mitgenommen hätte. Letztendlich entschied ich mich für eine kleine Hundedame mit weißem Schnäuzchen und weißem Latz. Sie fühlte sich auf meinem Arm sofort sichtlich wohl und ich konnte mich gar nicht satt sehen an dem süßen Ding. Der Verkäufer bot uns für den Nachhauseweg einen Karton an, aber meine Kollegin hatte es sich in den Kopf gesetzt, den Welpen auf den Schoß zu nehmen. Ich äußerte zwar Bedenken hinsichtlich der weiten Strecke, aber sie meinte, notfalls könnten wir ja eine kleine Pause einlegen.

Also bekam sie ihren Willen und wir starteten Richtung Heimat. Wir hatten höchstens fünfzehn Kilometer zurückgelegt, als sie plötzlich bemerkte: „Oh je, ich glaube, dem Hundchen ist übel, es würgt so seltsam." Ich fuhr bei der nächsten Gelegenheit an den Fahrbahnrand, doch da war es schon zu spät. Die Kleine hatte bereits ihre letzte Mahlzeit über die Hose und die Schuhe meiner Beifahrerin verteilt.

„Ach, " meinte sie wegwerfend, „das macht nix, ist ja nur ein Hundebaby." Dem Geruch nach zu urteilen hätte man eher auf einen ausgewachsenen Löwen getippt und so öffneten wir trotz der Novemberkälte sämtliche Autoscheiben. Nach weiteren zehn Minuten Fahrt rief sie: „Oh, ich glaube, jetzt hat sie mich nass gemacht." Da die Fenster immer noch offen waren, herrschte trotz der Heizung im Wagen ein eher frostiges Klima. Als sie den Hund auf ihrem Schoß immer wieder in seine Ausgangsposition brachte, um die warme Nässe auf ihren Oberschenkeln nicht auskühlen zu lassen, musste ich plötzlich loslachen.

Zu allem Überfluss setzte das Hündchen jetzt auch noch Kot ab, in sehr breiiger Form und in einer Menge, die wieder an einen Löwen erinnerte. Abermals breitete sich eine satte Duftwolke im Wagen aus und ich wette, meine Kollegin vermisste nun zum wiederholten Mal den verschmähten Karton. Ich konnte einfach nicht mehr aufhören zu lachen, und ihr ging es trotz ihrer zahlreichen Verunstaltungen ebenso.

Ich lachte, bis ich Tränen in den Augen hatte und in falscher Richtung um eine Verkehrsinsel herumfuhr. Gut, dass zu dieser späten Stunde kaum Autos auf der Straße fuhren. Als ich die Ärmste endlich zu Hause absetzte, bettete sie das nun tief schlafende Hundekind in den Fußraum. Danach entkleidete sie sich, immer noch lachend und kichernd, mitten auf der Straße und meinte: „Wenn meine Eltern mich so sehen, denken sie, ich sei betrunken."

Sie beförderte die übelriechende Jeanshose in die Mülltonne und betrat auf Socken den Hausflur. Ich hatte noch etwa fünfzehn Minuten zu fahren. Als ich zu Hause ankam, lachte ich immer noch.

Mein Mann und ich hatten beschlossen, unsere Tochter zu dieser späten Stunde nicht mehr zu wecken, doch plötzlich stand sie im Türrahmen und rieb sich verschlafen die Augen. Sie sah das magere, verdreckte Hundebaby und konnte gar nicht fassen, dass es ihr gehören sollte.

Auf der Stelle wollte sie es mit in ihr Bett nehmen, doch das konnten wir ihr zum Glück ausreden. Wir stellten einen Korb mit Decke in ihr Zimmer und bald schliefen die beiden friedlich und fest.

Das Wochenende stand vor der Tür und wir hatten alle Hände voll zu tun. „Susi", so nannte sie die Kleine, musste gebadet und gefüttert werden. Außerdem benötigten wir Entwurmungsmittel, von dem auch Anka gleich eine Portion abbekam.

Die ältere Hündin war gleich nach Ankunft des Welpen in ihrem Element. Sofort wurden Quietsch- und Plüschpüppchen angeschleppt und nach dem Bad übernahm Anka das Trockenlecken. Die zwei verstanden sich prima und unsere Tochter war selig. Bei so mancher Gelegenheit dachte ich wehmütig an Hasso, der mit Hundekindern immer ganz besonders liebevoll umgegangen war, so dass er mit dem neuen Familienmitglied gewiss auch seine Freude gehabt hätte.

Von nun an sah man meine Tochter nur noch in Begleitung von Susi. Wo sie war, hielt sich auch ihr Hund auf. Zusammen erklommen sie einen Erdwall nach dem anderen und rutschten auf der gegenüberliegenden Seite wieder hinunter. Sie gruben Löcher, Susi mit den Pfoten, das Kind mit der Spielzeugschaufel.

Gemeinsam und mit Hilfe unseres Katers stürzten sie am Weihnachtsabend die geschmückte Tanne um und zerfetzten mit wachsender Begeisterung das Geschenkpapier. Kurzum, sie hatten viel Spaß miteinander und waren unzertrennlich.

Im Frühling war aus dem zarten Hundekind ein wunderschönes, molliges Berner Sennen-Fräulein geworden, sie hatte eine stattliche Größe erreicht. Trotz ihrer manchmal noch sehr tollpatschigen Bewegungen achtete sie immer sorgfältig darauf, niemanden zu verletzen. Sie konnte Pfote geben, sich auf Kommando setzen und „tot" stellen. Das alles hatte unsere Tochter ihr ganz alleine beigebracht und stolz präsentierte sie Susis Kunststückchen im Freundes- und Verwandtenkreis.

Anka und Susi harmonierten nach wie vor prächtig. Beide hatten ein ruhiges Wesen und waren vorbildlich brav. Die beiden teilten auch die Liebe unserer Tochter zu Katzen, die im Laufe der Zeit immer zahlreicher wurden.

Nach der Einschulung wurde es ganz schlimm. Sämtliche Schulkameradinnen und Kameraden hatten irgendwann, irgendwo, eine überflüssige Katze, die unser Kind alle mit nach Hause nahm. Sie kannte meine Einstellung zu Tierheimen und das nutzte sie leidlich aus. Weder ich noch mein Mann konnten die armen Kreaturen vor die Tür setzen, doch irgendwann überstiegen die Tierarztkosten unseren Etat. Ständig galt es, Rechnungen für Kastrationen, Sterilisationen, Wurmkuren und Impfungen zu bezahlen, vom Futter ganz zu schweigen, so dass wir die Katzenleidenschaft unserer Tochter nun doch nachhaltig eindämmen mussten, sollte für uns noch etwas zum Essen übrig bleiben.

Wir hatten uns gerade darauf geeinigt, keine Tiere mehr aufzunehmen, als eine meiner langjährigen Freundinnen mit einem Katzenkorb vor der Tür stand.

13...Donna

Bereits ahnend, was sie vorhatte, wollte ich diesmal hart bleiben und sie mitsamt der Katze wieder wegschicken. Was sie mir dann allerdings erzählte, ließ mich meine Meinung sofort wieder ändern.

In ihrer Nachbarschaft wohnte ein Säuferpaar. Die drei Jungs, die dort aufwuchsen, waren sich meist völlig selbst überlassen und pöbelten aus Langeweile in der ganzen Nachbarschaft. Mit der Katze, die da völlig verängstigt und still in ihrem Korb saß, hatten sie „Base-Ball" gespielt und so hatte meine Freundin sie in einem unbemerkten Augenblick ihren Peinigern entwendet und zu uns gebracht, „Sag bloß niemandem, von wem du sie hast," beschwor sie mich, „ich kann mich sonst vor lauter Übergriffen nicht mehr retten."

Wieder einmal war ich heilfroh, auf einem Hof in Alleinlage zu wohnen, die nächsten Nachbarn weit entfernt.

Nachdem meine Freundin sich verabschiedet hatte, öffnete ich die Käfigtür und ließ die Katze auf das Fensterbrett in der Küche springen. Zusammen mit meiner Tochter betrachtete ich das hübsche Tier mit der außergewöhnlichen, schwarz-roten Fellzeichnung. Zugleich fiel uns ihr merkwürdiges Verhalten auf. Normalerweise benehmen sich Katzen in der Eingewöhnungsphase sehr zurückhaltend, schleichen entweder in geduckter Haltung zu einem sicheren Unterschlupf oder sie beschnuppern neugierig die neue Umgebung. In diesem Fall aber saß das Tier wie versteinert auf dem Fensterbrett und blickte starr in eine Richtung. Sie ließ sich von mir am Kopf streicheln, bewegte sich dabei aber keinen Millimeter. Als ich sie unter dem Kinn kraulen wollte, berührte ich ein dünnes Zeckenhalsband, welches ich ihr sofort abnehmen wollte. Ich hatte mit diesen Dingern schon mehrmals schlechte Erfahrungen gemacht. Einige unserer Katzen hatten sich beim Spielen gegenseitig in die Halsbänder gebissen und massive Vergiftungserscheinungen davongetragen.

Ich öffnete den Verschluss und wollte das Halsband an mich nehmen, doch aus irgendeinem Grund saß es am Katzenhals fest. Ich zog noch einmal, diesmal etwas fester, und dann sah ich auch schon die Katastrophe. Das Halsband war mit Heftklammern im Fleisch befestigt worden. Meine Knie wurden weich und meine Tochter verschwand laut schreiend in ihrem Kinderzimmer, die Tür fest hinter sich zuschlagend. Sobald ich sicher war, dass meine Beine mich wieder trugen, packte ich das geschundene Tier wieder in den Korb und setzte mich in Richtung Tierarztpraxis in Bewegung. Dort wurden nach einer verabreichten Betäubung die Klammern entfernt -- es waren fünf Stück --, und danach die Wunden desinfiziert. Der Tierarzt riet uns, eine Anzeige wegen Tierquälerei zu machen, was ich aber verwarf, da ich meine Freundin nicht in Verlegenheit bringen wollte. Ich denke, es wäre auch nicht viel dabei herausgekommen.

Wieder zu Hause, brachte ich die Katze ins Zimmer meiner Tochter, damit sie sich von ihrem Schock erholen konnte. Wir gaben ihr Futter und Wasser, sie fraß und trank, danach saß sie wieder wie versteinert vor den Näpfen. Meine Tochter, die immer sofort einen Namen für jedes Tier brauchte, nannte die Katze „Donna". Sie meinte, das klinge so traurig und zugleich schön, also passte es. Sie rief sie leise, da drehte die Katze den Kopf in die Richtung ihrer Stimme.

Mir kam in diesem Moment ein schrecklicher Verdacht, der sich bald darauf bestätigen sollte. Donna machte von sich aus keinen Schritt in irgendeine Richtung. Ein weiteres Mal suchten wir den Tierarzt auf, und nachdem er sie eingehend untersucht hatte, sprach er aus, was ich schon vermutet hatte:

Donna war stockblind, und nicht nur das. Höchstwahrscheinlich hatten die Schläge mit dem Base-Ball-Schläger ein Blutgefäß im Kopf des Tieres verletzt. Er konnte nicht sagen, ob mit der Blindheit noch andere Gebrechen einhergehen würden und riet uns daher, sie einzuschläfern. Sie tat uns beiden so leid, wir wollten ihr unbedingt eine Chance geben und konnten uns nicht entscheiden, ihrem Leben ein Ende zu setzen. Also nahmen wir sie wieder mit nach Hause.

Es ging eine ganze Weile gut, abwechselnd setzten wir sie vor die Futter- und Wassernäpfe und mit der Zeit erkundete sie Stück für Stück die neue Umgebung. Sie „erschnupperte" sich sozusagen ihre Wege. Bald fand sie Futter und Katzenklo von ganz allein. Ihr Rückzugsort befand sich in der Küche auf der Sofalehne, wo sie sich putzte und schlief. Die anderen Katzen beeinträchtigten sie bei ihren Erkundungsgängen durchs Haus in keiner Weise.

Nach einigen Wochen, als Donna sich mehr als gut eingelebt hatte, beglückwünschten wir uns gegenseitig zu unserer Entscheidung, sie am Leben zu lassen und freuten uns über ihre Schmeichelattacken. Besonders meiner Tochter war Donna von Herzen zugetan. Kaum hörte sie ihre Stimme, startete sie ein Schnurrkonzert und rieb ihr Köpfchen ein ums andere Mal an ihrem Kinn.

Leider hatten wir uns zu früh gefreut, denn eines Tages – Donna war damals etwa sechs Wochen bei uns – sprang sie von der Sofalehne zu Boden, wo sie sich plötzlich wie wild mehrmals im Kreis drehte. Zutiefst erschrocken lief ich zu ihr, weil ich dachte, sie hätte sich beim Sprung verletzt. Das Blut in ihren Augenwinkeln sprach eine andere Sprache.

Von diesem Augenblick an verlor die Katze jede Orientierung. Sie rannte gegen Wände und Türen, legte sich immer wieder zur Seite oder drehte sich im Kreis. Schweren Herzens traten wir mit ihr den letzten Gang an und baten den Tierarzt, sie nun doch zu erlösen. Das Gerinnsel in ihrem Kopf hatte nicht aufgehört zu bluten und große Teile des Gehirns lahmgelegt.

Meine Tochter war zugleich traurig und wütend. Sie verstand nicht, wie Menschen einem Tier so etwas antun konnten. Ich auch nicht, ehrlich gesagt.

14...Bär-Bär

Unter vielen anderen Katzen lebte auf unserem Hof seit vielen Jahren eine dunkle dreifarbige Katzendame, die auf den Namen „Hexe" hörte. Immer wieder gelang es ihr, der Sterilisation zu entgehen. Entweder war sie zu diesen Zeitpunkten nicht auffindbar oder sie war krank, so dass man ihr einen Eingriff nicht zumuten konnte. Diesmal umging sie den Termin, indem sie uns kurz zuvor einen Wurf Kätzchen in den Schlafzimmerschrank legte. Vier Stück in den unterschiedlichsten Farben lagen mit geschlossenen Augen zwischen den Wäschestücken. Da wir ohnehin schon viel zu viele Katzen hatten, war ich nicht sehr erbaut über den Zuwachs und ich beschloss, bald Ausschau nach Pflegeplätzen zu halten.

Sooft ich auch versuchte, die Katzenmama mit den Kleinen in ein anderes Zimmer umzusiedeln, so oft brachte sie sie zurück an ihren ausgesuchten Platz in meinem Schrank. Darüber war ich noch weniger glücklich, konnte mich aber auf die Dauer nicht durchsetzen und so wuchsen die kleinen Raubtiere eben im Schlafzimmer auf. Als sie die Augen noch geschlossen hatten und weitgehend hilflos herumlagen, war das ja noch kein Problem. Schlimm wurde es erst, als die Bande die Welt außerhalb des Schrankinneren erkundete. Zu jeder Tages- und Nachtzeit war man bemüht, nicht auf eines der kleinen Pelzknäuel zu treten.

Zum Glück hatten wir für jedes der vier Kätzchen ein gutes Plätzchen gefunden und bald kamen der Reihe nach die neuen Besitzer, um ihre zukünftigen Mitbewohner abzuholen. Unter dem quirligen Haufen befand sich ein Katerchen, welches gleich nach der Geburt kohlrabenschwarz von den übrigen weißen und roten Kätzchen abstach. Nach vier Wochen bekam er plötzlich helle Streifen und mit zehn Wochen war aus ihm ein waschechter Silbertiger geworden. Er war auch der frechste von allen.

Nichts und niemand jagte ihm Furcht ein, er war immer und überall der Erste, vor allem wenn es ums Blödsinn machen ging.

Als für ihn der Tag der Abholung gekommen war, schien er wie vom Erdboden verschluckt. So viel ich nach ihm suchte, so laut ich ihn rief, er blieb verschwunden. Das Pärchen, das ihn mitnehmen wollte, musste ohne ihn wieder abziehen. Es war mir ziemlich peinlich und so ließ ich mir die Adresse geben, und versprach, den Kater abzuliefern, sobald er wieder auftauchte.

Kaum waren die Leute fort, öffnete sich die Tür zum Kinderzimmer und mein Töchterchen erschien auf der Bildfläche. Auf dem Arm hielt sie, fest an sich gedrückt, den gesuchten Kater. Ich glaubte, meinen Augen nicht zu trauen und stellte sie augenblicklich zur Rede. „Ach Mama," bettelte sie, „ich wünsche mir zum Geburtstag und zu Weihnachten gar nichts mehr, wenn ich meinen Bär-Bär behalten darf. Er ist der allerliebste kleine Kater, den wir je hatten, ich mag ihn nicht fortgeben."

Diesen Spruch kannte ich nun schon allzu gut und für`s Erste ließ ich mich nicht erweichen. Als aber dann mein Mann heimkam und sich ebenfalls dafür aussprach, Bär-Bär hierzubehalten, war ich überstimmt. Ein wenig verlegen rief ich bei dem Pärchen an und teilte ihnen unseren Sinneswandel mit.

Von nun an schien es, als ob der Kater mir beweisen wollte, dass er seinen Aufenthalt bei uns verdiente. Die Blumentöpfe, die er vorher reihenweise auf den Fliesen hatte zerschellen lassen, blieben unangetastet auf den Fensterbrettern stehen. Er stellte seine Turnübungen am Wäscheständer ein, so dass ich die Wäsche nur noch einmal waschen musste und klaute auch keine Schnitzel mehr von der Anrichte.

Zwar fand ich eines Morgens eine Klopapierrolle, die vom ersten Stock bis ins Erdgeschoss abgerollt war und sich dabei auch noch um sämtliche Tisch- und Stuhlbeine schlängelte, konnte ihm aber nichts beweisen, weil auch andere Katzen sich im Haus aufhielten.

Ausgerechnet ich, die seinen Auszug befürwortet hatte, wurde mit der Zeit sein größter Fan. Er war immer lustig und gut gelaunt. Sein Wesen glich dem eines Hundes, sogar auf Spaziergängen war er dabei. Egal, welche Arbeit ich im Haus oder im Freien verrichtete, Bär-Bär kam mit.

Als wir Weidezaun-Pfähle einschlugen, kletterte er auf jeden Pfosten und begutachtete unser Werk. Im Gemüsegarten jagte er jedem Unkraut hinterher, das ich auf den Kompost warf und sogar beim Kochen sah er mir interessiert zu, obwohl für ihn dabei nichts abfiel.

Wenn er von seinen Erkundungsgängen zurückkam, sprang er auf die Küchenzeile, ließ ein lautes „Brrrrrtt" ertönen und stieß mit seinem Kopf heftig gegen meine Nase, manchmal mit so einem Feuereifer, dass anschließend Blut floss.

Die lustigste Erinnerung, die ich an ihn habe, stammt aus der Vorweihnachtszeit. Ich war gerade am Plätzchenbacken und wollte ein besonderes Rezept ausprobieren. Man bäckt die Plätzchen fünf Minuten an, bestreicht sie mit einer Glasur aus Eigelb, Sahne und Rum und bäckt sie anschließend noch einmal fünf Minuten. Die Glasur hatte ich schon vorbereitet, doch als ich die Kekse damit bestreichen wollte, war das Schüsselchen leer. Im ersten Moment zweifelte ich an mir selbst, doch als ich dann einen Blick auf Bär-Bär warf, wurde mir einiges klar.

Er saß auf dem Küchenstuhl und versuchte, seine Pfote zu lecken, wobei seine Zunge ihr Ziel allerdings um mehrere Zentimeter verfehlte. Danach sprang er vom Stuhl, das heißt, er wollte vom Stuhl springen, plumpste aber wie ein nasser Sack zu Boden und blieb eine Weile dort sitzen.

Nie werde ich den Gesichtsausdruck vergessen, die Augen halb geschlossen, sein Maul geöffnet mit heraushängender Zunge, bot er ein Bild des Jammers.

Dann begann er, einige Runden um den Tisch zu drehen, weil es ihm partout nicht gelang, geradeaus zu laufen. Ich versuchte, mich an die Menge Rum zu erinnern, die ich der Glasur beigefügt hatte und war nun schon etwas besorgt, denn Tiere vertragen Alkohol meines Wissens sehr schlecht. Da der Tierarzt Urlaub machte, konnte ich nur hoffen, dass die Sache keine allzu schlimmen Folgen haben würde. Nach den unfreiwilligen Runden setzte er sich mitten in den Raum und stieß klagende Laute aus. Es hörte sich an, als würde ein kleines Kind weinen. Er versuchte, wieder auf den Stuhl zu springen, verfehlte aber sein Ziel und landete immer wieder unsanft auf der Erde.

Langsam machte ich mir richtige Sorgen und in meiner Hilflosigkeit schimpfte ich ihn einen Säufer und drohte ihm beim Eintreten von Komplikationen mit der Einweisung in eine Trinkerheilanstalt.

Nachdem die Stuhlfläche für ihn unerreichbar war, krabbelte er unbeholfen auf eine kleine Truhe im Flur. Dort rollte er sich mit einem steinerweichenden Seufzer zusammen und schlief augenblicklich ein. Da ich dem Frieden nicht traute, kontrollierte ich in kurzen Abständen immer wieder seine Atmung, wobei ich ganz deutlich seine Alkoholfahne roch. Kurze Zeit später schnarchte er wie ein Walross, was mir aber gar nicht so unangenehm war. Auf diese Weise konnte ich mir die Atmungskontrollen ersparen.

Er schlief die ganze Nacht, schnarchend und mit offenem Maul, tief und fest, im Gegensatz zu mir. Als er am nächsten Tag gegen Mittag aufwachte, kämpfte er sich zum Wassernapf und trank ihn völlig leer. Danach erklomm er erneut seine Truhe und schlief weiter bis zum Abend. Erst am übernächsten Tag war er wieder der Alte und ich war heilfroh. Im Nachhinein haben wir oft gelacht über Bär-Bärs Besäufnis, das zum Glück keine Folgen hatte.

Im Jahr darauf, wieder kurz vor Weihnachten, war unser geliebter Kater plötzlich verschwunden. Normalerweise kehrte er von seinen Ausflügen spätestens am Abend zurück, um nur ja sein Futter nicht zu verpassen. Im Winter ging er sogar nur kurz nach draußen und verbrachte die Nachmittage in der Nähe des Kachelofens, wo er acht Stunden am Stück schlafen konnte, ohne seine Position großartig zu verändern.

Nach dem Aufwachen stattete er vorsichtshalber der Futterschüssel einen Besuch ab. Es konnte ja sein, dass er seine Mahlzeit verpennt hatte. Nach dem Fressen machte er es sich dann für gewöhnlich auf meinem Schoß bequem, wo ihn zahlreiche Streicheleinheiten erwarteten.

Man muss sich einmal vor Augen führen, dass wir zu dieser Zeit etwa vierzig Katzen auf dem Hof beherbergten. Die meisten hatte unsere Tochter angeschleppt.

Wir hatten rote, weiße, getigerte, langhaarige, kurzhaarige, schwarze, dreibeinige und schwanzlose Katzen, blinde und taube, aber unser aller Favorit war und blieb Bär-Bär. Man vermochte gar nicht so genau zu beschreiben, was ihn bei uns allen so beliebt machte, es war eben so.

Und nun war der ungekrönte König unseres Katzenstaates spurlos verschwunden. Beinahe jede Stunde lief ich aus dem Haus und rief verzweifelt in alle Richtungen seinen Namen. Wir klapperten die Nachbarn ab und nahmen ihnen das Versprechen ab, uns zu benachrichtigen, wenn der unverwechselbare Silbertiger bei ihnen auftauchen sollte.

Auch nach Wochen war ich nicht bereit, meinen Lieblingskater in die Reihe der Verstorbenen einzuordnen. Es wurde ein trauriger Frühling, ein Sommer mit vielen Erinnerungen und Tränen und ein trostloser Herbst ohne Bär-Bär. Eines Tages fütterte ich die Pferde am Morgen und sah in der Ferne, bei einem kleinen Haus, das man von unserem Hof aus gerade noch sehen kann, mehrere LKWs einer Umzugsfirma. Nachmittags erfuhr ich von unserem Briefträger, dass die Leute, die fünf Jahre in dem Häuschen zur Miete gewohnt hatten, fortzogen, da der Mann schwer erkrankt war.

Am Abend ging ich noch einmal in den Stall, um meine Abschlussrunde zu drehen und traute meinen Augen nicht: Vor mir, mitten im Hof, saß mein über alles geliebter Bär-Bär, unverkennbar in seiner silbergetigerten Ausführung. Seelenruhig putzte er seine Pfote, bis ich seinen Namen rief. Wie von der Tarantel gestochen, fuhr er hoch und trabte mit weit aufgerissenen Augen auf mich zu. Ich nahm ihn in den Arm, küsste und knuddelte ihn und konnte mein Glück kaum fassen. Mein verlorener Sohn war heimgekehrt. Ich trug ihn ins Haus und die Reaktion meiner Familie war überwältigend. Mein Mann und meine Tochter stießen laute Freudenschreie aus und jeder wollte den sich in seinem Ruhm sonnenden Kater die besten Leckerbissen servieren, ihn drücken und streicheln.

Bei der anschließenden gründlichen Begutachtung stellten wir fest, dass Bär-Bär in einem ausgezeichneten Allgemeinzustand war. Wohlgenährt, mit gepflegtem, glänzendem Fell lag er an seinem alten Lieblingsplatz neben dem Kachelofen, als wäre er nie fort gewesen.

In dieser Nacht stahl ich mich einige Male in die Küche, um mich zu vergewissern, dass ich das Ganze nicht nur geträumt hatte. Als ich ihn streichelte, streckte er sich und maunzte leise und wieder durchströmte mich ein unglaubliches Glücksgefühl.

Wir gingen im Nachhinein davon aus, dass die Leute in der Nachbarschaft den Kater bei einem seiner Besuche liebgewonnen und eingesperrt hatten. Es konnte ein Zufall sein, dass er sich ausgerechnet am Tag ihres Auszugs wieder bei uns einfand, das Gegenteil war wahrscheinlicher. Genau werden wir es nie wissen, weil nicht einmal unser genialer Starkater in der Lage ist, es uns zu erzählen.

Aber eines ist sicher: Bär-Bär hing mit derselben abgöttischen Liebe an uns, wie wir an ihm. Freiwillig hätte er uns sicher nicht verlassen. Aber egal, wie es zuging, Hauptsache, wir hatten ihn gesund und munter wieder. Wenn die Leute ihn wirklich hatten, haben sie auf alle Fälle gut für ihn gesorgt.

15...Apollo

Vor einiger Zeit hatten wir eine nette Familie kennengelernt, die ebenso wie wir auf einem kleinen Bauernhof lebte. Die Eltern, die den Hof bewirtschafteten, hielten Milchkühe und auch ein paar Schweine. Das junge Paar war in unserem Alter und hatte ebenfalls eine Tochter und wir besuchten uns oft gegenseitig.

Da ich Kühe und alles, was dazugehört, sehr gerne mag, war ich bei unseren Besuchen immer hocherfreut, wenn ich mit in den Stall durfte. Ich half gerne bei der Fütterung und versuchte auch sonst, mich ein wenig nützlich zu machen. Dem Stall angegliedert war eine kleine, gekachelte Milchkammer, in der sich die Melkzeuge und der Milchtank befanden. Eines Tages wollte ich den Stall durch eben diese Milchkammer betreten, da sah ich auf den Fliesen liegend eine riesige schwarz-weiß gefleckte Dogge, der man als Unterlage lediglich einen alten Fetzen zugebilligt hatte.

Der ausgesprochen schöne Hund war entsetzlich dürr, man konnte jeden einzelnen Knochen seines Skeletts sehen. Die Hüftknochen stachen so weit hervor, man hätte Kleiderbügel daran hängen können. Sofort hatte ich Mitleid mit dem armen Hund, der in der Kälte auf den harten Fliesen lag und zitterte.

Ich eilte zu unseren Freunden und musste natürlich gleich in Erfahrung bringen, was es mit dem Hund auf sich hatte. „Die Dogge gehört uns gar nicht", erzählten sie. „Ein Bekannter hat sie vor zwei Jahren aus Rumänien mitgebracht. Anfangs hatte er ein Haus mit einem riesigen Gartengrundstück, doch dann hatte er Pech mit seiner Firma. Er musste das Haus verkaufen und mit Frau und Kind in eine kleine Wohnung ziehen. Für Apollo war da kein Platz mehr, darum hat er uns gefragt, ob wir ihn beherbergen, bis er neue Halter gefunden hat."

Für mich stand bereits fest, wer die neuen Halter sein würden. Ich musste nur noch meinen Mann überzeugen und mit dem Besitzer sprechen. Beides fand noch am gleichen Tag statt und am Wochenende zog Apollo um auf unseren Hof. Als sein Herrchen ihn zu uns brachte, wollte er ihn im Hof anbinden und ich fragte ihn nach dem Grund.

„Wenn man ihn laufen lässt, wildert er", entgegnete er, „und im Haus werdet ihr ihn ja nicht gerade haben wollen, oder". Natürlich wollte ich das, warum denn auch nicht? Schließlich lebten Anka und Susi doch auch mit uns im Haus, warum sollte für Apollo die Tür verschlossen sein? Der Hund freute sich wie ein Schneekönig, beschnupperte alles und jeden und benahm sich den beiden Hundedamen gegenüber wie ein perfekter Kavalier. Im Flur fiel er gleich über das Futter her, das die Hündinnen übrig gelassen hatten. Danach wählte er einen Platz auf dem Wohnzimmerteppich, um sich zu säubern. Es gefiel ihm sichtlich gut bei uns. Sein Herrchen war hocherfreut, als ich ihm anbot, er könne Apollo gerne öfter besuchen kommen, wovon er in den darauffolgenden Jahren immer wieder Gebrauch machte. Er liebte den Hund sehr und war äußerst unglücklich über die Umstände. Dass er den sanften Riesen trotz seiner Notlage nicht ins Tierheim gebracht hatte, rechnete ich ihm hoch an.

Bevor er uns verließ, gab er uns noch einige Tipps und warnte uns, den Hund niemals allein in einem Fahrzeug zurückzulassen. Er sei darauf dressiert worden, das Auto seines Herrn gegen Eindringlinge zu schützen, da er in Rumänien oftmals größere Bargeldsummen dort aufbewahrt hatte. Außer ihm selbst könne keiner die Dogge ohne größte Gefahr aus dem Wagen lassen, denn schon beim Berühren des Türgriffes würde Apollo zu einer wahren Bestie. Wenn man den friedlichen Hund betrachtete, mochte man kaum glauben, was der Mann da erzählte. Ich sollte aber bald eines Besseren belehrt werden.

Apollo lebte sich gut ein. Er benahm sich beispielhaft in allen Situationen. Zwar hatte er Nachholbedarf, was den Auslauf und das Futter anging, aber er versuchte nie, den anderen Hunden oder Katzen etwas wegzunehmen. Artig wartete er vor seiner Schüssel, bis er an der Reihe war und auch auf den Spaziergängen benahm er sich gesittet und kam sofort, wenn ich ihn rief. Mir gefiel sein federnder, eleganter Gang und wenn er mit den anderen herumtobte, tat er das in sehr athletischer Weise. Obwohl ich ihn nun schon eine Zeit lang kannte, beeindruckte mich seine Größe immer noch. Wenn er sich auf die Hinterbeine erhob, überragte er mich um die Länge seines imponierenden Kopfes. Wie schon erwähnt, ich liebe große Hunde, und Apollo war der größte, den ich kannte.

Mein Mann und ich hatten seit längerer Zeit geplant, mit Kind und Kegel in den Urlaub zu fahren. Damals war das Wort „Hundehotel" noch ein Fremdwort. Wollte man also mit Haustieren verreisen, blieb nur die Möglichkeit eines Wohnmobils. Es dauerte nicht lange, da hatte mein Fahrzeugfreak auch schon eines ausgespäht. Nachdem wir beide es für gut und günstig befunden hatten, stand es bald bei uns auf dem Hof. Bevor es zum Einsatz kommen sollte, waren noch ein paar kleine Reparaturen und Reinigungsarbeiten nötig. Außerdem machte ich mich am Nachmittag auf den Weg, um Vorhangstoff zu besorgen, da die Gardinen im Wohnmobil nicht mehr sehr ansehnlich waren.

Im Stoffhaus ergatterte ich preisgünstige Reste und Nähgarn, danach machte ich mich auf den Heimweg und wollte meine Nähmaschine aktivieren.

Als ich zu Hause eintraf, sah ich mehrere Menschen -Freunde, Nachbarn und unsere Mütter- die unser Urlaubsgefährt umringten. Kurz dachte ich noch „Mein Gott, so toll ist das Ding ja nun auch nicht", da bemerkte ich erst, wie das Gefährt heftig schaukelte und etwas sich von drinnen immer wieder mit Wucht gegen die Tür warf. „Was ist denn hier los?" wollte ich wissen. „Habt ihr ein Rhinozeros eingefangen?" Mein Mann, dem das Lachen anscheinend gründlich vergangen war, entgegnete kreidebleich: „Apollo ist da drin und er lässt keinen mehr hinein. Ich kann die Tür nicht öffnen, er führt sich auf wie eine Bestie." Der Freund meines Mannes, der ihm bei den Wartungsarbeiten zur Hand gegangen war, hatte die Tür des Wohnmobils offen stehen lassen. Apollo war voller Neugierde ins Wageninnere gesprungen und hatte das gemütliche Bett im Rückraum für sich entdeckt. Bei dem Versuch, ihn aus dem Wohnmobil zu locken, hatte er beiden Herren mit einem tiefen Knurren die Zähne gezeigt, worauf sie hastig die Tür von außen schließen mussten.

Ich erinnerte mich an die Warnung seines früheren Herrn. Nun war guter Rat teuer. Zunächst bat ich die umstehenden Personen, sich in sichere Entfernung zu begeben. Nachdem das geschehen und etwas Ruhe eingekehrt war, rief ich den Hund freundlich. Als er meine Stimme hörte, tauchte sein großer Kopf hinter der Heckscheibe auf. Er wedelte erfreut mit dem Schwanz, als er mich sah. Das war schon mal ein gutes Zeichen. „Jetzt nur nichts anbrennen lassen", dachte ich und wandte mich der Tür zu. Noch einmal rief ich ihn: „Apollo, Frauchen ist wieder da!" und öffnete im gleichen Atemzug die Tür.

Völlig stressfrei kam die Dogge heraus und begrüßte mich überschwänglich. Ich war sehr erleichtert und auch alle anderen atmeten auf.

Außerdem hatte ich einen Triumph errungen, denn ich wusste jetzt, dass Apollo mich als neues Frauchen akzeptiert hatte, sonst hätte er auch mich nicht ins Wohnmobil gelassen. Aus unserer Urlaubsfahrt wurde dann leider doch nichts, da ich aus einem bestimmten Grund unabkömmlich war, aber das ist eine andere Geschichte.

16…Susi und Apollo

Nicht lange, nachdem Apollo bei uns eingezogen war, wurde unsere Berner Sennen-Hündin läufig. Eines Morgens, als ich die drei Hunde aus dem Haus ließ, damit sie ihr Geschäft verrichten konnten, kam nur Anka wieder zurück. Von Susi und Apollo fehlte jede Spur. Umgehend machte ich mich auf die Suche nach ihnen, zuerst zu Fuß und dann mit dem Auto. Obwohl es sich nicht gerade um Zwergpinscher handelte, konnte ich sie nirgendwo entdecken. Unverrichteter Dinge kehrte ich nach Hause zurück und telefonierte mit einigen Nachbarn, die mir versprachen, sich zu melden, sollten sie die beiden sehen. Mehr war im Moment nicht zu machen und so wartete ich, und wartete und wartete. Es wurde Mittag, es wurde Abend und mir gingen schon die grauenvollsten Gedanken durch den Kopf. Ein Jäger konnte ihnen gefährlich werden, ein Auto könnte sie überfahren und was nicht noch alles passieren konnte. Vor dem Zubettgehen drehten mein Mann und ich noch einmal eine Runde im Auto, fuhren in jede erdenkliche Richtung, doch die beiden blieben unauffindbar,

Als ich gegen zwei Uhr morgens trotz der Sorgen, die ich mir machte, weggedämmert war, weckte mich ein schepperndes Geräusch. Sofort sprang ich aus dem Bett und flog zur Haustür. Draußen standen, heillos verdreckt und aufgeregt hechelnd, Susi und Apollo. Obwohl ich unendlich froh war, die beiden gesund und munter wiederzuhaben, hielt ich ihnen eine gehörige Standpauke. Mein Gelaber interessierte sie aber offensichtlich überhaupt nicht, denn nachdem die zwei die Wasserschüssel geleert hatten, waren sie in wenigen Minuten eingeschlafen.

Am nächsten Morgen führte ich die treulosen Dinger an der Leine nach draußen. Da das total gegen ihre Gewohnheit war, dauerte es dementsprechend lange, bis sie ihre Notdurft verrichteten. Beide sahen mich immer wieder vorwurfsvoll an, womit sie mir wohl signalisierten: „Nun lass uns schon los," aber ich wollte nicht wieder einen Tag voller Ungewissheit verbringen, so blieb ich hart. Die zwei hockten den ganzen Tag vor der Eingangstür, in der Hoffnung, jemand würde sie für sie öffnen und in einem unachtsamen Augenblick, als mein Mann von der Arbeit kam, liefen sie abermals auf und davon. Diesmal erschienen sie erst am übernächsten Morgen, ebenso verschmutzt und erledigt wie beim letzten Mal. Dann war die Sache zum Glück vorbei und mein Leben verlief wieder etwas ruhiger. Es dauerte nicht lange, da bekam Susi ein dickes Bäuchlein. Die Hoffnung, die Liebesnächte würden ohne Folgen bleiben, erfüllte sich nicht und so sahen wir wieder einmal Mutterfreuden entgegen. Anfangs diskutierten wir noch über eine Abtreibung und anschließende Sterilisation, doch dann entschlossen wir uns, Susi den einen Wurf aufziehen zu lassen. Irgendwie waren wir neugierig, was dabei herauskommen würde. Unsere Tochter freilich wusste das sofort. „Was soll schon herauskommen?" meinte sie altklug, „eine Berner Dogge natürlich."

Ja, das erschien uns durchaus logisch und trotzdem warteten wir mit Spannung auf das Ergebnis. Da wir den genauen Geburtstermin nicht wussten, ließen wir Susi zum Ende der Schwangerschaft vom Tierarzt untersuchen. Er stellte einen normalen Verlauf fest und meinte: „Drei, vier Tage wird es noch dauern. Ich denke, dass es keine Komplikationen gibt."

Wir warteten die restlichen Tage voller Spannung und Vorfreude ab und endlich, am fünften Tag nach dem Tierarztbesuch schickte Susi sich an, ihre Welpen auf die Welt zu bringen. Wir wollten sie nicht allzu sehr dabei stören, überzeugten uns aber vorsichtig immer wieder vom Verlauf der Geburt. Eine Stunde, nachdem die Fruchtblase geplatzt war, kam ein Welpe. Er war riesengroß, grau, mit weißen Beinchen und weißer Schnauze, einfach wunderschön. Danach kam nichts mehr. Wir warteten zwei Stunden, und als dann immer noch nichts geschah, beschlossen wir, den Tierarzt zu holen. Er kam nach einigen Minuten, untersuchte Susi und anschließend auch den Kleinen und kam zu dem Ergebnis, dass der kleine Rüde ein Einzelkind bleiben würde. Ich jubelte und drückte erst Susi und dann Apollo. „Das habt ihr gut gemacht, ihr zwei. Ist ja wohl klar, dass der Kleine bei uns bleibt. Wir können doch das einzige Kind unseres Liebespaares nicht weggeben." Der Tierarzt lachte, dann nahm er den Welpen und versuchte, ihn seiner Mutter ans Gesäuge zu legen, jedoch ohne Resonanz. Etwas besorgt sagte er: „Passt mal auf, ob der Kleine säuft. Wenn er das nämlich in den nächsten Stunden nicht macht, haben wir ein Problem. Ruft mich am Besten gleich morgen früh noch mal an."

17...Ein Schock

Wir beobachteten die Situation mit Sorge, zumal Susi sich nicht erhob und plötzlich eine heiße Nase bekam. Immer wieder krabbelte der Welpe zur Milchquelle, aber kaum wähnte er sich am Ziel, veränderte seine Mama die Lage und der Quell der Nahrung rückte in weite Ferne. Ziemlich früh am nächsten Morgen rief ich den Doktor an. Er untersuchte die Hündin und machte ein besorgtes Gesicht. „Sieht aus, als hätte sie einen Wundinfekt in der Gebärmutter. Ich gebe ihr zwei Spritzen, eine für die Abwehr und ein Antibiotikum. Am Abend sehen wir dann weiter."

Gerne wäre ich bei dem kranken Hund geblieben, doch ich hatte keine Wahl, ich musste zur Arbeit. Gegen Mittag rief mich mein Mann an und mir schwante nichts Gutes. Susis Zustand war unverändert, der Welpe dämmerte vor sich hin, manchmal jammerte er leise, doch Susi reagierte nicht auf ihn. Nun musste auch mein Mann außer Haus und niemand war da, wenn es der Hündin schlechter gehen sollte. Den ganzen Nachmittag saß ich wie auf Kohlen und handelte dann mit einer Kollegin aus, mich die letzte Stunde zu vertreten. Meine Tochter wollte ich erst von der Oma abholen, nachdem ich mir ein Bild von Susi gemacht hatte. Dass diese Entscheidung richtig war, sollte sich bald herausstellen.

Als ich zu Hause eintraf, bot sich mir ein Bild des Jammers. Die ansonsten bildhübsche Berner Sennen Hündin schien in den wenigen Stunden um Jahre gealtert. Völlig eingefallen und geschwächt lag sie mit trockener Schnauze in ihrem Korb und reagierte auf nichts um sich herum. In heller Panik rief ich den Tierarzt an, danach kniete ich mich neben sie und redete auf sie ein. Susi sah mich aus unendlich müden, fiebrig glänzenden Augen an, legte den Kopf auf meinen Schoß und starb.

Ganz still und leise verabschiedete sie sich aus dem Leben und ließ uns und ihren Welpen traurig zurück. Als der Tierarzt eintraf, konnte er nur noch ihren Tod feststellen.

„Ich glaube, der Welpe stirbt auch," presste ich unter Tränen hervor. „Kann man ihn denn mit einem Fläschchen füttern?" Er meinte, das würde wenig Sinn machen, da wir beide berufstätig seien und der kleine Hund alle zwei Stunden seine Mahlzeiten brauche. Dann telefonierte er kurz mit seiner Frau und kam gleich darauf zurück. „Wir haben eine Lösung für den Kleinen gefunden. Nicht weit von hier hat eine Bobtail-Hündin vor zwei Wochen geworfen. Wir versuchen es mit ihr als Amme, das könnte klappen, vorausgesetzt, sie akzeptiert den fremden Hund."

In Windeseile verfrachtete ich den kleinen Kerl in eine Tasche, wickelte ihn gut ein und fuhr zu der angegebenen Adresse. Als ich an der Tür klingelte, sah ich in die Tasche und dachte: „Zu spät, der Kleine atmet nicht mehr." In dem Moment jedoch, als eine Frau öffnete, hörte ich ein langgezogenes Fiepen und mir fiel ein Stein vom Herzen. Das Ehepaar wusste Bescheid und so nahm ich meinen Waisenknaben aus der Tasche und wir versuchten unser Glück bei „Albine", der Pflegehündin. Als ich ihr das Hundebaby überantwortete, leckte sie es ab, als ob es der normalste Vorgang der Welt sei und binnen weniger Sekunden begann der Kleine zu trinken, als ginge es um sein Leben (was es ja auch tat). Trotz der großen Erleichterung, die ich verspürte, rannen mir noch immer unaufhörlich die Tränen über die Wangen vor Trauer. Die beiden Hundebesitzer erschienen mir in dieser Situation als das netteste Ehepaar der Welt. Sie konnten meinen Schmerz gut nachempfinden, da sie selbst sehr tierlieb waren. Jetzt musste ich auch meiner Tochter noch irgendwie die traurige Nachricht von Susis Tod beibringen.

Das verständnisvolle Paar bot mir an, ich könnte mit ihr jederzeit vorbeikommen, um sie wenigstens mit dem Welpen etwas zu trösten. Wir würden ja bestimmt ohnehin öfter nach ihm sehen wollen. Mit dem guten Gefühl, den Welpen in die besten Hände gegeben zu haben, machte ich mich auf den Weg zu meiner Mutter, um den beiden die traurige Botschaft zu überbringen.

Die Reaktion meiner Tochter war wie erwartet, niederschmetternd. Sie rollte sich auf dem Sofa zusammen und rief immer wieder: „Nein, nein, nicht meine Susi, bitte bitte, Mama, sag dass das nicht wahr ist." Wir weinten beide, bis wir keine Tränen mehr hatten, dann erzählte ich ihr vom Schicksal des kleinen Welpen. Etwas hoffnungsvoller sagte sie: „Er soll Barry heißen. Susi hätte das gefallen."

Nun hatte der kleine Hund, der viel Glück im Unglück gehabt hatte, einen Namen. Immer wenn meine Tochter wieder anfing zu weinen, tröstete ich sie mit den Worten: „Denk an Barry, er braucht dich jetzt."

18...Barry

Gleich am nächsten Tag besuchten wir unseren Welpen. Einerseits wollte ich der netten Familie nicht unnötig die Zeit stehlen, aber andererseits war ich froh, mit meiner Tochter aus dem Haus zu gehen, in dem Susi so schrecklich fehlte. Zwar hatte ich noch am Abend den Korb und alles andere weggeräumt, doch unsere Berner Sennen-Hündin war allgegenwärtig. Anka und Apollo waren auffallend still und bedrückt, sie spürten die veränderte Situation. Hunde stellen sich sehr schnell auf die Stimmung ihrer Mitbewohner ein. Obendrein wurden sie nun auch mehr denn je allein gelassen, so dass ihre gewohnte Welt ein wenig aus den Fugen geraten war. Ich versprach ihnen, mich in den nächsten Tagen ganz besonders um sie zu kümmern und wir zogen los.

Das Ehepaar war aufrichtig erfreut, meine Tochter kennenzulernen. Kaum hatte ich sie vorgestellt, saß sie auch schon am Wochenbett und betrachtete ehrfürchtig die nuckelnden Hundekinder. Am Vortag war ich so traurig und tränenblind gewesen, dass ich für Albines Kinder gar keinen Blick gehabt hatte. Jetzt erst fiel mir auf, wie groß ihre vier Welpen schon waren. Mir fiel wieder ein, was der Tierarzt gesagt hatte. Die Hündin hatte schon vor zwei Wochen ihren Wurf zur Welt gebracht. Barry verschwand einerseits unter Albines Haarpracht, andererseits unter seinen deutlich größeren Pflegegeschwistern. Albines Nachwuchs war ein „Unfall" mit dem Nachbarshund, wie man uns berichtete. Es handelte sich dabei um einen Schäferhund und alle waren gespannt, wie die Jungen denn später einmal aussehen würden. Als ich erwähnte, Barrys Vater wäre eine Dogge, meinte der Mann: „Oh, da wird er ganz schön groß werden."

Und wie groß er wurde! Nach einer Woche war er mit seinen Pflegegeschwistern gleichauf. Nach zwei Wochen war er doppelt so groß und als wir ihn im Alter von sieben Wochen nach Hause holten, hätte jeder, der es nicht besser wusste, ihn für die Mutter der anderen Welpen gehalten. Er war wunderschön. Für uns war er natürlich sowieso der allerschönste Hund, den es gab, aber auch so ziemlich jeder andere, der ihn ansah, war dieser Meinung. Das mausgraue Fell, das er bei seiner Geburt hatte, hellte sich nach einiger Zeit bis zum Silberton auf und harmonierte malerisch mit seinen weißen Stiefelchen und der weißen Schnauze. Am liebsten spielte er mit einer kleinen Hündin aus Albines Wurf, die am meisten von den Schäferhund-Genen ihres Vaters abbekommen hatte.

Eine Woche, bevor wir Barry heimholten, fing meine Tochter an, uns diese Hündin auf ihre besondere Weise schmackhaft zu machen. Von früh bis spät versuchte sie, uns für ihren Plan zu gewinnen.

„Seht mal", belehrte sie uns „Barry ist ja nun, wenn er kommt, als Welpe ganz allein und hat niemanden zum Spielen. Anka ist schon alt und will ihre Ruhe, und Apollo ist einfach zu erwachsen. Es wäre doch schön, wenn „Lisa" (oha! Einen Namen hatte sie ihr auch schon gegeben!) gemeinsam mit ihm aufwachsen könnte. Und außerdem", fügte sie leise hinzu, „wenn Susi nicht gestorben wäre, hätten wir ja auch vier Hunde gehabt."

Nach so viel Überzeugungskunst gaben mein Mann und ich uns geschlagen. Also holten wir nach Absprache mit den Besitzern eine Woche später nicht nur Barry, sondern auch Lisa zu uns nach Hause. Die Frau weinte beim Abschied bitterlich. Ich wusste genau, was sie durchmachte, mir war es selbst nicht anders ergangen, als ein Welpe nach dem anderen das Haus verließ. Die zwei Besitzer von Albine waren mir in den wenigen

Wochen richtig ans Herz gewachsen, so dass ich den Kontakt ohnehin nicht abreißen lassen wollte. Ich lud sie ein, uns und unsere Hunde jederzeit zu besuchen, um sich über den Werdegang der Hundekinder auf dem Laufenden zu halten. Sie nahmen das Angebot gerne an.

19...Barry und Lisa

Die Eingewöhnung der beiden Hundekinder ging mehr als einfach vonstatten. Anka schlüpfte wieder in ihre Rolle als Erzieherin und rüffelte die beiden Racker, wann immer sie es zu bunt trieben. Apollo war hocherfreut über den Zuwachs, denn die alternde Anka konnte bei seinen athletischen Spielen nicht mehr mithalten und alleine war es ihm zu fad. Mit den Jungen balgte und tobte er, als wäre er selbst noch ein Jungspund.

Barry und Lisa waren unzertrennlich. Trotz des Größenunterschiedes, der im Laufe der Zeit immer gravierender wurde, verletzte Barry seine Ziehschwester kein einziges Mal. Das Gegenteil war da schon eher der Fall. Lisa war eine kleine Wilde, die von Ersatzmama Anka täglich mehrmals eine Abmahnung erhielt. Auch was die Katzen betraf, mussten wir sie immer wieder einbremsen. Zu gerne jagte sie hinter den Stubentigern her und obwohl sie sich mehr als einmal eine blutige Nase holte, bedurfte es großer Überzeugungskraft, ihr diese Jagdspiele auszutreiben.

Mit Interesse betrachtete ich die Entwicklung der beiden unterschiedlichen Hunde. Barry hatte schon nach einem halben Jahr annähernd Apollos Größe erreicht. Er war zwar noch etwas schmaler in der Gesamtausführung, doch in seinen Bewegungen ebenso sportlich wie sein Vater. Die weit herabhängenden Lefzen (ich nannte sie immer Sabberlefzen), die mich bei Apollo immer störten, wenn er im Haus Wasser trank, waren bei Barry nur im Ansatz vorhanden. Sein Kopf machte aus diesem Grund einen proportionaleren, freundlicheren Eindruck als bei einer reinrassigen Dogge. Ich fand ihn insgesamt so gelungen, dass ich fast bedauerte, kein Züchter zu sein.

Lisa, die in den ersten Monaten eindeutig wie ein junger Schäferhund ausgesehen hatte, war nach diesem halben Jahr nicht wiederzuerkennen.

Von der Nase bis zum Kinn hatte sie lange Haare bekommen, wohl ein Teil, den sie von ihrer Bobtail-Mama geerbt hatte. Die übrige Körperbehaarung erinnerte an einen Schnauzer, weniger von der Farbe als von der Beschaffenheit her. „Drahthaar" würde die Beschreibung lauten, stünde sie in einem Fachblatt. Das schönste an ihr waren die tiefbraunen Augen, die, anders als bei Anka, weiß umrandet waren. Ihr Blick hatte etwas derart Menschliches, man wartete manchmal wirklich darauf, dass sie anfing zu sprechen. Aufgrund ihres borstigen Aussehens hielten viele, die sie nicht von klein auf kannten, sie für weit älter, als sie in Wirklichkeit war. Ihre Größe entsprach in etwa einem Schäferhund, das war aber auch schon alles, was sie mit dieser Rasse verband. Wegen ihrer quirligen, verwegenen Art war Lisa der Liebling aller Kinder. Sie war für jeden Unsinn zu haben und wurde auch selten müde.

Barry hatte ein ruhigeres Wesen, gern tobte er mit Lisa und den Kindern, aber immer nur für kurze Zeit. Danach war er müde und schlief, wahrscheinlich dreimal mehr als Lisa, aber er musste ja auch dreimal so groß werden wie sie.

Unsere Tochter war selig mit ihren beiden Hundekindern. Aus dem Duo mit Susi war ein Trio mit Barry und Lisa geworden. An Geburtstagen bekamen die Hunde ein Hütchen aufgesetzt und mussten mitfeiern. Zu Weihnachten gab unser Spross erst Ruhe, wenn auch für die Hunde ein Weihnachtsgeschenk unter dem Baum lag. In dem Barbie-Haus, das sie von uns bekam, wurden die Möbel ausgeräumt, um den Katzen Platz zu machen, die alsbald auch den Balkon des Plastikheims bevölkerten. Unser Weihnachtsfest war ohne Tiere nicht vorstellbar.

In jedem Jahr flog die Tanne mindestens zweimal um und das, obwohl wir sie zusätzlich an der Decke befestigten. Das Fest mit Barry und Lisa aber war noch eine Spur intensiver. Da die beiden anscheinend der Meinung waren, sie seien mit der in Geschenkpapier eingewickelten Knackwurst zu kurz gekommen, untersuchten sie nachts die übrigen Geschenke auf ihre Brauchbarkeit. Mein Erwachen am ersten Weihnachtsfeiertag war ein böses. Schon vor der Schlafzimmertür lagen Socken und Schleifen. Das Chaos im Wohnzimmer war unbeschreiblich. Zwischen zerbissenen Puppenhausmöbeln und angekauten Verpackungen lagen kleine Häufchen von zerschmetterten Christbaumkugeln und Lametta. Ich nahm mir fest vor, im nächsten Jahr nur noch Plastikschmuck zu verwenden oder, besser noch, die Tür abzuschließen.

Ein ähnliches Erlebnis mit den beiden Rackern hatten wir bald darauf. Das Osterfest fiel in diesem Jahr in den März und es lag noch eine dünne Schicht Schnee über der Landschaft. Trotz der Kälte wollte ich die Ostergeschenke im Garten verstecken. So schlich ich mich früh am Morgen in den Garten und baute hier und da ein kleines Osternest, befüllte es mit Süßigkeiten und kleinen Spielzeugen und ging wieder ins Haus.

Die Hunde wachten auf und wollten ins Freie, wie jeden Morgen. Ich öffnete ihnen die Tür, um anschließend den Frühstückstisch für das Osterfest zu decken. Völlig in Anspruch genommen von meiner Dekoration, ließ ich meine vierköpfige Bande länger als sonst draußen warten, bevor sie ihr Futter bekamen. Als ich sie endlich hereinlassen wollte, drängten nur Anka und Apollo in den Flur zu ihren Näpfen. Ich rief nach Barry und Lisa, jedoch ohne Erfolg. Ich dachte mir nichts dabei, sollten sie eben noch ein wenig draußen bleiben und spielen. Ich warf einen Blick aus dem Küchenfenster und war beruhigt. Eben war Barry am Haus vorbeigelaufen. Schon nach kurzer Zeit sah ich ihn wieder in umgekehrter Richtung am Fenster vorbeirennen. Diesmal registrierte ich, dass er irgendetwas im Maul trug, also ging ich nachsehen. Die Erkenntnis traf mich wie ein Blitz: Die beiden hatten die Osternester gefunden und geplündert. Von der ganzen Herrlichkeit waren nur noch die Spielsachen übrig und die sahen eher mitgenommen aus. Zerknirscht beichtete ich meiner Tochter beim Frühstück von der Misere, aber anstatt traurig zu sein, lachte sie aus vollem Herzen und freute sich, Barry und Lisa so ein schönes Osterfest bereitet zu haben.

Meine Mutter schenkte ihr zwei Paar Ringelsöckchen, die sie so liebte. Was haben wir für Augen gemacht als Barry plötzlich mit Ringelsocken an den Pfoten in der Küche auftauchte. Er rutschte damit auf den Fliesen herum, als würde er Schlittschuh laufen. Als er sich hinlegte, zog Lisa ihm die Dinger von den Füßen, die ihrer Meinung nach da nichts verloren hatten.

Insgesamt war es ein lustiges Osterfest, auf alle Fälle eins von der Sorte, die man so schnell nicht vergisst.

20...Whisky

Für unsere Tochter sollte in diesem Jahr der Ernst des Lebens beginnen. Bis zur Einschulung waren es nur noch wenige Wochen und wir wollten mit ihr noch einen Ausflug machen, da ein mehrtägiger Urlaub mit vier Hunden und fast vierzig Katzen nicht zu bewerkstelligen war. Einen Tag lang konnten wir die Tiere allerdings der Obhut meiner Schwiegermutter überantworten. Unser Ferienziel war Österreich, da sich die Fahrzeit dorthin in Grenzen hielt. Wir verbrachten einen schönen Tag in Salzburg und fuhren dort mit einer Kutsche. Auf dem Heimweg plapperte unser Töchterchen von nichts anderem als den schönen Pferden und als wir wieder daheim waren, musste auch meine Schwiegermutter die Beschreibung der Kutschpferde über sich ergehen lassen. „Man könnte meinen, ihr habt nichts anderes gesehen", meinte sie etwas verwundert.

Von da an hörte ich jeden Tag mehrere Male das Wort „Pferd" oder „Pony". Sämtliche Reiterhöfe im Umkreis wurden heimgesucht und sobald eine Weide in Sichtweite war, rief sie: „Oh, Pferde!" Dass es sich manchmal um Kühe handelte, war nebensächlich.

Ich erklärte ihr immer wieder, wie viel Arbeit so ein Tier einem abverlangte und dass es sowieso völlig unmöglich wäre, ein Pferd zu halten, wenn man den ganzen Tag berufstätig ist. Schweren Herzens verabschiedete sie sich in Gedanken vom eigenen Pferd, ihr Interesse daran aber war nach wie vor lebhaft.

Eine Woche vor Schulbeginn rief mein Mann an und bat mich um einen Gefallen. Für ihn war der Urlaub schon vorbei, ich hatte noch die eine Woche, daher sollte ich in seinem Auftrag einen Wagen besichtigen, der ihm interessant für seinen Teilehandel erschien. Das Auto stand irgendwo im Bayerischen Wald auf einem Bauernhof zum Kauf. Ich machte so etwas nicht gern alleine, weil sich mein Verständnis von Autos auch heute noch auf ein Minimum beschränkt, wollte ihm aber den Gefallen tun. So machte mich also am nächsten Morgen auf in die 120 Kilometer entfernte Kleinstadt.

Bei der angegebenen Adresse angekommen, bedauerte ich sofort, meine Tochter zu Hause gelassen zu haben, denn wie ich schon von Weitem erkannte, handelte es sich um einen Reiterhof.

Ich besichtigte also zuerst den Wagen und anschließend den Pferdestall. Beides hatte ich mir, ehrlich gesagt, ganz anders vorgestellt. Das Auto wies derart große Rostlöcher in allen Bereichen der Karosserie auf, daraus konnte sogar ich als Fahrzeugbanause mit Sicherheit schließen, dass keine Blechteile zu verkaufen waren. Nicht ein einziger Kotflügel würde Absatz finden, es sei denn, jemand wollte ein Schweizer-Käse Auto kreieren.

Der Stall, in den der Besitzer mich anschließend führte, weil ich ja nun schon einmal da war, hatte zwar keine Rostlöcher, war aber so fern von meiner Vorstellung der Pferdehaltung, dass mir fürs Erste die Worte fehlten. Die sogenannte „Ständerhaltung", die mittlerweile Gott sei Dank verboten ist, entlockte mir, gelinde gesagt, keine Freudenrufe. Die etwa vierzig Ponys und Großpferde standen in Reih' und Glied, mit dem Hinterteil zur Stallgasse. Vorne waren sie mit Stricken oder Ketten festgebunden und konnten maximal das Tränkebecken und die Heuraufe erreichen. Hinlegen war möglich, jedoch musste der Kopf dabei wirklich vorn sein, mehr Aktionsradius gestand man den armen Tieren nicht zu.

Ganz vorne, gleich beim Eingang stand mutterseelenallein ein Ponyhengst. Er mochte ein Stockmaß von 1,30 Metern haben, hatte eine helle Mähne, eine breite, weiße Blesse (in der Fachsprache heißt das „Laterne", wie ich mir später sagen ließ), und vier weiße Stiefelchen, genau wie unser Barry.

„Warum steht der kleine Kerl hier ganz alleine?" wollte ich wissen. „Hat er eine ansteckende Krankheit?" „Nein, nein", entgegnete der Mann. „Der Dümmling hat sich geknebelt und jetzt holt ihn der Rossmetzger". Als er meinen verständnislosen Blick sah, erklärte er: „Er ist in der Nacht mit dem Hinterbein im Strick hängen geblieben, wahrscheinlich wollte er sich am Hals kratzen. Der Strick hat sich zugezogen und ihm die Blutzufuhr abgeschnürt. Jetzt ist er nichts mehr wert." Den erklärenden Worten des Mannes mit Blicken folgend sah ich die stark angeschwollene Fessel am linken Hinterbein. Die Haare waren an dieser Stelle abgescheuert und in der bläulich verfärbten Haut sah man den Abdruck des Seils. „Heilt das denn nicht mehr?" fragte ich mit einem Kloß im Hals, denn das schöne Pony tat mir unendlich leid. „Na ja, vielleicht heilt es irgendwann, aber ich habe nicht die Zeit, mich um so einen Krampen zu kümmern" antwortete er. „Der ist in der Wurst gut aufgehoben." Diese Meinung teilte ich nun absolut nicht. Fieberhaft überlegte ich, wie ich das arme Pferdchen vor dem Schlachter retten könnte. „Wann kommt denn der Metzger?" fragte ich ihn. „Ach, der müsste eigentlich schon längst da sein, dem ist bestimmt wieder was dazwischengekommen". „Wie viel bekommen Sie denn für ein Schlachtpferd?" bohrte ich weiter. „Das kommt auf das Gewicht an. Der hier wird mir wohl an die vierhundert Mark einbringen." Ich überschlug kurz meine Finanzen und obwohl mein Etat sich eher bei der Hälfte einpendelte, hörte ich mich sagen: „Ich gebe Ihnen vierhundertfünfzig, aber ich müsste ihn noch eine Woche stehen lassen, um einen Stall vorzubereiten."

„Na gut", meinte er etwas erstaunt, „dann ruf ich jetzt den Metzger an und sag ihm Bescheid. Aber zahlen müssen Sie ihn jetzt gleich und kommen Sie mir ja später nicht mit Reklamationen." Ich blätterte also von den fünfhundert Mark, die mein Mann mir als Anzahlung für den Wagen mitgegeben hatte, vierhundertfünfzig auf die Hand des unsympathischen Kerls und versprach, am kommenden Wochenende das Pferd abzuholen. Schließlich fragte ich ihn noch nach dem Namen des Ponys.

„Whisky heißt er. Den Namen hat ihm meine Frau gegeben, weil er die Farbe von dem Getränk hat. Im Fachjargon nennt man das Stichelfuchs". Nun wusste ich Bescheid und trat eilig die Heimreise an.

Mein Mann staunte nicht schlecht, als ich zwar ohne Auto, statt dessen aber mit den Papieren eines Kleinpferdes aufwartete. Während der ganzen Heimfahrt hatte ich mir mit schlechtem Gewissen die Reaktion meines Gatten über meinen eigenmächtigen Entschluss ausgemalt.

Dabei hatte ich mir alle möglichen Szenarien ausgemalt, jedoch völlig umsonst, wie sich jetzt herausstellte. Das einzige, was er sagte war: „Da müssen wir aber zusehen, dass wir das mit dem Stall so schnell wie möglich hinbekommen. Weißt du eigentlich, wer einen Pferdeanhänger verleiht?"

Noch am gleichen Abend überbrachten wir unserer Tochter die frohe Botschaft und ich schwöre bei Gott, kein Mensch kann sich vorstellen, wie sie sich freute. Der Traum, der für sie unerreichbar schien, war plötzlich wahr geworden. Sie sollte ein eigenes Pony bekommen. Was machte es da schon, dass es einen kranken Fuß hatte? Unser lieber Doktor würde das schon hinkriegen, dessen war sie sich sicher.

Sie half beim Umbau vom Schweine- zum Pferdestall, wo sie nur konnte. Liebevoll richtete sie die Box her, die wir dem neuen Bewohner zugedacht hatten. Whisky sollte nie mehr angebunden werden, da waren wir uns einig. Vielmehr bauten wir ihm einen Offenstall, der Ausgang zur Weide sollte stets zugänglich für ihn sein. Endlich waren alle Vorkehrungen getroffen und der große Tag war da. Wir holten den Pferdeanhänger, den uns Bekannte zur Verfügung stellten und anschließend unser erstes, eigenes Pony. Der Heimweg zog sich lange hin, da wir mit dem Hänger im Schlepptau natürlich langsam fahren mussten.

Als wir nach zweieinhalb Stunden in unseren Feldweg einbogen, hatte unser Passagier die Nase bereits gründlich voll von der Fahrerei und protestierte lautstark wiehernd. Nachdem wir im Hof angehalten hatten, schlug er voller Ungeduld mit den Hufen gegen die Hängerwand, so dass mein Mann, der von Pferden noch ein Quentchen weniger verstand als ich, sich weigerte, das gestresste Pony aus dem Hänger zu führen. Daher blieb diese heikle Aufgabe an mir hängen. Sobald er mich sah, beruhigte sich der kleine Hengst und als die Klappe geöffnet wurde, stakste er bereitwillig rückwärts aus dem Anhänger. Ich ließ ihn eine Weile am Wegrand grasen und führte ihn dann in seine neue Unterkunft. Voller Neugier inspizierte er das frische Stroh, die Holzwände und das Tränkebecken. Nachdem er in der Heuraufe außer dem Heu noch einige Äpfel entdeckt und verspeist hatte, stellte er sich an die Eingangstür und wartete. Nach einer Weile, in der er sich keinen Millimeter vom Fleck gerührt hatte, wurde mir auch klar, worauf. Da er es nicht anders kennengelernt hatte, wartete er darauf, am Halfter angebunden zu werden. Als das nicht der Fall war, drehte er einigermaßen ratlos noch ein paar Runden, um dann vor dem Eingang wieder stehen zu bleiben. Wir beschlossen, ihn erst mal allein zu lassen, damit er sich mit seiner veränderten Wohnsituation anfreunden konnte.

Wir befreiten die Hunde, die nach einer stürmischen Begrüßung erst einmal den Pferdehänger einer genaueren Inspektion unterzogen. Danach wagte sich einer nach dem anderen in den Stall, um den neuen Bewohner zu erschnuppern. Zuerst hegten beide Parteien eine gewisse Scheu voreinander, dann aber siegte die Neugier. Als den Hunden klar wurde, dass das Pony keine Bedrohung darstellte, zogen sie stillschweigend ab und vergnügten sich anderweitig.

Whisky hatte sich in der Zwischenzeit damit abgefunden, dass er nicht mehr vertäut werden sollte. Er ging jetzt dazu über, die neu gewonnene Freiheit ausgiebig zu genießen, dabei war das Tor zur Weide noch geschlossen. Die Box, die etwa fünf x sechs Meter maß, musste ihm wie ein Saal erscheinen, wenn man sie mit seinem vorherigen Stellplatz von 80 cm Breite verglich. Er buckelte wie ein Rodeopferd, übte kurz vor der Stallwand seine „Sliding Stopps" und war binnen weniger Minuten total verschwitzt und ausgepumpt. Ich beschloss, ihn für heute in Ruhe zu lassen und ihm erst am nächsten Tag seine Weide zu zeigen. Ich schätze, er wäre sonst total ausgeflippt.

Am anderen Morgen war jeder von uns darauf erpicht, als erster nach unserem neuen Familienmitglied zu sehen. Whisky hatte es sich im Stroh gemütlich gemacht und gähnte ganz verwundert. Er erhob sich und schüttelte sich die Strohhalme aus dem Fell. Dann kam er zu Tür und wollte sehen, ob wir ihm etwas mitgebracht hatten. Seine weiße Nase mit den lustigen schwarzen Punkten ragte gerade noch so über den Rand, anscheinend hatten wir den oberen Türabschluss etwas zu hoch angesetzt. Ich steckte ihm eine Karotte ins Maul und verfrachtete eine Ladung Heu in seine Raufe, der er sich sofort zuwandte. Während er genüsslich kaute, ging ich zu ihm in die Box und öffnete das Tor zur Weide.

Augenblicklich setzte er sich in Bewegung und sah voller Erwartung auf die grüne Wiese, konnte sich jedoch nicht dazu durchringen, diese auch zu betreten. Misstrauisch senkte er seinen Kopf und nahm mit weit geöffneten Nüstern die Morgenluft wahr. Er scharrte mit dem Huf, als wünschte er, die Wiese sollte zu ihm kommen. Dann trat er den Rückzug an und machte sich wieder über sein Heu her. Ich war etwas enttäuscht, denn ich hatte mir vorgestellt, wie er voller Freude über die Wiese toben würde. In Wahrheit dauerte es einen vollen Tag, bis er es endlich wagte, einige Schritte vor die Tür zu gehen. Dort stand er dann wieder wie angewurzelt, um beim kleinsten Geräusch Zuflucht in seiner Box zu suchen. Dieses Ausmaß an Freiheit war zu viel für ihn, er musste es sich Stück für Stück erarbeiten, und, was noch hinzukam, er war allein. Ich meine, er hatte zwar uns, die Hunde und auch die Katzen, die ihn abwechselnd besuchten, aber in seiner Art war er der einzige auf dem Hof und ich glaube, das verunsicherte ihn.

Mit der Zeit fand er den Mut, die Weide zu betreten und auch darauf zu grasen, doch kaum hörte er in der Ferne ein Geräusch, das er nicht einordnen konnte, war er kurzerhand im Stall verschwunden, der ihm Sicherheit vermittelte. Manchmal hob er sein schönes Köpfchen und lauschte. Laut wiehernd antwortete er den Stimmen, die nur er hören konnte und trabte aufgeregt, Kopf und Schweif hocherhoben, am Zaun entlang. Bald wurde uns klar, wie einsam er war und die einzige Möglichkeit, seine Einsamkeit zu beenden, schien der Erwerb eines zweiten Pferdes zu sein.

Da wir aber, wie gesagt, beide berufstätig waren, ein Haus abzahlen mussten und der Unterhalt der Tiere jetzt schon große Summen verschlang, war es finanziell unmöglich, noch ein Pferd anzuschaffen. Eine Notlösung tat sich auf, als Bekannte von uns zwei Ziegenkitze loswerden wollten. Irgendjemand hatte uns erzählt, Pferde und Ziegen würden sich ausgezeichnet vertragen. Schade nur, dass unser Whisky davon nichts wusste.

21...Gabi und Resi

Noch in der gleichen Woche brachten die Bekannten, die sich freuten, endlich einen Platz gefunden zu haben, die zwei Ziegenkitze. Es waren ganz bezaubernde Tiere, die ich sofort ins Herz schloss. Eine war schwarz-weiß gefleckt, mit kleinen Hörnchen und Glöckchen an der Kehle, die andere braun mit schwarzer Maske. Wir nannten sie Gabi und Resi und stellten sie gleich unserem Pony vor, in der Hoffnung, er würde sich über seine neuen Gesellschafterinnen freuen.

Genau das Gegenteil war der Fall. Nachdem er sie kurz beschnuppert hatte, drehte er ihnen sein Hinterteil zu und keilte erstmal gepflegt aus. Die Ziegen gingen zwar rechtzeitig in Deckung, machten aber einen leicht überforderten Eindruck. „Das wird schon noch", sagte unser Bekannter, der die beiden auf gar keinen Fall mehr mit nach Hause nehmen wollte. „Wenn sie erst aneinander gewöhnt sind, sind sie ein Herz und eine Seele."

Von wegen! Es wurde nicht besser. Whisky, der ein ausgesprochener Fresssack war, neidete den Ziegen jeden Krümel Brot und jeden Stängel Heu. Er drehte fast durch, als sie auf seinen Rücken sprangen und an seiner Mähne knabbern wollten. An den Ziegen lag es wirklich nicht, dass keine Freundschaft zustande kam. Sie folgten dem Pony auf Schritt und Tritt, ihn regte es auf und somit war er den ganzen Tag damit beschäftigt, sie aus seiner Nähe zu vertreiben. Zu guter Letzt packte er sie am Kragen und stellte sie zur Seite wie einen alten Koffer, was die beiden mit einem lauten Jammerschrei quittierten.

Schließlich taten sie mir so leid, dass ich beschloss, sie in einen eigenen Stall zu verfrachten. Nun war guter Rat teuer, denn der frühere Ziegenstall beherbergte die Schweine, die Whiskys Pferdestall weichen hatten müssen. Mein Mann war nur mäßig erfreut, als er schon wieder einen Stall bauen sollte. „Hoffentlich kommt keiner auf die Idee, einen Elefanten anzuschleppen", meinte er leicht genervt, als er Bauholz, Säge und Hammer anschleppte. Gabi und Resi bekamen einen kleinen Unterstand mit einer eigenen Weide. Ihnen war es egal, Hauptsache sie konnten in Whiskys Nachbarschaft grasen.

22…Jolanthe

Seit die Ziegen und das Pony getrennt lebten, begann wieder die Sorge um Whiskys Einsamkeit. Eines Nachts, als ich nicht schlafen konnte und in Gedanken Probleme wälzte, hatte ich eine zündende Idee. Überschäumend, wie ich bin, erzählte ich gleich am nächsten Morgen meiner Familie von meinem genialen Plan. Wir hatten viel Platz, viel Heu und Stroh, eine Menge Tierliebe und ein einsames Pony. Da wäre es doch eine ideale Lösung, eine Pferdepension zu eröffnen.

Realistisch, wie mein Mann nun mal ist, machte er mich auf die Tatsache aufmerksam, dass es immer noch seine Mutter war, die den Hof „regierte". Da sie trotz sich türmender Rechnungen und Schulden, die sich auf der Bank häuften, der Meinung war, mit ihren Schweinen den ganz großen Reibach zu machen, war es eher unwahrscheinlich, dass sie uns die Stallungen für Pensionspferde zur Verfügung stellen würde. Ansonsten fand mein Mann die Idee gar nicht so schlecht.

Im Laufe der Woche versuchte ich immer wieder mal, meine Schwiegermutter umzustimmen, allerdings ohne Ergebnis. Als ich aus diesem Grund wieder einmal das Gespräch mit ihr suchte, fand ich sie im Schweinestall, wo gerade eine Sau ferkelte. Für gewöhnlich hielt ich mich aus dem Schweinestall fern, weil ich die Art der Haltung, die meine Schwiegermutter als die einzig richtige ansah, nicht mochte. Die Schweine lebten in dunklen, engen Verschlägen und dümpelten den ganzen Tag voller Langeweile vor sich hin. Da Sauberkeit im Stall bei ihr auch nicht unbedingt groß geschrieben wurde, sah man von den Schweinen meist gar nichts, da sie über und über mit Fliegen bedeckt waren. Kurzum, es zog mich da nicht hin, zumal jeder Änderungsvorschlag sofort in Streit ausartete.

Nun stand sie in Gummistiefeln im Schweineverschlag und durchtrennte die Nabelschnur des zuletzt geborenen Ferkels. Sie drehte und wendete das filigrane Ding kurz und warf es dann achtlos durch die geöffnete Hintertür auf den Misthaufen. Entsetzt hechtete ich dem Schweinchen nach und klaubte es aus dem Dreck. Wütend stapfte ich zurück in den Stall, hielt ihr das schmutz- und blutverkrustete Ferkel unter die Nase und fauchte: „Warum machst du das? Du kannst doch ein Lebewesen nicht einfach auf den Mist werfen. Spinnst du?" Die Antwort kam natürlich ebenso gereizt: „Das stirbt sowieso gleich und überhaupt hat die Sau nicht genügend Zitzen".

Es war klar, dass ich so etwas nicht kampflos hinnehmen würde. Also nahm ich das kleine „Verreckerl" mit ins Haus, richtete einen Karton mit Decken und einer Wärmflasche her und dachte scharf nach, was ich dem Tier als Nahrung anbieten sollte. Ich erinnerte mich an einen Zeitungsartikel, der von der anatomischen Ähnlichkeit von Schweinen und Menschen gehandelt hatte, woraufhin ich die Packung Säuglingsmilch aus dem Schrank holte, die ich für alle Fälle dort deponiert hatte.

Mit der guten Ausrede im Hinterkopf, dass es schlimmer nicht mehr werden konnte, füllte ich die alte Babyflasche meiner Tochter mit Trockenmilch und heißem Wasser. Nach dem Abkühlen nahm ich das matte, faltige Ferkelchen aus seinem Karton und versuchte, ihm den Sauger ins Mäulchen zu stecken. Nachdem es erst einmal die warme Flüssigkeit auf der Zunge spürte. sog es zunächst gierig, dann aber schön gleichmäßig, bis das Fläschchen zur Hälfte leer war. In Anbetracht der Größe des Tieres (es maß bestimmt nicht mehr als fünfzehn Zentimeter) beschloss ich, es gut sein zu lassen und legte es zurück in den Karton. Als meine Tochter später in die Küche kam, entdeckte sie das friedlich schlafende Ferkel, woraufhin sie in ein wahres Freudengeheul ausbrach. Sie erklärte sich freudestrahlend bereit, die nächste Mahlzeit zu übernehmen, dafür sollte ich mich um die Ausscheidungen kümmern. Tja, sie war schon immer praktisch veranlagt. Das Tierchen bekam auch sofort –wie sollte es anders sein– den Namen „Jolanthe". Obwohl meine Schwiegermutter nach wie vor fest davon überzeugt war, dass der „kleine Scheißer" bald den Löffel abgeben würde, gedieh Jolanthe prächtig. Bald leerte sie ihr Fläschchen bis auf den letzten Tropfen und nach einer gewissen Zeit brauchten wir dann zwei Flaschen Milch, um sie satt zu kriegen.

Der Karton war schon lange zu klein und die Wärmflasche unnötig geworden, denn Jolanthe residierte jetzt auf dem alten Sofa im Flur. Was ich damals am schönsten fand, war die Fürsorge unserer Hunde für diese artfremde Spezies. Ausnahmslos akzeptierten sie das Ferkelchen und ließen es sich gefallen, wenn Jolanthe den Platz auf dem Sofa beanspruchte, der sonst für Barry und Apollo reserviert war.

Anka kam von Zeit zu Zeit angetrottet und leckte Jolanthe sauber, Lisa übernahm das Spiel im Freien, ohne jedoch jemals die Zähne einzusetzen. Nach einigen Monaten hatte Jolanthe Lisas Größe erreicht und wollte immer noch ihr Fläschchen haben. Wenn sie vom Schlaf auf dem Sofa erwachte, trabte sie durch den Flur zur Küchentür und ruckelte so lange mit dem Rüssel daran, bis jemand öffnete. Ihr forderndes Grunzen endete erst, wenn ich die Flasche für sie fertig machte, die im Handumdrehen wieder leer war. Wenigstens gab sie sich mit der einen zufrieden. Danach verlangte sie, hinausgelassen zu werden, denn sie war, seit sie dem Karton entwachsen war, hundertprozentig stubenrein.

Die Spaziergänge mit ihr und den Hunden galten bei den Dorfbewohnern bald als Sensation und unser Auftauchen zauberte allen, die uns sahen, ein Lächeln auf die Lippen.

Als Jolanthe ein halbes Jahr alt war, kamen wir nicht umhin, sie in den Stall umzuquartieren. Sie hatte ihren Artgenossen schon des Öfteren einen Besuch abgestattet und sich über deren Gesellschaft immer sehr gefreut. Wir wollten sie auch nicht zu sehr vermenschlichen und gewöhnten sie jeden Tag etwas länger im Schweinestall ein. Ich richtete ihr jeden Tag ein schönes Strohbett, denn sic war ein sehr reinliches Schwein und schließlich schlief sie auch nachts problemlos bei ihren Mitschwestern.

Dann wurde meine Mutter krank und ich wollte sie in ihrem Häuschen nicht alleine lassen. Da gerade Ferienzeit war, schliefen meine Tochter und ich ein paar Tage bei ihr, während mein Mann vor und nach der Arbeit die Tiere versorgte. Um Jolanthe wollte meine Schwiegermutter sich während unserer Abwesenheit kümmern.

Drei Tage später fuhren wir wieder nach Hause und der erste Weg führte natürlich, nachdem wir die Hunde begrüßt hatten, in den Stall zu Whisky, Gabi, Resi und Jolanthe. In dem Stall, in dem wir sie zurückgelassen hatten, fanden wir sie nicht, auch in keinem der anderen war sie zu sehen. Ich bemerkte die aufsteigende Panik meiner Tochter und versuchte, sie zu beruhigen. „Mach dir nicht gleich Sorgen", sagte ich, „deine Oma wird ja wissen, wo Jolanthe abgeblieben ist." In Windeseile flitzte sie ins Haus, um den Aufenthaltsort des Schweins zu ermitteln. Ich war in der Wohnung meiner Schwiegermutter nicht so gerne gesehen, also wartete ich im Hof. Als meine Tochter wiederkam weinte sie nicht mehr, aber der Gesichtsausdruck, den sie zur Schau trug, war schlimmer als das. Mit starr geweiteten Augen und offenem Mund kam sie mir entgegen und schlang die Hände um meine Taille. Im selben Moment wimmerte sie wie ein krankes Tier und erst nach langer Zeit war sie fähig mir das grauenvolle Geschehnis mitzuteilen. In unserer Abwesenheit hatte meine Schwiegermutter Jolanthe dem Schlachter übergeben. Ich war fassungslos und konnte einfach nicht glauben, was ich da hörte. Voller Wut und Trauer betrat ich nun doch die Wohnung und stellte die Frau zur Rede. Die Antwort war ein böses Zischen, das sich mit jeder Silbe in der Laufstärke steigerte.

„Was glaubst du eigentlich, wer du bist, du dummes Luder? Denkst du, ich lasse mich zum Dorfgespött machen mit deiner blöden Sau? Außerdem brauche ich das Geld, ich kann kein Schwein zum Vergnügen durchfüttern, so wie du". Sie hatte anscheinend ganz vergessen, dass das Schweinchen ohne mein Eingreifen längst auf dem Misthaufen verrottet wäre. Ich drehte mich wortlos um und ging. Eine Diskussion war ohnehin unmöglich und zu ändern war die Sache nun auch nicht mehr, Jolanthe war und blieb tot. Ich konnte ihr nur nachträglich einen schnellen, schmerzlosen Tod wünschen und in Gedanken meiner Schwiegermutter das genaue Gegenteil.

Am Abend versuchten mein Mann und ich, unsere Tochter zu trösten, was natürlich in Anbetracht der Situation aussichtslos war. Sie weinte sich in den Schlaf und der Kontakt zu ihrer Großmutter verschlechterte sich unendlich.

23...Moonshadow

Nach dem traurigen Verlust unseres Schweins schenkten wir unserem Pony noch mehr Aufmerksamkeit als bisher. Weil wir den Eindruck hatten, er sehne sich nach Gesellschaft, hielten wir uns abwechselnd bei ihm im Stall auf oder gingen mit ihm spazieren. Meine Tochter las ihm sogar abends Geschichten vor oder sang ihm Lieder, was ihm gut zu gefallen schien.

Wenn ihre Freundinnen zu Besuch waren, putzten sie ihn, kratzten seine Hufe aus oder flochten Zöpfe in seine Mähne. Trotz allem schien er immer stiller und trauriger zu werden. Eines Tages kam die Lösung unseres Problems ganz von allein und zwar in Form eines Bekannten. Nicht dass Sie jetzt denken, wir hätten den guten Mann in den Pferdestall gesperrt! Vielmehr hatte er ein Anliegen an uns. Er wollte für sich und seine Kinder ein Pferd kaufen, hatte aber, da er in der Stadt wohnte, keinen Platz dafür. Das Geld saß bei ihm auch nicht allzu locker, also hatte er sich folgenden Plan zurechtgelegt: Er konnte in einem bestimmten Rahmen den Kaufpreis für ein Pferd aufbringen, sich aber bei den Kosten für den Unterhalt nicht auf eine fixe Summe festlegen. Wir sollten also beim Kauf mitentscheiden, könnten das Tier auch für gemeinsame Ausritte nutzen, im Gegenzug sollten wir es kostenlos mitverpflegen. Um Hufschmied und Tierarzt würde er sich natürlich kümmern.

Nach einer kurzen Bedenkzeit erklärten wir uns zu diesem Handel bereit, vor allem aus dem einen Grund: Unser Whisky würde den lange vermissten Freund bekommen. Nachdem wir einige Anzeigen studiert und die Preise verglichen hatten, entschieden wir uns gemeinsam mit unserem Bekannten, einen fünf-jährigen Traber in die engere Wahl zu nehmen. Nach telefonischer Aussage des Verkäufers handelte es sich dabei um einen braunen Wallach, der die Qualifikation für die Rennbahn nicht errungen hatte und deshalb als Reitpferd angepriesen wurde. Wir setzten uns ins Auto um unseren potentiellen Zuwachs zu besichtigen. Keiner von uns hätte es sich damals eingestanden, aber jeder von uns hatte von Pferden im Allgemeinen und von Trabern im Besonderen keine Ahnung. Der Verkäufer hingegen entpuppte sich als Pferdehändler und somit gleichzeitig als Psychologe, wie es fast allen Händlern eigen ist. Er wusste sofort, bei wem er auf die Tränendrüse drücken musste (raten Sie mal) und wen er durch fundiertes Wissen überzeugen konnte.

Der Wallach wirkte nervös, war aber in unser aller Augen ein wunderschönes Tier und so war der Kauf in weniger als zwanzig Minuten abgeschlossen, zumal sich der Mann bereit erklärte, uns das Tier bis in den Stall zu liefern. Der Kaufpreis erschien uns lächerlich günstig (erst viel später erfuhren wir, dass für einen Traber die Hälfte davon noch zuviel war) und so schüttelten wir dem Händler dankbar die Hand und verabredeten uns für den nächsten Vormittag. Auf dem Rückweg zum Auto fiel mir ein rostiger Mercedes auf, der keine TÜV-Plakette, dafür aber eine überdimensional große, gusseiserne Stoßstange besaß. Auf meine Frage hin erklärte der Mann, dass es sich dabei um ein Trainingsfahrzeug für seine Rennpferde handelte. Neugierig wie ich bin, wollte ich wissen, wie schnell er denn damit fahren würde. „Na ja" entgegnete er, „bis zu 50 kmh müssen die Gäule schon rennen". „Und wenn einer das nicht schafft?" bohrte ich weiter. „Dann hat er Pech". So, nun wusste ich es, aber es ging mir nicht gut dabei und ich versprach dem neuen Pferd, das übrigens auf den Namen „Moonshadow" hörte, ganz besondere Zuwendung.

Tags darauf, pünktlich um zehn Uhr, wurde der Wallach geliefert, vom Hänger abgeladen und in seinen neuen Stall geführt. Whisky befand sich gerade auf der Weide. Moon, wie wir ihn der Einfachheit halber nannten, ging sofort, ohne sich um die Besichtigung seines neuen Heims zu kümmern, auf die Weide zu unserem Pony. Sie näherten sich einander, vorsichtig und mit leicht gerundetem Hals. Nachdem sie sich kurz beschnuppert hatten, senkten sie die Köpfe und grasten Nase an Nase. Sie mochten sich vom ersten Augenblick an und ihre Freundschaft vertiefte sich im Laufe der Zeit noch mehr. Wir alle waren sehr froh darüber, denn eine Zwangsvergesellschaftung bringt nur Ärger und Verletzungen mit sich. Hätten wir damals schon geahnt, welche Aufgaben durch Moon auf uns zukamen, wäre unsere Euphorie auf den Nullpunkt gesunken. Doch ahnungslos wie wir waren, feierten wir an diesem Abend fröhlich und tranken Sekt auf den gelungenen Pferdekauf.

Das Fiasko begann, als ich am nächsten Tag die Box misten wollte. Ich ging mit der Mistgabel ahnungslos in den Stall, in dem die beiden Pferde eben an der Heuraufe standen. Kaum war ich drin, als Moon sich ohne Vorwarnung drehte und mit beiden Hinterbeinen nach mir schlug. Reflexartig hechtete ich zur Seite und die Hufe trafen den Balken an der Eingangstür, der nun schief und zerborsten in den Angeln hing. Dasselbe wäre mit meinem Kopf passiert, hätte ich nicht so viel Glück gehabt. Mir zitterten die Beine und ich bewegte mich langsam rückwärts aus der Box und setzte mich erstmal auf einen Strohballen. Als ich mich einigermaßen beruhigt hatte, ging ich ins Haus und wählte die Nummer des Händlers. Aufgeregt berichtete ich ihm von dem Vorfall und verlangte, er solle das Tier unverzüglich wieder abholen, da von ihm Lebensgefahr ausging, was ich den Kindern auf keinen Fall zumuten wollte. „Na, na, jetzt beruhigen Sie sich erst mal", meinte er ungerührt. „Was haben Sie denn gemacht, als er sich so aufgeführt hat?" Ich erklärte ihm, dass ich lediglich die Box ausmisten wollte. „Mit der Mistgabel?" fragte er entsetzt. „Na, mit der Kehrschaufel werde ich den Stall nicht sauber kriegen". Ich verstand nicht, worauf er hinauswollte. Da belehrte er mich auch schon im schulmeisterlichen Ton: „Sie müssen den Wallach unbedingt raussperren, wenn Sie mit der Mistgabel den Stall betreten. Es ist so, wenn ich miste, versuchen die Biester manchmal, an mir vorbei in die Stallgasse zu gelangen. Bei Moon ist mir irgendwann einmal der Geduldsfaden gerissen und ich habe ihn mit der Forke ein paar Mal ins Hinterteil gepiekst. Aus diesem Grund hat er jetzt Angst davor. Wenn Sie den Stall ohne Gabel betreten ist er fromm wie ein Lamm." Mit einem gereizten „Konnten Sie mir das nicht vorher sagen?" warf ich den Hörer auf die Gabel und ging wieder in den Pferdestall.

Äußerst vorsichtig und fluchtbereit näherte ich mich dem Wallach nun ohne die besagte Mistgabel und tatsächlich -Moon drehte mir freundlich den Kopf zu und ließ sich von mir am Hals tätscheln. Etwas mutiger geworden, besah ich mir seine Kehrseite. Wo hatten wir nur unsere Augen bei der Erstbesichtigung gehabt? Beide Flanken des Tieres waren von tiefen Narben übersät, von „pieksen" konnte hier keine Rede mehr sein. Nun verstand ich auch seine heftige Reaktion und verzieh ihm stillschweigend.

Nach dem ersten Schock dachte ich nach, wie man ihn davon überzeugen könnte, dass die Mistgabel nicht länger sein Feind war. Ich befestigte mit Klebeband eine weiche Bürste am Gabelstiel und versuchte vorsichtig, ihn damit zu streicheln. Die ersten beiden Male stand er zitternd da und nach kurzer Zeit brach ihm der Schweiß aus, aber er ließ die Prozedur über sich ergehen, ohne ausfallend zu werden. Mit der Zeit hörte er dann auf zu zittern und zu schwitzen, dennoch dauerte es gute vier Wochen, bis wir die Mistgabel in seiner Gegenwart gefahrlos benutzen konnten.

Das nächste Problem tauchte auf, als wir Moon satteln wollten. Das heißt, beim Auflegen des Sattels benahm er sich noch relativ gesittet, als jedoch unser Bekannter aufzusteigen gedachte, bekam er einen wahren Tobsuchtsanfall. Er bäumte sich auf, drehte sich um die eigene Mitte und entzog sich ein ums andere Mal dem Griff an den Sattel. Einer plötzlichen Eingabe folgend, riet ich ihm, es einmal von der anderen Seite zu versuchen. Und siehe da: Auf der rechten Seite hatte Moon überhaupt kein Problem damit, seinen Reiter aufsteigen zu lassen. Unser Bekannter allerdings schon. Auf der für ihn ungewohnten Seite nahm er viel zu viel Schwung und landete prompt gegenüber auf der Erde. Moon sah etwas gelangweilt zu, wie er sich wieder auf die Beine rappelte und duldete auch den zweiten Aufstiegsversuch von rechts ohne Widerstand.

Der anschließende Ritt durchs Gelände verlief problemlos bis zu dem Zeitpunkt, als Ross und Reiter auf einen Stromgittermast zusteuerten. Beim Anblick des Eisenturms bäumte Moon sich abermals auf, wobei sein Reiter den Halt im Sattel verlor, und rannte, wie von Furien gehetzt nach Hause in den Stall. Unser Bekannter traf eine Viertelstunde später, zum Glück unverletzt, ebenfalls dort ein.

Wir einigten uns darauf, es mit dem schreckhaften Wallach zunächst mit Bodenarbeit zu versuchen. Dabei sollte Moon in erster Linie Vertrauen zu seinem Reiter aufbauen, um im Ernstfall auf ihn einwirken zu können. Ich legte ihm ein Halfter an, befestigte den Führstrick und wollte ihn auf den Trainingsplatz führen. Kaum hatten wir den Ausgang passiert, stürmte Moon voran und ich flatterte wie ein Fähnchen hinterher, bis ich nach einigen Metern auf die grandiose Idee kam, den Führstrick loszulassen. Beim nächsten Grünstreifen blieb er stehen und graste friedlich. Erneut griff ich mir den Strick, doch das Ergebnis war das gleiche wie vorher. Diesmal war ich jedoch vorbereitet und zog in dem Moment, als er losrennen wollte, seinen Kopf mit einem Ruck in meine Richtung. Erstaunt sah er mich an, blieb aber stehen und wartete, bis ich mich neben ihm postiert hatte. Gemeinsam gingen wir zurück zum Stall, um das Ganze noch einmal vom Ausgangspunkt neu zu starten. Es klappte einwandfrei und ich beschloss, ihn zur Belohnung ein wenig zu striegeln. Das schafft meist mehr Grundvertrauen als alles andere, wenn man sich dafür Zeit lässt.

Ich ließ ihn auf dem Trainingsplatz stehen, holte das Putzzeug und fing an, ihn mit einer weichen Bürste zu massieren. Danach kratzte ich seine Hufe aus und warf einen Blick in seine Ohren, weil mir aufgefallen war, dass er häufig mit dem Kopf schüttelte. Oft sind daran kleine Fliegen schuld, die man mit Waffenöl ganz gut unter Kontrolle bringen kann. Was ich aber in Moons Ohren fand, waren keine lästigen Insekten, sondern eine nässende Masse von irgendetwas Undefinierbarem. Natürlich wollte er nicht ohne Weiteres stillhalten und so musste ich mir Hilfe herbeiholen. Da ich allein auf dem Hof war, hielt ich es in Anbetracht dessen, was ich da entdeckt hatte, für durchaus angemessen, den Tierarzt zu informieren. Mit Geduld und gutem Zureden schaffte er es schließlich, die Fremdkörper aus beiden Gehörgängen zu entfernen. Als er mir dann erklärte, was er Moon da aus den Ohren gezogen hatte, dachte ich, ich wäre im falschen Film. Bei den Pfropfen, die ähnlich wie Tampons aussahen, handelte es sich um Ohrstöpsel, die den Rennpferden vor dem Start eingesetzt werden, um sie kurz vor dem Ziel in der letzten Runde herauszuziehen. Durch die plötzliche Reizüberflutung geben die Pferde dann noch mal richtig Gas und gewinnen vielleicht das Rennen. Bei Moon hatte man leider vergessen, die Dinger wieder herauszuziehen und natürlich wusste nun keiner, wie lange sie ihm schon die Ohren verstopften. Die Gehörgänge waren mittlerweile vereitert und das arme Tier musste schreckliche Schmerzen haben.

Aus diesem Grund unternahmen wir in der nächsten Zeit außer Fellpflege und Ohrbehandlung gar nichts mit ihm, um ihn erst einmal genesen zu lassen. Als die Entzündung in den Ohren abklang, benahm er sich entsetzlich schreckhaft. Das lag wohl daran, dass die Dinge, die er durch die Pfropfen nicht hatte hören können, nun plötzlich zigmal so laut waren wie vorher. Jeder knackende Ast, jeder Vogelschrei, alles regte ihn auf. Doch mit der Zeit gewöhnte er sich daran und auch der Umgang mit ihm besserte sich in jeder Hinsicht. Da er nicht mehr durch die ständigen Schmerzen beeinträchtigt war, reagierte er viel aufmerksamer auf die Person, die sich gerade mit ihm beschäftigte und seine unkontrollierten Aussetzer verschwanden völlig. Auch Geländeritte gestalteten sich jetzt zunehmend unproblematisch, am entspanntesten aber war er, wenn sein Freund Whisky neben ihm herging. Von ihm übernahm er in kürzester Zeit die Angewohnheit, bei vermeintlich drohender Gefahr nicht in Panik davonzustürmen, sondern sich die Sache erst mal in Ruhe anzusehen. Unser Whisky machte, wenn es sich vermeiden ließ, keinen Schritt zu viel. Diese stoische Ruhe übertrug sich auf den Traber und so kamen seine Reiter voll auf ihre Kosten.

24...Apollo

Kaum war die Ohrentzündung von Moon auskuriert, gab Apollo Anlass zur Sorge. Anfangs als Insektenstich abgetan, bildete sich zwischen seinen Schulterblättern ein Abszess, der jeden Tag größer wurde, bis er ihm offensichtlich Schmerzen beim Gehen bereitete. Nach dem unausweichlichen Besuch beim Tierarzt ereilte uns die niederschmetternde Diagnose: Der Abszess war ein Tumor, von Doggenbesitzern sehr gefürchtet, vor allem jenseits der ersten fünf Lebensjahre. Meistens ist es mit den äußerlich sichtbaren Beulen und Furunkeln nicht abgetan und so war es leider auch bei Apollo.

Eine genaue Untersuchung ergab, dass sich bei dem nunmehr siebenjährigen Hund zahlreiche Tumore entlang der Wirbelsäule gebildet hatten. Eine Operation erschien wenig sinnvoll, da das Risiko, einen Wirbel zu verletzen, viel zu hoch war.

Mit dieser traurigen Gewissheit ließen wir lediglich den Abszess behandeln und hofften auf ein paar Monate, die wir mit ihm noch verbringen durften. Beim ersten Anzeichen von starken Schmerzen oder gar Lähmungen wollten wir ihn einschläfern lassen, um sein Leiden nicht unnötig lange hinauszuzögern.

Die Furunkel wurde entfernt, die Wunde genäht und verbunden. Apollo war sehr tapfer und erholte sich überraschend schnell. Nach zehn Tagen wurden die Fäden entfernt. Die Wunde verheilte wunschgemäß und als ich ihn abends bei der Fütterung versonnen betrachtete, fiel mir auf, wie seidig sein Fell glänzte. Trotz seiner Krankheit machte er einen sehr viel besseren Eindruck als damals, als ich ihn einsam und frierend in der Milchkammer vorgefunden hatte.

Das einzig Negative, das mir an ihm auffiel, waren seine trüben Augen. Nach dem Fressen setzte ich mich zusammen mit ihm auf die Hundecouch im Flur und erinnerte mich an die Zeit mit ihm. Er legte seinen Kopf auf meinen Schoss und ich kraulte seine Ohren und die Stelle dazwischen, dort, wo Doggen am weichsten zu sein scheinen. Mir kam der Tag in den Sinn, an dem wir fast fünfhundert Heubündel erhalten hatten, die ich zusammen mit meiner Tochter im Heuboden aufgeschichtet hatte. Am Abend hatten meine arthritischen Hände so sehr geschmerzt, dass mir die Tränen nur so über die Wangen rannen. Damals hatte Apollo sich zu mir gesetzt, meine Tränen abgeleckt und seinen Kopf auf meinen Schoss gelegt, genau wie jetzt. Ich sprach leise mit ihm, bedankte mich für seine Treue und sein Dasein in den wenigen Jahren, die uns zusammen gegönnt waren.

Während ich redete und ihn streichelte, verrieten mir seine tiefen Atemzüge, dass er eingeschlafen war und als ich ihn plötzlich nicht mehr atmen hörte, wusste ich, dass er für immer schlief.

Ich saß noch eine gute Stunde mit dem Kopf des toten Hundes auf meinem Schoß und konnte nicht weinen. Erst als mein Mann nach Hause kam und ich mich endlich von Apollo löste, kamen die Tränen. Ich war einerseits froh, dass er uns die Entscheidung abgenommen hatte, ihn einschläfern zu lassen. Im Nachhinein ist mir immer wieder bewusst geworden, wie sehr er mein weiteres Leben beeinflusst hat, denn seit ich diese Rasse kennengelernt habe, möchte ich sie nicht mehr missen.

25...Vier Sorgenkinder

Die Beerdigung von Apollo gestaltete sich äußerst schwierig. Zum einen hatte er die Größe eines ausgewachsenen Menschen, so dass sein Grab dementsprechend riesige Ausmaße verlangte. Zum anderen hatten wir einen heißen, trockenen Sommer und das Graben mit dem Spaten war schier unmöglich. Zum Glück war unser Nachbar im Besitz eines Baggers und er half uns gerne aus der Verlegenheit. Ich konnte vor lauter Tränen nicht mehr aus meinen zugeschwollenen Augen gucken und war in meiner Trauer offenbar ansteckend, denn als wir das Grab unserer geliebten Dogge zuschaufelten und ein Holzkreuz mit seinem Namen anbrachten, weinte auch unser Nachbar, obwohl er Apollo gar nicht gekannt hatte.

Anka, Barry und Lisa begleiteten natürlich ihren Freund zu seiner letzten Ruhestätte und saßen, bzw. lagen neben seinem Grab. Um die traurige Angelegenheit ausklingen zu lassen, schlug ich meiner Tochter vor, einen Spaziergang mit den Hunden zu unternehmen. Wir wanderten ein paar Kilometer über die Feldwege und erzählten uns gegenseitig unsere kleinen Erlebnisse mit Apollo. Auf dem Nachhauseweg fiel mir ein, dass die Post noch im Briefkasten lag. Keiner hatte heute daran gedacht, sie zu holen.

Zum besseren Verständnis der nun folgenden Geschichte muss ich das mit dem Briefkasten näher erklären. Auf den Einzelhöfen ist es allgemein üblich, dass der Postbote die Sendungen nicht bis zur Haustür bringt wie in der Stadt. Die Briefkästen sind einheitlich grau, ziemlich groß, so dass auch das eine oder andere Paket darin verstaut werden kann, und befinden sich an einer Stelle, die der Briefträger von der Fahrbahn aus bequem erreichen kann.

Unser graues Ungetüm befand sich am Ende unseres etwa vierhundert Meter langen Feldweges und war auf der Rückseite einer großen Birke befestigt. Leider hatte einer von uns den Schlüssel verschlampt, so dass der Deckel unverschlossen und der Inhalt für jeden zugänglich war. Ärgerlich war daran nur, dass uns keiner je die Rechnungen geklaut oder Geld hineingelegt hat.

Wie gesagt, da wir uns nun ohnehin in der Nähe befanden, hob ich den Deckel an, um die Post herauszufischen. Im nächsten Augenblick zog ich schaudernd und kurz aufschreiend meine Hand zurück, denn den pelzigen, warmen Inhalt, den ich gegriffen hatte, konnte ich nicht einordnen. Meine

Tochter fragte aufgeregt, was mich denn so erschrocken hätte und da ich ihr die Frage nicht beantworten konnte, öffnete sie den Deckel abermals und riskierte einen vorsichtigen Blick. Ihr entzücktes Geheul veranlasste mich, nun auch in den Kasten zu sehen. Wir trauten unseren Augen kaum. Da saßen vier kleine Kätzchen, die nach dem ersten Einschätzen noch wochenlang ihre Katzenmama gebraucht hätten. Vorsichtig nahmen wir sie aus ihrem dunklen Gefängnis und ich hoffte nur, sie hätten nicht allzu lange Zeit dort verbracht. Der Tag war brüllend heiß gewesen und selbst jetzt, wo der Sonnenuntergang nicht mehr fern war, herrschten noch an die fünfundzwanzig Grad.

Die Hunde schwänzelten interessiert um uns herum und gaben keine Ruhe, bis wir ihnen unsere Findlinge unter die Nase hielten. Jede von uns mit zwei Kätzchen beladen, spurteten wir die vierhundert Meter bis zum Haus zurück.

Bei eingehender Betrachtung sahen die vier Katzenbabys Besorgnis erregend aus. Bei zwei getigerten Exemplaren waren beide Augen fast vollständig verklebt, bei allen vieren bestand die große Gefahr der Austrocknung. Hier durfte man keine Zeit mehr verlieren, soviel war klar. In der ersten Not schnappten wir uns das Liebesperlenfläschchen vom Kaufladen meiner Tochter, kippten die bunten Zuckerkügelchen aus und ersetzten den Inhalt mit warmem Wasser und Kondensmilch. Mit einer Stecknadel piekten wir ein Loch in den Gummisauger. Dann versuchten wir der Reihe nach, die kleinen Todeskandidaten mit Flüssigkeit zu versorgen, was uns zum Glück sehr gut gelang. Wahrscheinlich waren sie infolge der Auszehrung vorher nicht mehr in der Lage gewesen, zu schreien. Das holten sie jetzt aber gründlich nach. Ich füllte das Fläschchen zum zweiten Mal, diesmal mit mehr Kondensmilch und weniger Wasser und wir freuten uns, als die Kätzchen gierig auch diese Portion aufsaugten. Danach kramten wir aus dem Dachboden einen abgelegten Puppenwagen meiner Tochter hervor und verstauten die Meute darin. Beinah sofort schliefen sie ein und wir freuten uns wie die Schneekönige, den kleinen Fellknäueln das Leben gerettet zu haben.

Nach drei Stunden, als sie langsam wieder erwachten, stand das nächste Problem an. Vor der nächsten Nahrungsaufnahme musste der Darm entleert werden. Ich versuchte es mit Bauchmassagen, jedoch nur mit mäßigem Erfolg. Schlagartig fiel mir Hexe, unsere Universal-

Katzenmama ein und ich versprach ihr alle möglichen Futtervergünstigungen, wenn sie uns ein wenig aushelfen würde. Und wirklich, kaum hatte ich die vierköpfige Bande in Hexes Obhut übergeben, fing sie an, den quengelnden Findelkindern den Hintern abzulecken. Abermals musste das Plastikfläschchen herhalten, um die Kleinen mit Nahrung zu versorgen. Gleich am nächsten Tag wollte ich in der Zoohandlung eine Spezialflasche und Katzenmilch besorgen, aber nun, nach Ladenschluss musste es eben so gehen.

Ich stellte meinen Wecker und zusammen mit Hexe versorgte ich die Babys in jener Nacht noch zweimal. Pünktlich nach der Morgenmahlzeit ging mir die Kondensmilch aus, doch keiner beschwerte sich, weil er seinen Kaffee schwarz trinken musste.

Die Aufzucht der winzigen Kätzchen war ein voller Erfolg. Sie gediehen ordentlich. Ich hatte zwei Spezialfläschchen besorgt (der Preis überstieg alle meine Erwartungen) und zusammen mit der ersten Flasche hatten wir die Fütterung gut im Griff. Etwa alle vier Stunden maunzten die Kleinen und verlangten Nachschub. Dann kam der Tag, an dem ausgerechnet Hexe, die uns die ganze Schmutzarbeit abnahm, uns in arge Nöte stürzte. Ich kam aus dem Pferdestall ins Haus und wollte die Milchflaschen vorbereiten, da die nächste Fütterung anstand. Nach der letzten Mahlzeit hatte ich wie immer die Sauger mit heißem Wasser gespült und sie zum Trocknen auf ein Tuch gelegt. Als ich die Fläschchen zusammenschrauben wollte, sah ich die Misere. Hexe, die gerade nichts Besseres zu tun gehabt hatte, war in einem Anfall der Langeweile über die Sauger hergefallen und hatte sie auf lauter kleine Gummiteilchen reduziert. Um das Maß vollzumachen, hatten wir Samstagabend, die Geschäfte hatten natürlich geschlossen und ich zermarterte mir den Schädel, wo wir nun in der Eile diese handelsunüblichen Sauger auftreiben würden. Ein Anruf bei der Notfallapotheke brachte uns jedenfalls nicht weiter. Da kam mir in den Sinn, irgendwo in unserem Landkreis wurde gerade an diesem Wochenende ein Volksfest abgehalten. Ich war mir ziemlich sicher, an einem der Süßwarenbuden diese Liebesperlenfläschchen zu erhalten. Ich düste also die zwanzig Kilometer zu dem besagten Volksfest und erstand dort – Gott sei gepriesen -- gleich vier Fläschchen. Wir, beziehungsweise unsere Katzenkinder waren gerettet. Wenn mir das einer vorher gesagt hätte, wie dankbar und froh ausgerechnet ich, der Volksfestmuffel schlechthin, über eine solche Veranstaltung sein würde, hätte ich mir an die Stirn getippt und denjenigen ausgelacht. Tja, so hat alles auf irgendeine Art seine guten Seiten.

26…Barry und die Beule

Nachdem meine Schwiegermutter das Rentenalter erreicht und endlich durch ihre Misswirtschaft so viele Schulden angehäuft hatte, dass sie keinen Ausweg mehr sah, erfolgte die Hofübergabe an meinen Mann. Ich war von der Übergabe ausdrücklich ausgeschlossen, wodurch sie mich aber, wie beabsichtigt, nicht ärgern konnte. Ich war im Gegenteil sehr erleichtert, denn wer nicht unterschreibt, der geht auch keine Verpflichtungen ein, und als sie nach der Übergabe mit Ansprüchen wie: kochen, waschen, putzen usw., an mich herantrat, war ich fein raus.

Endlich konnten wir unseren langjährigen Traum von einer Pferdepension in die Tat umsetzen. Die Schweine waren vorher schon verkauft worden, um uns nur ja keinen unverdienten Bonus zukommen zu lassen. Als mein Mann seiner Mutter eröffnete, dass die Felder nun zu Wiesen umbestellt werden sollten, um Pferdeweiden zu gewinnen, rastete sie völlig aus, schrie und tobte wie eine Besessene und schlug ihre Möbel kurz und klein. Nichtsdestotrotz verwirklichten wir Schritt für Schritt unser Vorhaben. Wir arbeiteten uns jeden Tag die Finger wund, denn in Anbetracht des Schuldenberges, auf dem wir ja nun saßen, war Eigenleistung unumgänglich.

Im Heuboden hatten wir eine neue, sauber geschliffene Holzdecke eingezogen. Rechtzeitig zur Weizenernte waren wir damit fertig und nun wollten wir den neuen Boden zur Hälfte mit Stroh befüllen. Um die Sache einfach zu gestalten, beförderten wir das angelieferte lose Weizenstroh mittels Heugebläse in den ersten Stock, um es später bequem durch die eingebaute Luke genau in den Pferdestall hinabzuwerfen. In unserem Arbeitseifer hatten wir jedoch vergessen, die Luke auszusparen. Als wir die ganze Herrlichkeit endlich an Ort und Stelle geblasen hatten, stellten wir fest, dass der Abwurf verschüttet war. Ich stieg also über die Leiter nach oben und begann, da wo ich den Schacht vermutete, mit der Heugabel tastend durch die Strohdecke zu pieken. Mit einem Mal spürte ich, wie meine Füße zunächst langsam, dann aber immer schneller den Untergrund verloren und da landete ich auch schon mit einem sanften Plumps im Erdgeschoß.

Nachdem ich mich vom ersten Schreck erholt hatte, sortierte ich mich kurz und stellte fest, dass mir absolut nichts passiert war. Zu meinem Glück war durch die offene Luke ein großer Berg Stroh in den Stall gefallen, der mir eine sanfte Landung verschafft hatte. Das einzig Unangenehme waren der Staub und die Halme, die ich überall verspürte. Ich klopfte meine Kleidung aus, da sah ich Barry, der voller Sorge in seinem Hundegesicht auf mich zu rannte. „Nichts passiert, alter Junge!" beschwichtigte ich ihn. Eben als ich den Kopf ruckartig nach vorne warf, um mir das lästige Stroh aus den Haaren zu schütteln, riss Barry seinen Kopf in die Höhe, um mir mitzuteilen, wie froh er war, mich heil wiederzuhaben. Als unsere beiden Schädel mit Schwung zusammenkrachten, schrie der Hund kurz auf und rannte mit eingezogenem Schwanz vor mir davon. In diesem Moment, dachte ich mein Kopf hätte nun einen Sprung quer durch die Mitte. Der Schmerz war heftiger als alles, was ich bisher gekannt hatte. Mein Mann, der die Szene beobachtet und zunächst gelacht hatte, merkte schnell, wie schlecht es mir ging und bestand darauf, mich zum Arzt zu bringen. Tatsächlich hatte ich eine Gehirnerschütterung erlitten, an der ich trotz Schmerztabletten noch wochenlang zu knabbern hatte. Mein besorgter Hundefreund war auch nicht besser dran, denn als wir ihn genauer betrachteten, sahen wir an der Stelle zwischen seinen Ohren eine ziemlich große Beule. Im Nachhinein amüsierten wir uns oft darüber, wie ich den Sturz vom Heuboden heil überstanden hatte, um danach vom eigenen Hund eine Gehirnerschütterung verpasst zu bekommen.

Barry und ich haben es uns nicht übel genommen, nach dem Motto „Shit happens" trösteten wir uns gegenseitig in unserem Schmerz.

27…Allgemeine Weisheiten

Kaum hatten wir den Stall ausgebaut, den Heuboden befüllt und eine Futterkiste gebaut, kam auch schon der erste Pferdegast. Ein recht nettes, junges Mädchen hatte sich direkt aus Island ein Pony einfliegen lassen und war nun auf der Suche nach einem Offenstall. Ich las ihre Suchanzeige und rief sie an. Sie war hocherfreut, so schnell Erfolg zu haben, denn die Offenstallhaltung war zu dieser Zeit noch sehr umstritten und wurde deshalb nicht häufig angeboten.

Für das Islandpony, das noch vor kurzem auf unendlich großen Flächen gelebt hatte, schien diese Haltung die einzig richtige zu sein. Gespannt warteten wir auf die Ankunft unseres ersten Pensionspferdes. Als es dann endlich eintraf, standen Whisky und Moon aufgeregt witternd im Stall und wollten ihren neuen Kollegen kennenlernen. Der dreifarbige junge Hengst sah arg mitgenommen aus. Von seinen braunen und schwarzen Flecken war nicht viel zu sehen, denn die weiße Fellfarbe war bräunlich verschmutzt und so waren die Übergänge fließend. Seine Mähne strotzte ebenfalls vor Schmutz und man konnte die Strapazen des Fluges noch deutlich erahnen. Müde, wie er war, ließ er sich widerstandslos in seine neue Umgebung führen. Er nahm es würdevoll hin, von den anderen beiden beschnuppert zu werden, dann legte er sich ins frische Stroh, um erst mal auszuruhen.

Nach einigen Stunden kam er wieder auf die Beine und suchte nun seinerseits die Nähe von Whisky und Moon. Am Abend grasten die drei so harmonisch, als hätten sie im Leben nichts anderes getan.

Seine Besitzerin zeigte uns stolz seine Papiere, dabei entdeckten wir den unaussprechlich langen Namen, den der Kleine in seiner Heimat erhalten hatte, und da keiner von uns den halben Tag damit zubringen wollte, ihn zu rufen, nannten wir ihn kurz Swadie.

Von den drei Pferden, die ich jetzt zu versorgen hatte, lernte ich jeden Tag eine Menge dazu. Als Whisky zu uns kam, hatten wir von Tuten und Blasen keine Ahnung. Wir kauften Fachbücher und Zeitschriften, tauschten uns mit anderen Pferdebesitzern aus, aber die beste Methode, sich mit der Materie vertraut zu machen, ist nach wie vor „Learning by doing".

Natürlich ist man als Pferdebesitzer verpflichtet, an sämtlichen Veranstaltungen rund ums Pferd teilzunehmen, vom Westernturnier bis zur Jährlings-Körung ist so ziemlich alles Pflicht. Man lernt dabei, dass alle anderen

- klüger sind als man selbst
- das Reiten erfunden haben
- die Pferdehaltung erfunden haben

- die schönsten Pferde haben
- die klügsten Pferde haben
- schon alles wissen, während man selbst noch viel, viel lernen muss

Wenn man das endlich kapiert hat und lieber nicht mehr von den eigenen Pferden spricht, kann man sich in Ruhe zu den verschiedensten Gruppen gesellen und einfach nur bei den „Fachgesprächen" interessiert zuhören. Danach ist man dann endgültig verwirrt, denn die Westernreiter behaupten von sich, die Besten zu sein, pferdeschonend zu reiten und als einzige Spezies Verständnis für ihr Tier und dessen Bedürfnisse aufzubringen. Seltsamerweise aber hört man bei den Turnier- Dressur- oder Wanderreitern genau dasselbe. Als absoluter „Nur-Pferde-Halter" ist man danach total überfordert und versteht die Welt nicht mehr. Was stimmt denn nun?

Bin ich wirklich ein schlechter Mensch, weil ich mir ein Welsh-Pony gekauft habe, wo doch Quarter-Horses zum Pflichtprogramm gehören? Werde ich auf ewig verdammt, weil ich meine Pferde im Offenstall halte, statt sie in eine drei mal drei Meter große Box zu sperren? Darf ich überhaupt ein Pferd halten, wo doch alle anderen viel klüger und fachmännischer sind als ich?

Diese Fragen würde mir keiner beantworten, dessen war ich sicher. Genau deshalb nahm ich mir vor, von nun an meine eigenen Erfahrungen zu sammeln. Ich muss sagen, bislang bin ich ganz gut damit gefahren. Obwohl alle anderen viel mehr Erfahrung und Know-how hatten, was Fütterung und Pflege betrifft, hatten meine Pferde

- keine Koliken
- seidiges, glänzendes Fell
- soziales Gruppenverhalten
- gute Hufe
- allzeit gute Laune und Ausgeglichenheit

Wenn ich mir hingegen manch andere Pferde und die zahlreichen Probleme ihrer Halter ansah, kam mir manchmal dennoch der leise Verdacht, ich könnte in meiner grenzenlosen Dummheit doch einige Dinge richtig gemacht haben.

Es gibt Pferde, die leiden an sogenannten Gewährsmängeln wie „Koppen" oder „Weben", andere leiden an Koliken und Allergien. In erster Linie leiden die meisten aber unter ihrem Herrn und Meister. Kaum geht es darum, ein Rennen, einen Parcours oder gar einen Pokal zu gewinnen, drehen sämtliche Reiter oder die, die sich dafür halten, komplett durch. Da ist nichts mehr mit Tierliebe oder Verständnis und Nachsicht. Vielmehr avancieren in diesem Augenblick deren Pferde zum Sportgerät und dann wird es richtig hart (für die Tiere natürlich). Wird das Rennen, der Parcours, der Pokal nicht gewonnen, lag es selbstverständlich nicht am Reiter. Logisch. Das Pferd war schuld. Wie könnte es auch anders sein. Selbst ich bin davon überzeugt, denn ich habe noch nie gehört, dass ein Pferd widersprochen hätte.

Aus diesem und vielen anderen Gründen bin ich selbst kaum jemals auf ein Pferd geklettert. Zum einen war ich noch nie eine gute Reiterin. Das ist keine Schutzbehauptung, so was merkt man irgendwann. Zum zweiten möchte ich die armen Tiere mit meinen dürftigen Kenntnissen verschonen und drittens habe ich ganz einfach Angst. Ja, Sie haben richtig gelesen und verinnerlichen Sie es sich gut, denn diese Aussage werden Sie von einem Pferdebesitzer nur ein einziges Mal im Leben hören. Danach wagt es auch der Dümmste nie mehr, soviel ist sicher. Kaum hat dieser/diese sich zu seiner/ihrer Furcht bekannt, hagelt es von allen Seiten Fragen und Vorwürfe. Als erstes kommt so sicher wie das Amen in der Kirche:

Ja, warum hältst du dir denn dann ein Pferd?

Es gibt aber noch viel Unklarheiten und Unverständnis, denn

- Du musst dein Pferd doch bewegen, es langweilt sich doch
- Das verstehe ich nicht, wo Reiten doch der schönste Sport der Welt ist
- Also, mein Pferd muss arbeiten, damit etwas aus ihm wird

Ich kann Ihnen versichern, mein Pferd hat Bewegung, weil es im Offenstall lebt. Ich habe auch noch nie bemerkt, dass es sich gelangweilt hätte, denn es ist mit dem Grasen, mit dem Dösen und mit seinen Stallgefährten beinah rund um die Uhr beschäftigt. Sollte ich den Eindruck haben, er wäre seines Pferdelebens überdrüssig, würde ich ihm Schach oder Halma beibringen, das Zeug dazu hätte er. Ich habe auch noch nie bemerkt, dass Pferde bereits mit einem Sattel auf dem Rücken zur Welt kommen, demnach ist es nicht ihre einzige Bestimmung, geritten zu werden. Und wer behauptet, der Reitsport sei der schönste der Welt, der sollte auch mal die Meinung seines Pferdes dazu hören.

Ich persönlich halte mein Pferd, weil ich es liebe. Ich putze es, weil es ihm gefällt, gestriegelt zu werden. Ich gehe mit ihm aus demselben Grund spazieren, aus dem ich auch meinen Hund mitnehme, einfach, weil es uns Freude macht.

So, das war jetzt einfach mal nötig. Es tut wirklich gut, sich diese Sätze von der Seele zu schreiben, ohne dass einem gleich einer ins Wort fällt und „Ja aber….." sagt.

Ganz nebenbei bemerkt – Es gibt außer mir noch andere Pferdebesitzer, die Angst vor dem Reiten haben, dies aber nie im Leben zugeben würden. So hört man kurz vor dem Ausreiten in letzter Minute dann zahlreiche Ausreden, zum Beispiel:

- Tut mir leid, ich kann nicht mit, ich habe eben meine Tage bekommen
- Ach, so ein Mist, mein Sattel ist geschrumpft, geht mal ohne mich los
- Mein Pferd lahmt
- Ich muss mich um die Kinder meiner kranken Schwester kümmern, ich kann nicht
- Soeben hat mein Arzt mir mitgeteilt, dass ich erst in drei Wochen wieder reiten darf
- ……..und, und, und.

Jedenfalls ist niemand so bescheuert wie ich, zuzugeben, dass er Angst hat. Sehen Sie? Die anderen sind eben erwiesenermaßen schlauer.

Ähnlich wie mit den verschobenen Reitterminen geht es zu, wenn der Hufschmied kommt. Sämtliche Einsteller brauchen, wenn man sie danach fragt, unbedingt, sofort und möglichst noch gestern den Hufschmied. Ein Pferd hat ein Eisen verloren, ein anderes geht lahm, wir brauchen unbedingt den Schmied. Rückt der besagte Termin dann näher, fallen die ersten schon aus.

- Oh, Oh, das hab ich ganz vergessen, jetzt hab ich einen Frisörtermin!
- Ich muss auf den nächsten Termin warten, meine Schwester kriegt ein Kind
- Ach, der kommt schon morgen? Ich dachte, das wäre nächste Woche, jetzt hab ich mich für die Spätschicht eingetragen. Könntet ihr mein Pferd mitmachen? Ich lass euch Geld da.

„Na ja, einmal geht das schon. Wie ist das jetzt? Ich selbst habe zwei Pferde beim Hufschmied angemeldet. Lotta, Anna und Gabi fallen aus, dann habe ich insgesamt fünf Pferde zum Aufhalten. Erna, kannst du noch eins dazunehmen?" „Geht klar, und Susanne kann ja auch zwei aufhalten, nicht wahr, Susi?" „Ja, klar, das kriegen wir schon, keine Sorge. Wir helfen dir natürlich."

„Das finde ich echt super von euch, denn mit fünf Pferden stehe ich mindestens zweieinhalb Stunden."

Dann kommt der Tag der Wahrheit. Der Hufschmied ist pünktlich wie immer.

„So, wer ist denn zuerst dran?"

„Also, bis jetzt ist von den anderen noch niemand aufgetaucht. Nehmen wir also zuerst meine zwei Pferde."

Eine Stunde ist vergangen, meine Pferde sind ausgeschnitten, von den anderen Besitzern keine Spur. Nachdem die Pferde von Lotta, Anna und Gabi runderneuerte Hufe bekommen haben, läutet mein Handy. Erna ruft an und entschuldigt sich, der Boss hat ihr zusätzliche Arbeit aufgebrummt, sie kommt nicht weg. Susanne scheint sich in Luft aufgelöst zu haben, vielleicht ist sie ja schon tot. Nach fast vier Stunden und achtundzwanzig Pferdebeinen bin ich das auch.

So sind Einsteller und Pferdebesitzer eben, damit muss man klarkommen und ich glaube, das geht nicht nur mir so.

Bei uns im Stall ging es munter weiter und das ist bis heute so geblieben. Die Einsteller kamen und gingen – und kamen wieder, zumindest die, die sich nach dem ersten Pferd noch ein zweites gekauft haben und dem Wanderreiten treu geblieben sind. Alle anderen eignen sich nicht für unseren Stall, aber das ist vollkommen in Ordnung so, denn es gibt ja viele Pensions-Ställe, so kann jeder für sich und sein Pferd die richtige Umgebung finden.

Ich möchte hier durchaus nicht den Eindruck erwecken, die Weisheit mit Löffeln gegessen zu haben, denn genau das Gegenteil ist der Fall. Ich merke nämlich jeden einzelnen Tag, an dem ich mit Tieren zu tun habe (und das sind sehr viele Tage, nämlich 365 im Jahr), dass ich ständig dazulernen und meine Erkenntnisse oft auch revidieren muss. Aufgrund der vielen Lebewesen, die ich im Laufe meines Lebens bei mir aufgenommen habe, weil man sie anderswo nicht mehr wollte, habe ich aber auf alle Fälle eines kapiert:

Die meisten Tierhalter hätten sich selbst und ihren Vierbeinern viel Ärger und Leid erspart, wenn sie sich selbst nur einmal ganz ehrlich und aufrichtig analysiert hätten.

Welcher Reitanfänger, der sich gerade mal so im Sattel halten kann, kauft sich einen Andalusier, der drei Jahre alt ist, nichts gelernt hat und noch nie im Gelände war? „Keiner" sagen Sie? Nun, ich würde sagen, es sind viele. Warum? Weil sie sich keine Gedanken machen und sich selbst maßlos überschätzen. Genauso ist es mit Hunden.

Warum muss ein Mensch, der im dritten Stockwerk eines Miethauses lebt, sich ausgerechnet eine Dogge zulegen?

Was veranlasst einen notorischen Langweiler, der am liebsten auf der Couch sitzt, sich einen Husky zu kaufen?

Wie kommt eine Hausfrau, die ihrem Namen Ehre macht und den lieben langen Tag mit kochen, putzen, bügeln und vielleicht noch drei Kindern beschäftigt ist, dazu, sich einen Beagle zu halten.

Hier soll mich nur keiner falsch verstehen. Ich habe absolut nichts gegen Mietshäuser, Langweiler und Hausfrauen, jeder ist wie er ist, und solange er dazu steht, hat keiner ein Problem damit.

Aber Leute, um Gottes Willen, tut euch und euren zukünftigen Tieren einen Gefallen. Informiert euch, was euer Hund braucht, wofür er in erster Linie gezüchtet wurde und trefft dann eure Entscheidung. Ich finde, das ist das oberste Gebot für ein langes, glückliches Zusammenleben.

Wie schön kann es für einen Mietshausbewohner in der dritten Etage sein, seinen Chihuahua die Treppe hochzutragen.

Der Langweiler auf der Couch vor dem Fernseher bekommt einen Mops, der freut sich über Spaziergänge, fordert sie aber nicht ein.

Und die Hausfrau, die mit ihren täglichen Pflichtübungen ohnehin ausgelastet ist, wird mit einem intelligenten Pudel, der obendrein keine Haare verliert und mit dem auch das kleinste Kind eine Runde spazieren gehen kann, ihre helle Freude haben.

Die meisten Hundebesitzer verzweifeln an Tieren, die sie sich unüberlegt ausgesucht haben. Der Husky war halt „so schön", die Dogge „so toll groß" und der Beagle „so süß". Glauben Sie mir, man ändert spätestens dann seine Meinung, wenn der Husky zum hundertsten Mal zur Tür rennt und laufen, laufen, laufen will. Bekommt er seinen Willen nicht, dreht er durch und zerfetzt die Couch, die seinen Besitzer davon abhält, mit ihm kilometerweit Rad zu fahren oder zu joggen, bis die Schwarte kracht.

Sicher, es gibt Ausnahmen, die gibt es immer. Aber man sollte sich nicht darauf verlassen. Besser, man informiert sich erst. Das macht bei Weitem nicht so viel Mühe, als hinterher einen geeigneten Platz für das Tier zu finden. Sollte es dennoch dazu kommen; Bitte, bitte, seien Sie ehrlich.

Wie gesagt, ich habe schon viele Tiere, vor allem aber Hunde bei mir aufgenommen und, wenn es gar keinen Ausweg gab, auch weitervermittelt. Aber in einem Punkt sind alle Halter, die ein Tier – aus welchem Grund auch immer – los werden wollen, gleich.

Keiner sagt von sich:

- Ich habe versagt
- Ich habe mir die Sache zu wenig überlegt
- Ich habe versäumt meinen Hund zu erziehen
- Ich bin zu faul zum Spazierengehen
- Ich bin zu stur, um mich zu informieren

Nein, keinesfalls, denn schuld ist immer nur der Hund, die Katze, das Pferd, denn man konnte ja nicht ahnen, dass
- der Hund Auslauf braucht
- die Katze vereinsamt, wenn man den ganzen Tag in der Arbeit ist
- die Kinder sich nur am Anfang um ein Tier kümmern, und man danach selbst ran muss
- ein junger Hund Schuhe und noch so einiges andere zerbeißt
- nicht jede Katze an der Leine gehen will
- ein unerzogener Hund Ärger mit den Mitmenschen einbringt.

Diese Liste könnte man bis in alle Ewigkeit weiterführen. Es ist unglaublich, was sich manche Menschen einfallen lassen, wenn sie ihre Vierbeiner satt haben. Wenn man dann, als derjenige, der sie zu sich nehmen soll, noch die Frechheit besitzt, zu verlangen, dass die Tiere kastriert werden oder eine gewisse Futterration mitbringen, hört man häufig den entrüstet ausgesprochenen Satz:

„Aber auf ein Viecherl wird es doch bei euch nicht mehr ankommen!" Gegenargument: „Warum kommt es dann bei euch auf eines an?"

Ich erzähle hier keine Märchen, es läuft wirklich zu 99 Prozent genau so ab. Kaum stellt man das unglaubliche Ansinnen, die Tiere sterilisieren oder kastrieren zu lassen, fallen die meisten ins Koma. Das kostet ja richtig Geld. Ja, glauben diese Leute etwa, der Tierarzt würde bei uns ein Auge zudrücken, nur weil wir so große Tierliebhaber und die wahrscheinlich beste Kundschaft seit Jahrzehnten sind? Da kann ich sie alle beruhigen. Auch ich zahle die vollen Preise. Mein Mann ist seit Jahren fest davon überzeugt, dass er allein den Kredit für das neue Haus und die neue Praxis von unserem Tierarzt bezahlt. Besonders in den Zeiten, wenn die ganze Familie wochenlang von Nudeln mit Ketchup, mit heller Soße, mit dunkler Soße, mit Majo oder einfach nur mit Essig und Öl lebt, kommt bei meinen Lieben schon mal der Verdacht auf, wir hätten vielleicht zu viele Tierarztrechnungen zu bezahlen. Bei uns ist es nämlich dann nicht nur „ein Tier", sondern dutzende, die genauso viel Wurmpasten, Flohmittel, Impfungen und Medikamente brauchen wie wenn man sie einzeln hält.

Bei den Futterrationen sind die Leute dann aber richtig spendabel. Für einen Hund zum Beispiel, der gerade mal fünf Jahre alt war, brachte der Mann, der ihn bei uns abgegeben hat, gleich zwölf Dosen und einen 30-Kilo Sack Trockenfutter. Wenn man bedenkt, dass der Hund gut und gerne fünfzehn Jahre alt wird, ist das natürlich eine ganze Menge.

Aber so ist das eben mit den Menschen. Hauptsache, das Tier ist erst mal weg und verursacht weder Kosten noch Mühe, die anderen werden schon zurechtkommen.

Sie fragen nach der Moral von dieser Geschichte? „Leute, wenn ihr es euch nicht gar so einfach machen würdet, hätten die Tiere es nicht so schwer, von mir ganz zu schweigen."

28…Goliath

Mit unserer Pferdepension lief es gar nicht so schlecht. Zum Island-Pony gesellte sich nach ein paar Wochen eine New-Forrest Stute, ein Trakehner und ein Bayern-Warmblut. Alle Pferde waren sehr verträglich und lebten sich in kürzester Zeit ein. Eines Tages kam ein Freund meines Mannes zu Besuch. Ziemlich aufgekratzt teilte er uns mit, er habe das Pferd fürs Leben gefunden. Der Wallach hätte ein Stockmaß von einem Meter achtzig und sei recht kompakt gebaut, so dass er sich gut vorstellen könne, seine 110 Kilogramm würden dem Tier nichts ausmachen. Wir sollten auf der Stelle mit ihm kommen, um sozusagen als Fachleute seinen beabsichtigten Kauf abzusegnen. Einstellen wollte er das Pferd dann in unserem Stall. Auf der Fahrt zu seinem „Superpferd" erfuhren wir dann noch mehr Einzelheiten, die mich allein beim Zuhören schon stutzig werden ließen.

„Der Wallach kann Dinge, die sonst keiner kann," schwärmte er. „Zum Beispiel setzt er zur Begrüßung den Kopf auf die Stalltür und macht ein Bäuerchen. Haha, ich finde das so lustig."

Oh je, dachte ich, der wird sich doch nicht ausgerechnet einen Kopper auserkoren haben? Als wir dann vor der Stalltür von Superpferd standen, war alles klar. Ich war zwar noch weit davon entfernt, eine Fachfrau zu sein, aber dass es sich bei diesem Gaul um einen Aufsetz-Kopper handelte, hätte ich ihm schriftlich geben können. Die Größe des Pferdes war in der Tat beachtlich und mochte wirklich bei einsachtzig liegen, deshalb ärgerte mich die Enge der Box. Man hatte den armen Kerl in einen Verschlag gestellt, der allerhöchstens zwei mal zwei Meter maß, was das Hinlegen und Aufstehen enorm schwierig machte. Als ich obendrein noch sehen musste, welche Schwierigkeiten ihm das Umdrehen in dem engen Käfig machte, tat er mir unendlich leid.

Da erschien auch schon der Stallbesitzer auf der Bildfläche und schüttelte uns dreien galant die Hand. Mein erster Eindruck verstärkte sich, nachdem er uns einige Details über das Pferd berichtete. Vor uns stand ein waschechter Pferdehändler. Seiner Aussage nach war der Wallach acht Jahre alt, ließ sich im Gelände einwandfrei reiten und hörte auf den Namen „Goliath". Als er den Preis für das koppende Schiff nannte, wäre ich beinahe in Ohnmacht gefallen. So viel Frechheit hatte nicht einmal unser Traberverkäufer besessen.

Ich konnte nicht umhin, ihn darauf hinzuweisen, dass er, wenn unser Bekannter den Wallach nicht kaufen würde, allerhöchstens den Schlachtpreis erzielen könnte, da es sich um einen Kopper handelte. Der Händler ging gar nicht darauf ein, er wandte sich ganz bewusst von mir ab und den beiden Herren zu und erklärte ihnen umfangreich, der Wallach hätte kein Problem, das sei lediglich eine Untugend, die Zähne seien nicht angegriffen. Er malte den Schlachtgaul in den schillerndsten Farben, hob die (ganz normal braune) Fellfarbe hervor und die gesunden (?) Hufe des Tieres.

Da unser Freund sich sowieso schon beim ersten Mal in Goliath verliebt hatte, nützten alle Einwände von meiner Seite nichts. Er erstand das Pferd zum vollen Kaufpreis von sage und schreibe 4400,- DM und vereinbarte obendrein noch Ratenzahlung.

Tja, Pferdehändler sind eben Psychologen. Wenn ich ein doppelt so gutes Pferd zum halben Preis verkaufen wollte, würden die Leute nur den Kopf schütteln und mich in die Klapse einweisen wollen.

Vier Tage später kam Goliath auf unseren Hof. Er überragte sowohl den Trakehner als auch die Bayern-Stute und die Ponys konnten unter seinem Bauch durchlaufen, wenn sie wollten.

Er freute sich unendlich darüber, plötzlich nicht mehr in einer Zwangsjacke von Box zu leben und genoss es, über die Weide zu galoppieren. Doch so schön es war, ihn so vergnügt zu sehen, hatten wir vom ersten Tag an ein arges Problem. Whisky und Goliath konnten sich auf den Tod nicht leiden. Mein liebes, bisher allen anderen Pferden zugetanes Welsh-Pony hasste den Riesen in einer Weise, die einem Angst machen konnte.

Man möchte glauben, Goliath hätte sich aufgrund seiner Größe locker gegen den Zwerg wehren können, doch Whisky war zu schnell für ihn. Er biss und trat den Gegner, wann immer er ihm in die Quere kam. Die beiden zur gleichen Zeit im Stall zu halten, war undenkbar. Also blieb uns nichts anderes übrig, als schweren Herzens die Herde in zwei Gruppen aufzuteilen.

Obwohl es rein fütterungsbedingt besser gewesen wäre, die Ponys in die eine Gruppe und die Großpferde in die andere zu nehmen, brachte ich es nicht übers Herz, Kobold, den Trakehner und Swadie, den Isländer zu trennen. Die beiden waren ein Herz und eine Seele und hätten wahrscheinlich sämtliche Zäune niedergerissen, um den Weg zueinander zu finden.

Nachdem die Erzfeinde nun getrennt lebten, kehrte für Goliath Ruhe ein und er konnte seine Mahlzeiten im Stall ungestört genießen. Er freundete sich mit der Bayern-Stute an und zu meiner Überraschung hörte er nach einigen Wochen auf zu koppen. Wahrscheinlich war er so beschäftigt mit seinen neuen Freunden, der Weide und den Spaziergängen, dass er keine Zeit mehr für seine Unsitte fand.

Mehr als spazieren gehen war allerdings mit ihm nicht zu machen, da sich die Behauptung des Händlers, er wäre ein tolles Reitpferd, als glatte Lüge erwies. Goliath hatte in seinem Leben noch nie einen Sattel auf dem Rücken gehabt, soviel war sicher. Anfangs war er darüber so verdutzt, dass er dastand wie angewurzelt, im nächsten Moment aber versuchte er, das ungewohnte Ding auf seinem Rücken durch buckeln und wälzen wieder loszuwerden, was dem Sattel gar nicht gut bekam.

Schließlich begrub sein Besitzer den Traum von Ritten in den Sonnenuntergang und versuchte nachträglich, die Raten für sein Traumpferd zu halbieren. Da hatte er sich aber schwer geirrt. Nach fünf bereits bezahlten Raten von je 400 DM packte der erboste Händler Goliath kurzerhand auf seinen Hänger und verschwand mit ihm auf Nimmerwiedersehen. Wir wissen bis heute nicht, wo der Riese letztendlich gelandet ist, da sämtliche Nachforschungen im Sande verliefen. Es liegt nahe, dass er beim Pferdemetzger seine letzte Ruhe fand. Auch die Rückforderung der gezahlten Ratenbeträge brachte nichts ein, da kein Vertrag bestand. Die Handschlagklausel erwies sich als Märchen, vor deutschen Richtern zählt nur, was man schriftlich hat.

Nachdem Goliath uns verlassen hatte, lösten wir die zwei Gruppen wieder auf und unser Freund bekam eine Reitbeteiligung auf Kobold, dem Trakehner, worüber beide sehr glücklich waren.

29...Kiara

Vor vielen Jahren, noch bevor wir Apollo bei uns aufgenommen hatten, ließ ich in einer geselligen Runde einmal die Bemerkung fallen, ich würde mir gerne einen Neufundländer halten. Diese Rasse finde ich immer noch beeindruckend, weiß aber inzwischen, wie pflegeaufwändig sie ist.

Damals befand sich ein Mitarbeiter des Tierschutzvereins in der Gesprächsrunde, der eine kleine Auffangstation für in Not geratene Hunde besaß. Erstaunlicherweise erinnerte sich der junge Mann noch nach Jahren an meinen geäußerten Wunsch und rief mich an.

„Ich wollte nur mal fragen, ob du noch Interesse an einem Neufundländer hättest? Ich habe da eine Hündin bei mir im Zwinger, die ich aus schlimmen Verhältnissen befreien musste. Sie ist aber nicht einfach zu halten. Am Besten siehst du sie dir einfach mal an."

Mein Interesse war geweckt, und obwohl wir eigentlich keinen Hund mehr nehmen wollten, konnte ich meine Familie überreden, sich den Neufundländer „nur mal anzusehen".

Meine Tochter, die damals fast zehn Jahre alt war, konnte es kaum erwarten, loszudüsen. Nach einem Blick ins Hundebuch war auch sie restlos begeistert von den schönen Tieren mit dem „Bärenkopf" wie sie es nannte. In der Zwingeranlage angekommen, staunten wir erst einmal über die Anzahl und Vielfalt der Hunde, die dort aufgeregt bellend an den Gittern hochsprangen. Vom Yorkshire-Terrier bis zum Dalmatiner war so ziemlich alles vertreten, was die Leute nicht mehr haben wollten oder durften.

Der junge Mann, der mich angerufen hatte, kam freudestrahlend an und führte uns zum Zwinger von „Kiara", der Neufundländer-Hündin. In drei Meter Entfernung blieben wir stehen, da die Hündin knurrte und sich so sehr aufregte, dass Schaum aus ihrem Maul fetzte.

„Ich habe sie am Wochenende erst aus der Tierklinik geholt. Wir mussten sie mit der Drahtschlinge aus dem Verschlag holen, in dem sie lebte. Ihr ehemaliger Besitzer wurde in die Anstalt eingeliefert, nachdem Nachbarn ihn wegen Misshandlung angezeigt haben. Er hat die Hündin mit Ketten zwischen zwei Bäumen aufgehängt und mit heißem Wasser übergossen. Leider mussten wir sie von fast allen Haaren befreien, um die verbrühte Haut zu behandeln. Außerdem hat sie zahlreiche Verletzungen, die wohl von früheren Misshandlungen herrühren. Der Unterkiefer ist weitgehend zahnlos und mehrfach gebrochen. Die Nachbarn wollen gesehen haben, dass der ständig Betrunkene ihr mit einer Bierflasche diese Verletzung beigebracht hat. Die Sehnen der Vorderläufe sind vor langer Zeit schon durchtrennt worden, so dass sie nur mit Mühe laufen kann. Ihr Alter dürfte zwischen sechs und sieben Jahren liegen und natürlich ist sie total verstört und hält Menschen nicht gerade für ihre Freunde."

Meine Tochter zupfte an meinem Ärmel und als ich mich zu ihr hinunterbeugte, flüsterte sie mir ins Ohr; „Mama, diesen Hund nehmen wir aber nicht mit nach Hause, gell?"

Ich erklärte ihr, dass das Verhalten von Kiara in Anbetracht der Umstände völlig normal sei. Je näher ich an den Zwinger trat, umso wilder gebärdete sie sich. Ich drehte mich zu Jens, dem Vermittler um und sagte: „Da drinnen werden wir wohl kaum Freunde werden" und deutete auf den Zwinger.

„Lasst mich doch einfach mal allein mit ihr." Mein Mann, der wusste, dass Widerstand zwecklos war, brachte sich und unsere Tochter in Sicherheit. Jens öffnete vorsichtig die Zwingertür und verschwand ebenfalls hinter dem Zaun.

Ich stellte mich mit vor der Brust verschränkten Armen in die Mitte des Rasenstücks vor den Zwinger und wartete bewegungslos ab. Die Hündin kam vorsichtig heraus und beschnüffelte erst einmal die Umgebung vor der Gittertür. Dann kam sie langsam, mit gesenktem Kopf auf mich zu, wobei sie mich keine Sekunde aus den Augen ließ. Etwa einen Meter von mir entfernt blieb sie stehen und ließ ein drohendes Knurren vernehmen. Mein anfänglicher Mut drohte mich zunehmend zu verlassen und ich wagte kaum noch zu atmen.

Sie kam noch näher, hörte aber nun auf zu knurren und beschnüffelte mich von allen Seiten. Schließlich bohrte sie ihre Nase unter meine verschränkten Arme und plötzlich lag meine Hand auf ihrem Kopf. Automatisch fing ich an, sie zwischen den Ohren zu kraulen, bemerkte dabei ihre zahlreichen Narben und redete leise auf sie ein. Wie selbstverständlich setzte sie sich an meine Seite und sah mich aus ihren unendlich traurigen Augen liebevoll an. Wir waren Freunde.

Nun galt es, ihr beizubringen, dass auch meine Familie keine Bedrohung für sie darstellte. Ich machte ein paar Schritte auf den Zaun zu, hinter den die anderen sich gerettet hatten. Kiara ging mit, als hätte sie in ihrem Leben nichts anderes getan. Sie folgte mir zu der kleinen Menschengruppe, setzte sich sofort wieder hin, als ich stehenblieb und ließ sich von meiner Tochter streicheln.

Jens hüpfte fast vor Freude und rief immer wieder: „Ich wusste es! Wenn überhaupt jemand mit diesem Hund zurechtkommt, dann du!" Ich war zwar nicht der Meinung, ich hätte irgendwelche besonderen Leistungen vollbracht, freute mich aber für Kiara, dass die Sache so gut geklappt hatte, denn es war nun keine Frage mehr, dass sie bei uns einziehen würde.

Der Hund wusste das anscheinend auch, denn als ich die Heckklappe des Autos öffnete, machte er einen Satz und saß im Kofferraum. Sie wollte mit, soviel war klar, und diesen Wunsch erfüllte ich ihr nur zu gerne.

Auch zu Hause gab es keine Probleme, weder mit den anderen Hunden, noch mit irgendwelchen Katzen. Selbst als meine Mutter am Sonntag zu Besuch kam, machte Kiara keine Anstalten der Bedrohung, noch zeigte sie Furcht. Es war, als akzeptierte sie alles, womit ich zu tun hatte. Meine Familie, meine Tiere, meine Umgebung.

Ihr Verhalten änderte sich allerdings schlagartig, wenn Fremde unseren Hof betraten. Dann stellten sich ihre nachwachsenden Nackenhaare auf und ein tiefes Knurren kam aus ihrer Kehle. Ansonsten bewegte sie sich keinen Zentimeter von meiner Seite, schloss auch außerhalb der Familie keine Freundschaften und wollte von niemandem angefasst werden. Ganz schlimm wurde es, wenn ein Fremder, den sie zwar tolerierte, aber nicht aus den Augen ließ, einen Gegenstand zur Hand nahm. Ohne Vorwarnung lief sie dann los und attackierte den vermeintlichen Angreifer aufs Schärfste.

Vor allem am Wochenende, wenn Leute kamen, die Autoteile kaufen wollten, musste Kiara im Haus bleiben, nachdem sie einen älteren Mann angegriffen hatte, der einen Gabelschlüssel aus seinem Werkzeugkasten holte. Auch der Schornsteinfeger hatte einen kräftigen Biss ins Gesäß kassiert, nachdem er seinen Kehrbesen aus dem Kofferraum genommen hatte.

Wir lernten, sie niemals aus den Augen zu lassen, da wir einen Ausschluss aus der Hundehaftpflicht-Versicherung nicht riskieren konnten. Innerhalb der Familie aber war sie nach wie vor der liebste, treueste Hund, den man sich vorstellen konnte.

Wenn wir ihr eine Freude machen wollten, fuhren wir mit ihr zum Schwimmen an einen nahegelegenen kleinen See. Kaum sah sie Wasser, eilte sie auf ihren verstümmelten Vorderbeinen dem kühlen Nass entgegen und stürzte sich überglücklich in die Fluten. Das war sozusagen ihr Ausgleich für die Spaziergänge, die wir aufgrund ihrer Behinderung auf wenige Meter beschränken mussten. Ihr bester Freund unter den Hunden wurde Barry. Die beiden fraßen aus demselben Napf, teilten sich das große Kissen auf ihrer Schlafstätte und waren auch ansonsten immer zusammen.

Lisa, die dadurch ein wenig ins Hintertreffen geriet, suchte von da an mehr Anschluss bei meiner Tochter.

In einer Sache waren Barry und Kiara unterschiedlicher Meinung und das war alles, was mit Wasser zu tun hatte. Während Kiara beim Anblick von Regenpfützen verklärte Augen bekam, scheute Barry den Regen wie der Teufel das Weihwasser. Er brachte es sogar fertig, den Spaziergang abzubrechen und allein nach Hause zu laufen, wenn die Gefahr drohte, seine weißen Stiefelchen könnten nass werden. Selbst Morgentau an den Füßen trieb ihn zur Verzweiflung.

Er liebte es, in der Sonne zu dösen, Kiara bevorzugte einen kühlen Schattenplatz. Heißt es nicht immer, Gegensätze ziehen sich an? Bei den beiden schien es zu stimmen.

Kiaras Fell wuchs nach und nun sah sie endlich aus, wie man sich einen Neufundländer vorstellt. Das heißt natürlich, sofern man sich darunter überhaupt etwas vorstellen kann, denn einer unserer Freunde kannte diese Rasse überhaupt nicht und fragte am Telefon: „Wie sieht denn so ein Neunpfundländer aus?" Eine neue Hunderasse war geboren, blebt nur die Frage wo sich Neunpfundland befindet.

30...Django

An den Wochenenden herrschte auf unserem Anwesen Hochbetrieb. Zum einen kamen Leute wegen der Autoteile, die mein Mann bediente, zum anderen waren die meisten Pferdebesitzer da, um auszureiten oder ihre Pferde zu pflegen.

Moons Besitzer hatte zwei Kinder, eine Tochter, die zwei Jahre jünger war als unsere und einen fünfjährigen Sohn, der jedes Mal, wenn Vater und Tochter aufs Pferd stiegen, feuchte Augen bekam, weil er auch gerne reiten wollte.

Der Kleine war der geborene Reiter, aber da auch seine ältere Schwester die Ausritte auf Whisky nicht missen wollte, musste eines von den Kindern auf dem Hof bleiben. Das ging schon eine ganze Weile so, bis wir eines Tages eine Anzeige im Wochenblatt entdeckten. Angepriesen wurde ein schwarz-weißer Ponywallach im besten Pferdealter (welches immer das sein mochte) kinderlieb und gut geritten.

Nach einigem Hin und Her und inständigem Betteln der Kinder ließ unser Bekannter sich erweichen und wir fuhren los, das Pony zu begutachten. Der Reiterhof, den wir ansteuerten, machte einen sehr gepflegten, fast schon feudalen Eindruck. In verschiedenen Ställen befanden sich geräumige Boxen mit zum Teil sehr edlen Pferden. Hier herrschte noch mehr Betrieb als bei uns, was aber kein Wunder war, wenn man die Anzahl der Pferde berücksichtigte.

Als wir die ganzen Ställe durchkämmt und noch immer kein Pony und auch keinen Ansprechpartner gefunden hatten, beschlossen wir, im Wohnhaus unser Glück zu versuchen. Nachdem wir geklingelt hatten, erschien ein eleganter, junger Mann in Reithosen, die bestimmt eine Stange Geld gekostet hatten und fragte nach unserem Wunsch. Wir teilten ihm unser Interesse an dem Ponywallach mit und er ging voraus. Vorbei an den schönen Ställen mit den geräumigen Boxen führte er uns zur Rückseite eines Schuppens und da standen tatsächlich gleich acht Ponys auf einem Sandplatz. Als ich sie sah, musste ich erst einmal schlucken, denn die gepflegte Erscheinung der Stallanlage hatte sich bis in diesen Teil des Reiterhofes nicht fortgesetzt.

Der etwa achtmal zehn Meter große Platz bot keinerlei Schatten, dabei knallte gerade an diesem Tag die Sonne 30 Grad heiß vom Himmel. Wasser konnte ich weit und breit nicht entdecken, dafür aber ein Pony mit einem gewaltigen Sonnenbrand im Gesicht. Eines der armen Kreaturen sah besonders erbärmlich aus. Es wankte in der Hitze und ließ die Zunge aus dem Maul hängen. Klapperdürr stand es da als erwarte es in Kürze sein Ende. Zuerst dachte ich, es könne sich hierbei nicht um das Tier handeln, das in der Anzeige angeboten wurde, denn da war ja von schwarz-weiß die Rede und dieses hier war gelblich-braun.

Als der Mann dann doch auf dieses Pony zusteuerte, dauerte es eine Weile, bis ich begriff, dass die seltsame Farbe von Kot und Sand herrührte. Wir fragten nach dem Alter des Pferdchens, und erfuhren, er sei irgendwo zwischen fünfzehn und achtzehn Jahren einzuordnen. Zwischen fünfundzwanzig und dreißig hätten wir eher geglaubt.

Mein Mann schüttelte den Kopf, als unser Bekannter ohne weitere Fragen oder Verhandlungen die Geldbörse zückte und den stolzen Kaufpreis bezahlte. So schnell wie möglich verluden wir den angeschlagenen Wallach auf unseren mitgeführten Hänger und flohen mehr oder weniger.

Zu Hause angekommen, sperrten wir Django erst einmal in eine Einzelbox. In der schlechten Verfassung in der er war, hätte er sich in der Herde nicht behaupten können. Die Kinder schleppten Heu und Äpfel an, weil jeder das Gefühl hatte, Django müsse in den nächsten 24 Stunden zehn Kilogramm zunehmen, wenn wir nicht nur ein Skelett im Stall haben wollten.

Er machte sich gleich über sein Tränkebecken her, fraß etwas Heu und sah danach gleich viel vergnügter aus. Am nächsten Tag versuchten wir aus dem vergilbten, verschmutzten Pony einen ansehnlichen Schecken zu zaubern. Wir bürsteten den Staub aus dem Fell und stolperten dabei über eine große, haarlose Fläche, die nässte und leicht blutete. Beim genaueren Hinsehen bewegte sich die Wunde und als sich herausstellte, dass sie von Maden befallen war, wurden einige von uns ziemlich blass um die Nase.

Der Kinder wegen mussten wir Erwachsenen uns zusammenreißen und schafften es schließlich, die Wunde von den ekligen Eindringlingen zu befreien und zu desinfizieren. Ich verbot den Kindern, Django auf die Weide zu bringen, weil ich mich vor uneingeweihten Beobachtern schämte. Also nahm jeder, der gerade Zeit und Lust hatte, Django mit in den hinteren Teil des Gartens, wo niemand ihn sehen konnte. Mein Mann war dennoch volle zwei Wochen fest davon überzeugt, das Pony am jeweils nächsten Morgen tot aufzufinden. Doch Django machte ihm einen Strich durch die Rechnung und blühte täglich ein wenig mehr auf.

Als er stabil genug schien, ihn mit den anderen zu vergesellschaften, brachten wir ihn in den Offenstall. Er erkundete seine neue Umgebung und rief bald nach seinen Artgenossen, als brenne er darauf, sie kennenzulernen. Einer nach dem anderen kam, um ihn zu beschnuppern und die Sache ließ sich gut an. Zumindest solange, bis Estella, die Bayern-Stute in den Stall kam. In einer plötzlichen Anwandlung von Antipathie zeigte sie Django ihre Kehrseite und keilte fröhlich drauf los.

Der arme Kerl geriet in eine Ecke und nur mit vereinten Kräften gelang es uns, ihn aus der Herde zu evakuieren. Man sah ihn deutlich aufatmen, als er außer Reichweite der wildgewordenen Estella in Sicherheit war.

Wir beschlossen, ihn wieder in seine Box zu bringen, um später für ihn eine Einzelweide abzustecken. Aber Django löste das Problem auf seine Art. Irgendjemand vergaß, seine Boxentür zu schließen und er befreite sich. Anstatt aber das Weite zu suchen, ging er lediglich über den Hof, fraß hier ein wenig Heu und dort etwas Gras und wieherte über den Zaun hinweg den anderen Pferden zu.

Mit der Zeit gewöhnten wir uns daran, an irgendeiner Ecke vom Hof Django anzutreffen, der rund um die Ranch graste und seine Box nur aufsuchte, wenn er müde war und seine Ruhe haben wollte.

Er wurde unser Maskottchen. Wenn die Sonne schien und die Insekten ihn zu sehr plagten, zogen wir ihm eine Fliegendecke über und schützten seine Ohren mit Textilschonern, die aussahen wie kleine Hörner. Die Fliegendecke hatte bald zahlreiche Löcher und Risse, weil Django an Ästen und Bäumen hängenblieb. Sein Aufzug erinnerte an einen Landstreicher und die Reiter amüsierten sich täglich darüber. Je länger er diese Freiheit genoss, umso lustiger und frecher wurde er. Kam jemand mit dem Auto und öffnete den Kofferraum, spähte er neugierig hinein. Es könnte ja etwas Essbares darin verborgen sein. Bei einer unserer Einstellerinnen hatte er tatsächlich mehr als einmal das Glück, in einem unbeobachteten Augenblick Äpfel und Brot zu klauen. Es konnte ihm ja doch niemand böse sein. Vor allem die Kinder hatten ihre helle Freude an dem alten Pony, das sie bei ihren Ausritten so sicher durch die Landschaft trug. Man konnte wirklich die Kleinsten auf seinen Rücken setzen, Django brachte sie unversehrt wieder heim. Wenn er merkte, wie auf seinem Rücken ein Kind den Halt verlor und zur Seite rutschte, versuchte er, das Ungleichgewicht mit seinen Pobacken auszugleichen und blieb sofort stehen.

Seine Zähne wurden geraspelt, damit er sein Futter wieder gut kauen konnte und die Hufe, die anfangs rissig und spröde aussahen, bekamen wieder Substanz.

Das wohl lustigste Erlebnis mit ihm hatten wir, als wir unser Haus um einen Anbau erweiterten. Die Männer, die die Backsteinmauern hochzogen, saßen um die Mittagszeit auf den Ziegelpaletten im Hof und packten

Getränke und Esstüten neben sich. Django schlich sich von hinten heran und erwischte eine Tüte mit Wurstsemmeln, mit der er im Galopp durch die Mitte verschwand. Die Hunde, die Wurst witterten, verfolgten ihn und dann wurde redlich geteilt: Die Semmeln für Django, die Wurst für die Hunde. Das ging einige Tage lang so, bis unsere Maurer endlich lernten, auf ihre Brotzeit achtzugeben. Bis dahin musste ich einige Male ausrücken, damit mir meine Arbeiter nicht verhungerten.

Einige Wochen später war dann der Estrich fertig und die Elektriker kamen, um die Leitungen im Neubau zu verlegen. Django sah die offene Terrassentür und nutzte die Gelegenheit, um sich in unserem zukünftigen Wohnzimmer umzusehen. Vielleicht wollte er auch die Handwerker kontrollieren, jedenfalls stand er in seiner Landstreicher-Montur mitten im Raum und dachte nicht im Traum daran, diesen wieder zu verlassen. Die Männer fanden das amüsant, sie meinten, so eine lustige Baustelle hätten sie noch nie gehabt.

Als Django nach wenigen Jahren an Altersschwäche starb, haben wir alle geheult wie die Schlosshunde. Er fehlte buchstäblich an allen Ecken und Enden. Noch lange danach rechnete man immer damit, ihn irgendwo auf dem Hof anzutreffen – mit seiner kaputten Fliegendecke und den Textilohren.

31...Anton, der Verfressene

Ich weiß, wie bei so vielen Katzen, die wir hatten, nicht mehr genau, wo er herkam. Anton war ein schwarz-weiß gefleckter Kater, noch ziemlich jung und immer hungrig. Wahrscheinlich musste er dort, wo er herkam, große Entbehrungen erlitten haben, denn so weit ich mich erinnern kann, war er Haut und Knochen, als er zu uns kam.

Anton fraß immer seine Schüssel leer und zwar in einem Tempo, bei dem die anderen nicht mithalten konnten. Kaum war er mit seiner Portion fertig, ging er zum nächsten Napf und fraß auch diesen leer. Danach litt er regelmäßig unter Bauchschmerzen, legte sich mit seinem vollgefressenen Bauch an den Teich und schrie zum Steinerweichen.

Ständig passten wir auf, dass nur ja nichts Fressbares irgendwo herumstand, denn Anton hörte nicht auf zu fressen, bis alles vertilgt war. Mehr als einmal ging es ihm so schlecht, dass der Tierarzt ihm ein Abführmittel verabreichen musste.

Es war aber nicht nur diese Eigenheit, die mir den Kater so nachhaltig in Erinnerung bewahrt, sondern seine ganze tapsige Art, die ihn in manche Schwierigkeiten brachte. Allein sein Aussehen verlieh ihm eine besondere Note. Die rosarote Nase prangte wie ein Farbklecks in seinem weißen Gesicht, seine riesigen gelben Augen blickten immer rund und voll auf sein Gegenüber, was ihm einen dauererstaunten Ausdruck bescherte. Das schwarze Fell zwischen seinen Ohren hatte die Form eines Mittelscheitels und kleidete den Rest seines Körpers wie ein Mantel, aus dem vier weiße Pfoten hervorlugten.

Er lebte sein Leben, als versuchte er ständig, sich wie eine Katze zu benehmen, schaffte es aber niemals wirklich. Als Beispiel dafür fällt mir sein Bemühen ein, an einem regnerischen Tag auf dem steilen Dach unserer Scheune einen Vogel zu fangen, ich glaube, es war ein Spatz.

Anton kletterte, plump wie er war, an der Trauerweide empor, brauchte dann etwa volle fünf Minuten, um sich aufs Scheunendach zu wagen, wo er in kauernder Stellung auf sein gefiedertes Opfer lauerte. Als er endlich lospurtete, war der Vogel längst in der Luft und Anton rutschte über die regennassen Dachziegel dem Abgrund entgegen. Die Regentraufe rettete ihn, jedoch hing er nur mit einer Vorderpfote an der Rinne über dem Abgrund. Er schrie wie am Spieß und da die Traufe in einer Höhe von sechs Metern über der Erde angebracht war, machte ich mir echte Sorgen um ihn. Panisch organisierte ich eine Leiter, um ihm zu Hilfe zu kommen, doch als ich sie eben anlehnen wollte, rauschte Anton neben mir in die Tiefe. Er fiel auf, oder besser gesagt in einen Haufen Bretter und verschwand.

Voller Sorge lief ich darauf zu und malte mir die schlimmsten Bilder aus: Anton, wie er mit gebrochenen Beinen, blutüberströmt in den Brettern hing. Plötzlich kam er ganz unten aus dem Haufen gekrochen, schüttelte der Reihe nach seine Beine und dann den Kopf und putzte sich erst einmal in aller Ruhe die Pfoten. Als er mich aus seinen kugelrunden Augen anglotzte, sah ich förmlich die Sprechblase über seinem Mittelscheitel: „Hast du gesehen, wie schnell ich unten war?"

Ein anderes Mal erklomm er die große Trauerweide am Teich, aus welchem Grund auch immer, und saß nach kurzer Zeit auf den dünnen Ästen ziemlich weit oben, die schon beim Gewicht einer Elster gefährlich schwankten. Voller Entsetzen hing er an den nachgebenden Zweigen und landete schließlich mit einem lauten Platschen im Teich. Er paddelte ans Ufer und schleppte sich, mit Entengrütze übersät, wie ein grünes Monster aus dem übelriechenden Wasser. An Land versuchte er nicht einmal, sich die Nässe aus dem Pelz zu schütteln, sondern kroch unter einen Strohhaufen, als schämte er sich seines Aussehens. Nur mit einer Schüssel Futter konnten wir ihn sehr viel später daraus hervorlocken. Die Entengrütze war mittlerweile getrocknet und bildete mit den Strohpartikeln ein abstraktes Muster in seinem Fell. Bis zum nächsten Tag machte er keine Anstalten, sich das Zeug aus seinem schwarzen Mantel zu putzen, so dass ich ihn baden und bürsten musste.

Trotz alledem war Anton nach wie vor ein Freund des Wassers. In unserem Gartenteich schwamm keine Entengrütze, sondern Seerosen in verschiedenen Farben. Eines Tages kam er auf die absurde Idee, auf den Seerosenblättern den Weiher zu überqueren und versank vor unseren Augen, ohne wieder aufzutauchen. Bei meinem Versuch, ihn aus dem nicht allzu tiefen Wasser zu ziehen, stellte ich fest, dass er sich mit den Hinterbeinen komplett in den Seerosen-Stängeln verfangen hatte und ohne meine Hilfe ganz sicher ertrunken wäre.

Trotz seiner zahlreichen Bemühungen, sein Leben vorzeitig durch irgendeinen aberwitzigen Unfall zu beenden, lebte Anton über zwölf Jahre bei uns. Meine Familie und ich sind bis heute davon überzeugt, dass, wenn er ein Mensch gewesen wäre, man bei ihm geistige Minderbemittelung diagnostiziert hätte.

Er starb so skurril, wie er gelebt hatte. Ich fand ihn eines Morgens zusammengerollt in einem Plastikeimer, den er sich oft zum Schlafen ausgesucht hatte.

32...Walter

Drei Jahre, nachdem wir Gabi und Resi, die beiden Zwergziegen, bei uns aufgenommen hatten, brachte ein entfernter Verwandter ein schneeweißes Ziegenböckchen zu uns. Der Ärmste hatte es als Hochzeitsgeschenk bekommen und wusste nun absolut nicht, wohin mit dem Tier.

Zuerst freute ich mich über das Geschenk, vor allem für die beiden Ziegendamen. Doch als Walter, wie ich ihn taufte, heranwuchs, war sehr schnell klar, dass es sich keinesfalls um eine Zwergausführung handelte. Schon nach wenigen Monaten überragte der Bock die Damen fast um das doppelte. Als er ausgewachsen war, hatte er die Größe eines Esels erreicht.

Da Walter sehr menschenbezogen war, spielten wir in seiner Kindheit gerne und oft mit ihm. Seine kräftigen, leicht gebogenen Hörner verleiteten uns immer wieder zum Kräftemessen, indem wir seinen Kopfschmuck mit den Händen umfassten um ihn auf Abstand zu halten. Als er dann groß war, spielte er dieses Spiel noch immer gerne, im Gegensatz zu uns. Nicht selten kam es vor, dass ich meinen Mann zu Hilfe rufen musste, weil Walter mich wieder einmal ohne böse Absicht an die Schuppenwand drückte und ich ihn alleine nicht abwehren konnte.

Noch eine unliebsame Begleiterscheinung seines Erwachsenwerdens war der bestialische Geruch, den er verströmte. Man konnte ihn sozusagen zehn Meter gegen den Wind riechen, und das ist bei Weitem keine Übertreibung. Jeder versuchte, so gut es ging, ihn bloß nicht anzufassen, weil man auch nach zahlreichen Händewäschen den Geruch nur schwer wieder los wurde.

Die Zwergziegendamen lebten brav in ihrem Gehege, nicht so Walter. Immer wieder schaffte er es, aus der Umzäunung auszubrechen und Unheil zu stiften. An einem einzigen Nachmittag erledigte er die jahrelang mühsam gepäppelten Heidelbeerstauden, so dass man nur noch das Gehölz knapp über der Wurzel erahnen konnte. An einem anderen Tag fielen ihm die Strauchrosen meiner Schwiegermutter zum Opfer, welche mir natürlich sofort unterstellte, ich hätte den Bock eigens zu diesem Zweck auf den Hof geholt.

Er enterte das Büro meines Mannes und fraß einige Kaufverträge und sogar einen ganzen Fahrzeugbrief auf. Im Flur fand er eine achtlos abgestellte Schachtel mit Schnapspralinen, die er mitsamt Inhalt vertilgte. Kurz nach diesem Genuss verdrehte er seine Echsenaugen und wankte in Richtung Stall, wo er ächzend seinen Rausch ausschlief.

Von da an schien er süchtig nach Süßigkeiten zu sein, denn wann immer eines der Kinder einen Schokoriegel oder Kekse in der Hand hielt, versuchte er hartnäckig an die Leckereien zu gelangen.

Er hasste es, nass zu werden, und als es eines Tages, als er wieder einmal auf dem Hof umherstreunte, zu regnen anfing, rettete er sich in Hassos ehemalige Hundehütte. Ziegenböcke sind die stursten Wesen, die mir je untergekommen sind, denn als es schon lange zu regnen aufgehört hatte, schlugen alle Versuche, Walter aus der Hütte zu holen, fehl. Mit aller Macht strebte er immer wieder vorwärts, wo ihm die Hüttenwand den Weg versperrte. Ihn herumzudrehen war unmöglich und so blieb keine andere Wahl als die Hundehütte zu zerlegen. Mein Mann hat während dieser Aktion geflucht wie ein Holzknecht. Der Ziegenbock stolzierte nach seiner Befreiung ohne Dank von dannen. Walters Geschlechtsreife stellte uns vor ein weiteres Problem. Keinesfalls durften Gabi und Resi von ihm schwanger werden, die unterschiedliche Größe hätte ein Gebären der Kitze unmöglich gemacht. Aus diesem Grund vereinbarten wir einen Kastrationstermin. Vorsorglich sperrten wir Walter bis zum Eintreffen des Tierarztes in den ehemaligen Hühnerstall, um bei Bedarf nicht hinter ihm herjagen zu müssen.

Diese Entscheidung sollte sich als die fatalste erweisen, die ich je getroffen habe. Im Hühnerstall befand sich außer den Legekästen mit den davor angebrachten Sitzstangen ein kleines Fenster. Walter, der aller Wahrscheinlichkeit nach an diesen Ausguck gelangen wollte, verfing sich mit seinen Hörnern in der oberen Stange und konnte sich nicht daraus befreien.

Als der Tierarzt eintraf, fanden wir ihn mit eingedrücktem Kehlkopf, auf den hinteren Beinen stehend. Dieser traurige Vorfall hat mich gelehrt, bei der Unterbringung von Tieren, und sei es für noch so kurze Zeit, jedes denkbare Risiko aus dem Weg zu räumen.

Trotz all der Probleme, die wir mit ihm hatten, vermissten wir Walter schmerzhaft. Seine eindrucksvolle Persönlichkeit hat keiner von uns vergessen.

33...Molly

Wir waren wieder mal auf Pferdesuche. Die Tochter einer unserer Einstellerinnen hatte ihre Liebe zu Friesen entdeckt und nun durchforsteten wir die Tiermarktanzeigen sämtlicher Zeitungen und fragten uns durch die Pferdeszene nach dieser Rasse.

Wir fanden einige Angebote, die Preise aber waren horrend. Eines Tages stieß ich zufällig auf einen Aushang im Supermarkt, auf dem eine einjährige Friesen-Mix Stute angepriesen wurde. Nachdem die Interessentin dort angerufen hatte, fuhren wir zusammen mit ihrer Mutter zur Besichtigung.

Ein älterer Herr empfing uns und führte uns in den Pferdestall, das heißt, eigentlich handelte es sich um einen Kuhstall, von dem etwa ein Drittel für die Pferde abgegrenzt worden war. Wir kamen an zwölf Kühen vorbei, die in der mir so verhassten Anbindehaltung ihr Dasein fristeten und landeten vor zwei riesigen Boxen, in denen wohl früher einmal die Stiere untergebracht waren. In Anbetracht der vielen Pferde, die sich jetzt dort befanden, verschlug es uns die Sprache.

Auf einer Gesamtfläche von zwanzig mal zehn Meter versuchten an die fünfundzwanzig Warmblüter und deren Fohlen nicht übereinander zu stolpern. Viele der an sich schönen Tiere hatten Bisswunden an allen möglichen Stellen des Körpers. In den hintersten Ecken lagen einige Jungtiere, darunter auch die ausgeschriebene Friesen-Mix Stute. Der Mann trieb mit einem Stock die verschreckte Herde auf eine Seite und legte der Stute ein Halfter an. Als sie sich erheben wollte, bemerkten wir ihr dick angeschwollenes Vorderbein. „Wahrscheinlich ist ihr einer draufgetreten" murrte der Verkäufer unwillig. „Sind lauter Wilde da drin".

Er führte die Jährlings-Stute in den Mittelgang, wo wir sie betrachten konnten. Ihr dunkles Fell starrte vor Schmutz, vor allem an der Bauchunterseite klebten Fell und Dreck in einer einzigen, dicken Kruste, die wie eine Schale aussah. Die Wunde am Vorderbein, die die starke Schwellung verursachte, war außer mit getrocknetem Blut und Eiter ebenfalls mit Schmutz überzogen.

Für mich stand außer Frage, dass ich den Tierschutz sofort nach Verlassen des Stalles informieren würde. Das einzige, was man dem Mann zu Gute halten konnte, war der gute Ernährungszustand der übrigen Pferde. Von der Stute, die er uns eben vorstellte, konnte man dies leider nicht behaupten. Vermutlich war sie durch die Schmerzen im Bein sehr geschwächt und daher nicht in der Lage, um ihr Futter zu kämpfen.

„Nun, wie sieht`s aus?" fragte der Mann nach einer Weile. „Wollt ihr das Pferd nun oder nicht? Ich hab nicht den ganzen Tag Zeit." Die Interessentin schüttelte den Kopf und meinte „Da hole ich mir von vorne herein den Tierarzt ins Haus und dann weiß ich noch nicht mal, ob man das arme Ding je reiten kann. Nein, danke, ich sehe mich lieber nach einem gesunden Tier um."

„Ihre Sache, wär aber billig gewesen, der Gaul. Hätt ich Ihnen für 200 Mark gegeben. Da krieg ich vom Schlachter noch mehr. Überlegen Sie sich`s."

Die Angesprochene lehnte erneut dankend ab und der Kerl machte Anstalten, das Pferd wieder in die Box zu bringen. Plötzlich hörte ich mich sagen: „Warten Sie, ich nehme sie."

Ich hatte ein total schlechtes Gewissen, weil ich den unerwarteten Pferdekauf nicht vorher mit meiner Familie abgesprochen hatte. Andererseits hätte ich das arme Wesen mit den traurigen Augen keinen Tag länger in dieser Hölle wissen mögen. So fuhr ich zur Bank, holte die 200 Mark und organisierte mir anschließend einen Anhänger. Noch am gleichen Nachmittag kam Molly in die Genesungsbox auf unserem Hof. Der Tierarzt versorgte am Abend noch die Wunde, die, wie er meinte, durch einen Tritt eines anderen Pferdes entstanden war. Kein Wunder bei diesen Verhältnissen. Der Tierschutz war schon informiert über die unhaltbaren Zustände und es dauerte keine drei Wochen, bis man dem verantwortungslosen Kerl alle Pferde wegnahm.

Nach einigen Wochen stand fest, dass Mollys Bein zwar vollständig ausheilen würde, sie aber sehr wahrscheinlich für den Rest ihres Lebens einen Spezialbeschlag tragen musste. Das Röhrbein wies eine leichte Fehlstellung auf, die man dadurch aber auszugleichen vermochte.

Molly, die schon als Jährlingsstute eine beachtliche Größe aufwies, wuchs zu einer wahren Riesin heran. Vom Friesen hatte sie lediglich die schwarze Farbe geerbt. Ihr Fell trug keinerlei Abzeichen, auch der Beinbehang fehlte. Am liebsten mochte ich ihre sanften, braunen Augen. Sie zeigte sich stets aufmerksam, immer bemüht, nur ja alles richtig zu machen, was man von ihr verlangte. Anfangs bedingt durch ihre Behinderung, später aufgrund ihres ausgesprochen ruhigen Wesens, beteiligte sie sich niemals an ausgelassenen Rangeleien ihrer Artgenossen, kam aber mit allen gut zurecht.

Eine gute Freundin von mir, die mein uneingeschränktes Vertrauen besitzt, erklärte sich bereit, Molly fast vierjährig zuzureiten. Die Tatsache, dass sie an einem Dienstag zum ersten Mal auf Mollys Rücken saß und am darauffolgenden Donnerstag mit ihr zum zwei Kilometer entfernten Krämerladen ritt, zeigt, welch phänomenal ausgeglichenes Wesen diese Stute hatte. Ich habe meinen spontanen Kauf keine Minute bereut.

Ein Jahr später habe ich Molly aus Gründen, die ich in den nächsten Kapiteln erläutern möchte, verkauft. Ich weiß aber, dass sie den besten Platz bekommen hat, den ich für sie finden konnte. Ihre Besitzerin ruft mich nach all den Jahren immer noch in unregelmäßigen Abständen an und berichtet mir von ihr, wobei sie sich jedes Mal bei mir bedankt, so ein tolles Pferd bekommen zu haben.

34…Whisky und Brandy

Etwa drei Jahre, nachdem Molly zu uns kam, erzählte eine Freundin mir von einem ehemaligen Kuhstall ganz in unserer Nähe, in dem seit kurzer Zeit Pferde gehalten wurden. Die Zustände dort wären fatal und die Pferde sollten nun evakuiert werden.

Der Besitzer hatte sich nach einer Anzeige beim Veterinärsamt verdünnisiert und die Leute vom Tierschutz suchten nun verzweifelt nach Ställen, die die Pferde aufnehmen konnten. Obwohl bei uns der Platz mittlerweile ziemlich knapp wurde, wollte ich für kurze Zeit ein bis zwei Tiere bei mir einquartieren, bis über ihr weiteres Schicksal entschieden würde.

Wir fuhren die paar Kilometer und meine Freundin dirigierte mich zu dem besagten Stall. Schon im Außenbereich sahen wir sechs Fohlen, die ohne Hilfe den nächsten Tag nicht mehr erlebt hätten. Mager, mit stumpfen Augen standen sie teilnahmslos in der Umzäunung und ließen die Köpfe in einer Weise hängen, die man wohl als Hoffnungslosigkeit bezeichnen konnte. Es ist nicht meine Art, Tiere zu vermenschlichen, obwohl ich sie sehr liebe, aber dieser Anblick erinnerte mich an eine KZ-Befreiungsaktion.

Im Innern des sogenannten Drehstalles setzte sich das Elend, das wir draußen schon gesehen hatten, auf grauenvolle Weise fort. Ein Haflinger stand mit ausgerenkter Hüfte, hilflos den Rempeleien der anderen, völlig verstört wirkenden Pferde ausgesetzt. Viele der Tiere lahmten, hatten Verletzungen vor allem im Beinbereich und konnten sich kaum von der Stelle bewegen. Der Grund für diese Tatsache war die Anordnung der Anlage, wie uns die Frau vom Veterinärsamt erklärte. Auf der Rückseite des Stalles befand sich eine betonierte Erhöhung, die ein wenig wie eine Rutschbahn aussah. Sie führte zu einer Tür, von der aus man die Weidefläche sehen konnte. Die Pferde mussten, wenn sie in den Stall wollten, durch diese Tür, rutschten auf der Beton-Schräge aus und verfingen sich zu allem Überfluss am Ende der Rutschpartie in einer zehn Zentimeter breiten Entmister-Rinne. Die Anlage umfasste insgesamt neunzehn Pferde, darunter sechs Fohlen verschiedener Rassen. Einen Welsh-Cob hatte man auf der Stelle eingeschläfert, er hatte zwei mehrfach gebrochene Vorderbeine. Die nächsten Todesspritzen bekamen die Haflingerstute und ein Araberfohlen, deren ausgerenkte Gliedmassen zu lange unbehandelt geblieben waren, als dass man sie noch hätte behandeln können.

Die einzigen unversehrten Pferde hatte man nach draußen gebracht, alle im Stall befindlichen Tiere, die nicht getötet werden sollten, warteten auf den Transport in die Tierklinik.

Uns liefen die Tränen nur so über die Wangen, als wir das ganze Ausmaß der Tragödie erfuhren und wir gingen wieder hinaus zu den apathisch wirkenden Fohlen. Ein kleines mageres Pony erinnerte mich an meinen Whisky und bei genauer Betrachtung stellte sich heraus, dass der Kleine sein Bruder hätte sein können. Die gleiche Farbe, dieselben weißen Stiefelchen, das Krötenmaul, die Laterne, die die Augen nicht miteinbezog, die Punkte auf der Nase und das edle Köpfchen – die Ähnlichkeit war frappierend. Ein Mann, der zur Tierschutz-Organisation gehörte, fragte uns, ob wir Interesse an dem Ponyfohlen hätten. Ich konnte nicht anders, ich musste „ja" sagen.

Man würde eine Platzkontrolle vornehmen und nach Zahlung von einer Schutzgebühr von 100 DM ginge das Fohlen in meinen Besitz über. Es müsse nur schnell gehen, weil Pflegeplätze fehlten. Er brachte unser Fohlen schon eine Stunde später, nachdem ich ihm den Weg erklärt hatte, und freute sich über die schöne neue Heimat, die es nun bewohnen würde. Ich zahlte die 100 DM und erhielt einen Schutzvertrag, der mich als neue Besitzerin auswies.

Das Pony hatte natürlich keinen Namen und so war meine Tochter gefragt, die immer die besten Ideen in diesen Angelegenheiten hatte. Er sah wirklich aus wie das kleinere Spiegelbild von Whisky und so nannten wir ihn „Brandy". Die beiden waren von der ersten Sekunde an unzertrennlich, so als hätte jeder auf den anderen gewartet. Wenn Whisky mit einem Kind ins Gelände ging, durfte Brandy als Handpferd mit, weil er zu Hause ein herzzerreißendes Gewieher anstimmte, bis sein Freund wieder da war. Anfangs hatte er arg schlechte Hufe, die sich aber bald besserten und so war nichts dagegen einzuwenden, ihn mitlaufen zu lassen. Bald schon wurde er nicht einmal mehr angeleint, weil er sowieso keinen Schritt von Whiskys Seite wich.

Zu den anderen Pferden suchte er von sich aus keinen Kontakt. Er hielt zwar still, wenn eins der Tiere ihn beschnupperte, versuchte aber nie, mit einem anderen Freundschaft zu schließen.

Wenige Monate nach Brandys Ankunft fiel uns beim Putzen auf, dass Whiskys Wunde am Bein aufgebrochen war. Es handelte sich um die alte Verletzung, bei der er sich die Fessel geknebelt hatte. Über die Narbe waren nie Haare gewachsen und aus einer winzigen Öffnung trat von Zeit zu Zeit etwas Wundflüssigkeit aus. Der Tierarzt kontrollierte in regelmäßigen Abständen den Zustand des Hinterbeins, wertete es aber lediglich als Handicap, das man im Auge behalten sollte.

Plötzlich war aus der kleinen Abflusswunde ein etwas breiterer Riss geworden, der auch leicht blutete.

Der Arzt legte ihm einen Verband an, den wir mit Rivanol feucht halten sollten. Nach einer Woche verheilte der Riss und neben dem ursprünglichen Abfluss-Loch hatte sich eine Art Warze gebildet. Whisky hatte keine Schmerzen, wurde aber trotzdem in dieser Zeit nicht zum Reiten eingesetzt, um sein Bein nicht unnötig zu belasten. Während er den Verband trug, verbrachte er seine Zeit in der Einzelbox, die auch für Brandy noch groß genug war, so war keiner der beiden allein.

Es vergingen wieder einige Wochen, der Herbst hatte angefangen und Whiskys Wunde nässte und blutete wieder. Der Anguss-Verband, der beim ersten Mal so tolle Wirkung gezeigt hatte, brachte dieses Mal keine Wirkung. Die Wunde wurde größer und größer und an den Wundrändern bildete sich wildes Fleisch. Kurz vor Weihnachten brachten wir Whisky in die Tierklinik, um das Bein operieren zu lassen. Der Eingriff verlief erfolgreich, schon nach einer Woche durften wir unser Pony mit nach Hause nehmen, wo sein treuer Freund ihn schmerzlich vermisst hatte. Den Weihnachtsabend verbrachte ich zum größten Teil im Stall, um Whiskys Verbände zu wechseln und die Einstreu sauber zu halten, um Infektionen zu vermeiden.

Wir sangen unsere Weihnachtslieder im Stall, was den Pferden gut gefiel und freuten uns ungemein über Whiskys Genesung. Die Freude hielt leider nur einen Monat vor, denn so lange dauerte es, bis die bis dahin gut verheilte Wunde wieder aufbrach.

Der Tierarzt, der Whisky nun schon seit zwölf Jahren behandelte, setzte zum ersten Mal ein sorgenvolles Gesicht auf und meinte: „Wenn der Wundherd auf den Knochen übergreift, können wir nichts mehr für ihn tun." Ich fiel aus allen Wolken. Das konnte doch nicht wahr sein. Mein erstes Pony, der einzige Grund, warum die anderen Pferde alle bei uns waren, mein bester Freund, von dem ich in all den Jahren so viel gelernt hatte, er durfte einfach nicht sterben. Ich wollte keinen Gedanken daran verschwenden.

Für alles, was danach passiert ist, schäme ich mich bis heute in Grund und Boden. Ich habe das Liebste in meinem Stall viel zu lange gequält, weil ich es nicht wahrhaben mochte, wie schlecht es ihm ging. Weil nicht sein konnte, was nicht sein durfte.

Im April brachte ich ihn auf drei Beinen noch einmal in die Tierklinik, nachdem sämtliche Ärzte, die ich in meiner Verzweiflung bemühte, keine Behandlungsmöglichkeit sahen. Die Diagnose war auch dort niederschmetternd. Der Knochen war in einer Weise angegriffen, die eine Operation sinnlos machte. Ich schrie und weinte, ich verfluchte die Ärzte, die mein Pony nicht retten wollten. Mein Mann entschied dann, dass wir dem Elend ein Ende machen mussten. Letztendlich sah ich es viel zu spät ein. Noch in der Klinik erlösten die Ärzte in meinem Beisein meinen Whisky von seinen Schmerzen. Ich hielt seinen Kopf in meinem Schoss, denn trotz all meiner Trauer hätte ich es mir niemals verziehen, wenn ich ihn auf seinem letzten Gang allein gelassen hätte.

Ich haderte mit mir, denn wäre ich nicht so blind gewesen, hätte Whisky zu Hause in seiner gewohnten Umgebung sterben dürfen. Die Zeit danach war schrecklich. Ich konnte Brandy nicht mehr ansehen, weil er mich zu sehr an Whisky erinnerte. Die Genesungsbox habe ich nie mehr betreten, wir haben sie später in einen anderen Stalltrakt eingebaut. Während ich diese Zeilen schreibe, rinnen mir auch jetzt noch, nach über zehn Jahren, seit denen Whisky tot ist, die Tränen nur so herunter. Ich werde ihn nie vergessen.

Aber ich werde auch nie mehr ein Tier aus Selbstsucht so lange leiden lassen.

Oft noch dachte ich an die Episode mit Whisky, als ich im Winter schwer stürzte und nicht mehr aufstehen konnte. Verzweifelt rief ich um Hilfe, aber niemand hörte mich. Da kam mein unglaubliches Pony, das einen Heidenrespekt vor Stromlitzen hatte, durch drei stromführende Absperrbänder an meine Seite. Ich bekam seinen Schweif zu fassen und auf diese Weise gelangten wir beide in den Hof, wo mich endlich mein Mann fand und ins Haus trug. Glauben Sie mir, so ein Tier zu verabschieden, tut furchtbar weh, weil es ebenso wie Hasso und Bär-Bär zu den ganz besonderen zählte. Wenn ich drei Wünsche frei hätte, würde ich mir genau das wünschen: Die Wiederkehr dieser drei Tiere.

35...Max

Als Whisky noch lebte, aber schon sehr krank war, versuchten zahlreiche Freunde und Pferdebesitzer, mich auf andere Gedanken zu bringen. Sie luden mich zu verschiedenen Festen und Veranstaltungen ein. Bei den meisten lehnte ich ab, mir war in dieser Zeit nicht nach Feiern zumute.

Als Gerhard, ein benachbarter Pensionspferde-Halter uns zum Hoffest einlud, konnte ich mein Kommen schlecht verweigern, wollte ich ihn nicht brüskieren. Obendrein hatte ich ihm meine Hilfe in der Küche zugesagt und nun mochte ich ihn nicht hängen lassen.

Nachdem die ca. vierzig Mann, die dem Fest beiwohnten, abgefüttert waren und das Geschirr wieder gespült auf der Anrichte stand, mischte ich mich unters Volk.

Ich lauschte hier und da den Gesprächen, so wie ich es immer tat, wenn ich die Leute nicht kannte, und schnappte eine Unterhaltung auf, bei der ich lange Ohren bekam. Ein Herr mit Cowboyhut, der an einem der Tische sein Bier trank, fachsimpelte mit ein paar anderen Männern über Doggen im Allgemeinen und seine eigene im Besonderen. Das interessierte mich natürlich und ich setzte mich dazu.

Aus dem Gespräch entnahm ich, dass er stolzer Besitzer eines Harlekin-Doggenrüden war, der im Zwinger lebte. Sofort tönten bei mir alle Alarmglocken, denn eine Dogge, und sei sie noch so groß, gehört natürlich ins Haus.

Wie immer musste ich mich natürlich sofort einmischen und ihn nach dem Grund für die Zwingerhaltung fragen.

Seinen weiteren Ausführungen entnahm ich, dass seine Freundin eine bekennende Hundehasserin war und er oft wochenlang beruflich im Ausland zu tun hatte. Der Hund wurde in dieser Zeit von einem Nachbarn versorgt, der aber in eher unregelmäßigen Abständen nach ihm sah. Aus diesen Gründen würde er sich schweren Herzens von dem tollen Tier trennen, wenn er denn einen guten Platz finden und er ihn hin und wieder besuchen dürfte.

Diesen Hund musste ich sehen. Da ich wegen meinem kranken Pony den Hof nur sporadisch verlassen konnte, vereinbarten wir ein Treffen für den darauffolgenden Tag bei uns auf dem Anwesen.

Der Mann kam mit einem Jeep, auf dessen Rücksitzbank der prächtige, schwarz-weiße Doggenrüde residierte. Die beiden stiegen aus und der Riese kam auf mich zu, um mich zu begrüßen. Irgendjemand hatte Barry und Lisa aus dem Haus gelassen und die beiden preschten nun mit Feuereifer heran, um den Fremden willkommen zu heißen. Der reagierte gelassen und das gegenseitige Beschnuppern endete mit Schwanzwedeln. Die drei waren sich auf Anhieb sympathisch.

„Er heißt Max", sagte der Mann, „und wie Sie sehen, ist er äußerst verträglich mit anderen Hunden. Auch Katzen mag er, solange sie ihm das Futter nicht vor der Nase wegklauen."

Ich war entzückt über den sanften Riesen und freute mich, dass es ihm auf Anhieb so gut bei uns gefiel. Mittlerweile stöberten die drei am Weiher entlang, als wären sie schon immer zusammen gewesen. Die alte Anka würde mit Sicherheit kein Problem darstellen, da sie sich erfahrungsgemäß mit allen vertrug. Der Mann sah mich hoffnungsvoll an und fragte: „Und, was meinen Sie? Könnten Sie sich vorstellen, Max hierzubehalten?"

„Oh ja, nichts lieber als das." Wir nahmen ihn mit ins Haus, stellten ihn Anka und den Katzen vor und ich zeigte ihm seinen Schlafplatz. Er enterte die Couch im Flur, wobei er sich in eine Ecke des Dreisitzers schmiegte. Barry nahm auf der gegenüberliegenden Seite die gleiche Position ein und Lisa versuchte, zwischen den beiden ein Plätzchen zu ergattern.

Bei einem Kaffee tauschten wir noch einige Erfahrungen im Umgang mit Doggen aus. Ich spürte genau, wie leid es dem Mann tat, seinen Hund in fremde Hände zu geben. Johann, so war sein Name, klagte über seine Freundin, weil sie sich vehement geweigert hatte, sich um Max zu kümmern. Es hätte ihm sehr weh getan, ihn während seiner beruflichen Abwesenheit wochenlang im Zwinger zu lassen. Wäre der Nachbar nicht gewesen, hätte der arme Kerl nicht mal Futter und Wasser bekommen. Das verstand ich nun gar nicht. Es ist eine Sache, keine Hunde zu mögen, aber sie deshalb hungern und dursten zu lassen? Ich konnte mir so etwas gar nicht vorstellen und überlegte insgeheim, ob Johann die Sache auf die Freundin abschob, und, um den Hund loszuwerden, bei mir Mitleid zu erwecken versuchte.

Als ich die Frau einige Monate später kennenlernte, wusste ich, dass er definitiv die Wahrheit gesagt und obendrein noch einiges verschwiegen hatte.

Max und Johann verabschiedeten sich voneinander und ich merkte, wie sehr der Hund ihn mochte. Trotzdem blieb Max brav bei mir und war auch in Abwesenheit seines Herrchens ruhig und aufmerksam. Die alte Anka behandelte er mit Respekt, die Katzen ignorierte er völlig.

Meinen Mann, der seit einiger Zeit als Fernfahrer die ganze Woche über unterwegs war, informierte ich abends am Telefon über unseren Familienzuwachs. Wider Erwarten zeigte er sich erfreut über meine Entscheidung, denn seit ich mit unserer Tochter den größten Teil der Woche allein auf unserem Einödhof lebte, machte er sich manchmal Sorgen um uns.

Mehrere große Hunde verringerten seiner Meinung nach die Chancen von Dieben und Einbrechern. Ich machte mir in dieser Hinsicht keine Gedanken und auch unsere Tochter war kein ängstliches Kind. Oft lief sie nachts allein in den Stall, wenn sie sich Sorgen um die Tiere machte. Aber, egal aus welchen Gründen auch immer, Hauptsache Max wurde ein von allen geliebtes Familienmitglied.

In den folgenden Tagen kristallisierte sich eine Eigenschaft heraus, die er sein Leben lang beibehalten sollte. Sobald ich meine Hundemeute morgens aus dem Haus ließ, drehte Max seine „Runden". Er suchte sich einen Platz auf einem freien Feld oder einer Wiese und zog dort im Durchmesser von zehn bis fünfzehn Metern seine Kreise. Dabei rannte er, als ginge es um sein Leben. Die überdimensional großen Hängeohren flatterten im Wind und durch die Geschwindigkeit wurden seine Lefzen nach hinten gezogen. Das sah so lustig aus, jeder, der ihn dabei beobachten konnte, lachte sich einen Ast. Nach unzähligen Runden brach Max abrupt ab und lief in seinem federnden Gang die Zufahrt hinab, um sein Geschäft zu verrichten.

Abends wiederholte er seine Kreisrunden, um dann hundemüde die Couch zu erklimmen, die für die vier großen Hunde nun viel zu klein war. Wir hatten zwar zahlreiche Decken und Hundebetten in jedem Raum liegen, aber die Couch war für all unsere Hunde die Schlafstätte Nummer eins. Wer keinen Platz ergattern konnte, musste eben aufs Hundebett.

Im Jahr 2000, als Max etwa einen Monat bei uns lebte und ich mit Whiskys Pflege intensiv beschäftigt war, wurde meine Mutter sehr krank. In Anbetracht ihres Alters und ihrer Krankheit überlegten wir nun gemeinsam, dass es für alle Beteiligten die beste Lösung war, wenn sie bei uns einzog.

Wir erweiterten unser bestehendes Wohnhaus um einen Anbau und schufen Platz für ihr eigenes, kleines Reich. Das Häuschen, in dem sie bisher gewohnt hatte, vermieteten wir.

Diese Entscheidung brachte viele Vorteile mit sich. Die Hol- und Bringfahrten meiner Tochter erübrigten sich, weil meine Mutter ja jetzt bei uns lebte. Unsere damals dreiundvierzig Katzen teilten sich nun in zwei Haushalte auf, da Mama, als sie wieder gesund war, darauf bestand, sich an der Tierpflege zu beteiligen. Wir erledigten zusammen die Einkäufe, machten Spaziergänge mit den Hunden und teilten uns die Arbeit, wobei ich die Tiere im Stall und sie das Haus versorgte. Unsere Tochter half natürlich mit Feuereifer, aber Schule und Hausaufgaben gingen eben vor.

Nachdem wir den Umzug getätigt und Mamas Wohnung eingerichtet hatten, stand im oberen Flur eine überflüssig gewordene Zweisitzercouch mit Holzarmlehnen. Max kam, sah und siegte. Er betrachtete die Couch vom ersten Moment an als sein Eigentum und verteidigte sie eisern. Barry, Lisa und Anka hatten keine Gelegenheit, das Ding in Beschlag zu nehmen, weil er wie ein geölter Blitz die Treppe hinaufdüste, um nur ja der Erste zu sein. Kaum war er oben, machte er sich so lang wie es möglich war, damit nur ja kein Zweiter Platz gefunden hätte. Lediglich drei bis vier Katzen duldete er, die nachts auf und neben ihm schlafen durften.

Was ihm auch sehr zusagte, war die Tatsache, dass sich der Zweisitzer genau gegenüber unserer Schlafzimmertür befand. So war er morgens der Erste, der uns begrüßte.

Eines Nachts wachte ich durch ein entsetzlich lautes Geräusch auf, das ich mir auch nach längerem Hinhören nicht erklären konnte. Schließlich schaltete ich das Licht an und trat auf den Flur hinaus, um die Quelle des Geknatters zu ergründen. Im ersten Moment hatte ich an einen Specht gedacht, den Gedanken aber angesichts der Tageszeit gleich wieder verworfen. Meines Wissens sind Spechte nicht nachtaktiv. Was ich dann sah, war so unglaublich komisch, dass ich einen Lachanfall bekam:

Max hatte seinen Kopf auf die Armlehne gelegt. Dabei hing eine seiner Lefzen über das Holz, so dass sein Fangzahn damit in Berührung kam. Während er schnarchte, machte der Zahn dieses undefinierbare Geräusch in einer Lautstärke, die jeden aus dem Bett haute. Zusammen mit meiner Tochter und meiner Mutter stand ich im Flur und wir hielten uns den Bauch vor Lachen. Erst nach geraumer Zeit wachte Max auf und blinzelte uns verdutzt an.

Dieses Geräusch hörten wir noch viele Male, bis Mama ihm die Holzlehnen mit Schaumstoff verkleidete. Wir hatten wirklich Angst um seine Zähne.

Im Zusammenhang mit Max muss ich nun noch die traurige Geschichte von der Erkenntnis-Resistenz meiner Schwiegermutter erzählen. Wie ich in einem der früheren Kapitel schon angekündigt habe, führte ihr Pflanzenwahn, verbunden mit ihrem Baustahl-Fetischismus noch einmal zu einer mittleren Katastrophe. Max, der gerne im Steingarten die mir so verhassten Gartenzwerge klaute und in alle möglichen Verstecke brachte, stieß dabei manchmal die kunstvoll drapierten Ziersteine um, sehr zum Missfallen meiner Schwiegermutter. Als ich ihr daraufhin anbot, den sechs x vier Meter großen Steingarten einzuzäunen, meinte sie empört: „Oh Gott, wie das aussieht! Das lässt du schön bleiben."

Die rostigen Baustahlgitter-Teile, die sie anschließend um das Gärtchen rammte, waren natürlich die Augenweide schlechthin. Als ich sie darauf ansprach, zuckte sie nur mit den Schultern und ging hocherhobenen Hauptes ins Haus. Laut Übergabevertrag hatte ich mitsamt meiner Tochter in ihrem Garten kein Mitspracherecht und durfte auch keine Veränderungen vornehmen. Als Max nun eines Abends wieder Lust auf Gartenzwerge bekam und seinen Doggenkopf zwischen den scharfkantigen Gittern hindurchzwängte, blieb er mit einem seiner großen Ohren hängen und riss sich beim übereilten Rückzug ein etwa fünf Zentimeter großes Stück davon ab.

Als ich ihn unmittelbar danach ins Haus rief, tropfte das Blut unaufhörlich aus der Wunde. Im allerersten Moment sah ich nur das Blut auf seinen Pfoten und vermutete dort die Ursache der Verwundung. Erst als ich die Tropfen aus seinem Ohr registrierte, sah ich entsetzt, dass ein Stück davon fehlte. Er hielt vor Schmerz den Kopf gesenkt und schüttelte sich ein ums andere Mal.

Der Flur sah bereits nach wenigen Minuten aus wie ein Schlachthaus und ich wusste beim besten Willen nicht, wie ich die Blutung stoppen sollte. Noch während meines Anrufs beim Tierarzt wurde mit derart schwarz vor Augen, dass ich mich am Treppengeländer festhalten musste, um nicht umzukippen.

Die zehn Minuten bis zum Eintreffen des Arztes erschienen mir wie Stunden. Max ließ sich weder von ihm noch von mir am Kopf anfassen und so blieb uns nichts anderes übrig, als ihn an Ort und Stelle zu betäuben, was uns mit vereinten Kräften und gutem Zureden nach einer Weile gelang. Anschließend hievten wir den etwa 70 Kilo schweren Hund in den Caravan und fuhren mit ihm in die Tierarztpraxis.

Die Wunde zu nähen war völlig unmöglich und so bekam der arme Max zweiundzwanzig kleine Klammern in den blutenden Saum seines abgetrennten Ohrs, die elf Tage später wieder entfernt werden konnten.

Der einzige Kommentar meiner Schwiegermutter angesichts dieser Tragödie war: „Nun wird ihm das Zwerge-Klauen endlich vergehen." Mein Mann, der zwei Tage später von seiner LKW-Tour zurückkehrte und den arg verletzten Hund sah, machte kurzen Prozess. Er wuchtete jedes einzelne rostige Gitter aus dem Boden und warf es in den hintersten Teil unseres Alteisen-Containers. Danach versprach er hoch und heilig, sollte er noch ein einziges rostiges Eisenteil im Garten entdecken, würde er eigenhändig seine Mutter in den gleichen Container befördern und für seinen sofortigen Abtransport sorgen.

36...Trixi I

Nach Whiskys Tod lief ich monatelang wie traumatisiert durch die Gegend. Ich versorgte die Tiere und den Haushalt automatisch, aber ohne rechte Motivation. Meine Spaziergänge mit den Hunden beschränkten sich auf ein Minimum, ebenso die Stallarbeit, bei der ich die Pferde nicht an mich heranließ. Ich machte meine Arbeit wie ein Roboter und hatte Angst, Gefühle zu investieren. Dabei war Whisky nun wirklich nicht das einzige Tier, das ich geliebt hatte, und das gestorben war. Dennoch warf sein Tod mich derart aus der Bahn, dass ich alles um mich herum gar nicht mehr wahrnahm.

Mein Mann, der wusste, wie sehr ich an diesem Pony gehangen hatte, versuchte mich zu trösten, aber jeder Trost und jedes noch so gut gemeinte Wort prallte an mir ab. Ich hatte nicht einmal mehr die Kraft, mit meiner Tochter über Whisky zu sprechen, die in dieser Zeit bestimmt auch sehr unglücklich war.

Manchmal fuhr ich zu Gerhard, der ebenso wie ich eine kleine Pferdepension betrieb. Wir halfen uns gegenseitig bei der Futterbeschaffung und besprachen auch Probleme, die wir mit den Pferden und mit den Einstellern hatten.

Gerhard war in mancher Hinsicht ein Hallodri. Das Geld reichte bei ihm hinten und vorne nicht und auch mit der Stall- und Pferdepflege nahm er es manchmal nicht so genau. Aber er konnte jeden innerhalb kürzester Zeit aufheitern und trotz der sorglosen Art, die er an den Tag legte, war er ein guter Beobachter und Zuhörer. Und ausgerechnet er, der es selbst oft nicht so genau nahm mit seinen Pflichten, führte mir eines Tages vor Augen, was ich meiner Familie, meinen Tieren und mir selbst antat, wenn ich nicht bald aus meiner Lethargie erwachte.

Ich fuhr nach Hause und sah alles um mich herum ganz bewusst an. Meine Mutter, die mir jeden Tag so viel Arbeit abnahm und nie klagte. Meine Hunde, die mich liebten und immer für mich da waren, meine Pferde, die mir auf Gedeih und Verderb ausgeliefert waren und die vielen Katzen, die Futter, Pflege und Aufmerksamkeit verlangten. Mein Mann, der die ganze Woche im LKW schlief und das Geld heranschaffte, damit ich mir mein kleines Paradies leisten konnte und unsere Tochter, die mich brauchte. Dann setzte ich mich im Pferdestall ins Stroh und nahm Abschied – von Whisky, aber auch von meiner Trauer um ihn. Nichts würde ihn mir wiederbringen und deshalb nahm ich mir vor, denen, die mir geblieben waren, nun wieder ganz besondere Aufmerksamkeit zu schenken.

Von diesem Tag an ging es mir besser und auch mein Umfeld änderte sich zum Positiven. Nun hatte ich auch wieder Lust, das für den Herbst geplante Hoffest bei uns zu organisieren. Meine Einsteller bekamen eine Einladung, einige Freunde und Bekannte und natürlich Gerhard mit seinen Pensionsgästen. Sein Trupp wollte mit den Pferden anreiten. Der Weg war nicht sehr weit und für eine Nacht konnten wir die Tiere auf der Koppel unterbringen. Mein Mann spielte den Grillmeister, das machte er für sein Leben gern und unsere Tochter wollte sich um die Musik kümmern.

Gerhard kam schon am Nachmittag mit seinen Reitern an und führte ein Handpferd mit. Auf unsere Frage hin, was es mit diesem Pferd auf sich hätte, fing er erst mal an zu lachen. Sein Besitzer wollte auch am Fest teilnehmen, würde aber später mit dem Auto nachkommen, da er länger arbeiten müsse, als geplant. Dabei blinzelte Gerhard uns vielsagend zu. „Aha, wieder einer, der nicht zugeben mag, dass er Angst hat, zu reiten," erriet ich sofort. Er nickte und meinte: „Ja, und nicht nur das. Dieser Kandidat hat obendrein Angst vor Pferden, sogar vor seinem eigenen." Ich schüttelte ungläubig den Kopf. „Das gibt's doch nicht. Und wieso tut er sich das Ganze dann an?" Gerhard zuckte mit den Schultern. „Wenn du den Typen kennenlernst, kannst du es mir vielleicht beantworten, ich werde jedenfalls nicht schlau aus ihm."

Auf den Kerl war ich jetzt aber gespannt. Die Angst vor dem Reiten konnte ich ihm ja gut nachempfinden. Aber Angst vor Pferden? Ich kaufe mir doch auch keine Riesenspinne, wenn ich Angst davor habe. Andererseits zwingt mich auch keiner dazu, ich kann mich für ein Zwergkaninchen entscheiden oder einen netten Goldhamster. Diese Haltung entzog sich meinem Verständnis und ich konnte es kaum erwarten, mir ein Bild von dem Mann zu machen.

Lange musste ich nicht warten, denn kaum hatten Gerhard und seine Leute die Pferde auf die Weide gebracht, trudelte auch schon Rainer ein. Ich schätzte ihn auf etwa fünfzig Jahre, er war nicht allzu groß, trug eine Brille und stiefelte höchst wichtigtuerisch zu seinem Pferd, um sicherzugehen, dass es sein Ziel in einem Stück erreicht hatte. Lautstark belehrte er die Frau, die gerade damit beschäftigt war, seinen Criollo-Wallach auf die Koppel zu führen, wie sie das Halfter anzulegen habe. Beinahe wäre mir eine Bemerkung herausgerutscht, die auf „Selbermachen, statt andere anzubrüllen" ausgelegt gewesen wäre, biss mir aber im letzten Moment auf die Zunge. Ich wollte nicht schon vor dem Kennenlernen ausfallend werden.

In unserer für ihn fremden Gesellschaft war Rainer dann auffallend still und zurückhaltend. Mir fiel auf, dass unsere Hunde einen Bogen um ihn machten. Selbst als er ihnen von seinem gegrillten Steak ein Stück anbot, waren sie nicht dazu zu bewegen, in seine Nähe vorzudringen.

Nicht einmal Lisa, die einem Stück Extrafleisch nie abgeneigt war und manchmal auch klaute, was man ihr nicht freiwillig gab, wagte sich zu seinem Platz vor. Erst, als seine Banknachbarin sie von der anderen Seite lockte, holte sie sich den Leckerbissen aus ihrer Hand.

Nachdem Rainer dann sein viertes Bier in Angriff genommen hatte, wurde er gesprächig. Er erzählte von seiner Lebensgefährtin, die eine Operation vor sich hatte und von ihrem Hund, der dann die ganze Zeit über allein in der Wohnung wäre, weil sich keiner um ihn kümmern konnte. Er selbst sei berufstätig und komme an manchen Tagen erst spät in der Nacht von der Arbeit nach Hause.

Irgendjemand rief nach Getränken und ich machte mich auf den Weg, während Rainer sich zu meinem Mann an den Grill begab und ihn in ein Gespräch verwickelte. Für mich ergab sich bald darauf die Gelegenheit, mich mit den anderen Einstellern von Gerhard zu unterhalten. Ich erfuhr, wer sich ein neues Pferd gekauft hatte, wo die nächste Western-Veranstaltung stattfinden würde und wer sich in letzter Zeit einen Pokal geholt hatte. Nach dem anfänglichen Geplänkel kam die Rede dann auf Rainer, den anscheinend keiner der anderen richtig ernst zu nehmen schien. Eine junge Frau, die sich als Bianca vorstellte, kannte ihn schon längere Zeit und wusste einiges über ihn zu berichten. Er hatte laut ihrer Aussage schon das elfte Pferd in drei Jahren erworben, weil er angeblich mit keinem klar kam. Als ich sie nach seinem Hund fragte, meinte sie: „Wieso sein Hund? Das ist der Hund von Hedwig, seiner Lebensgefährtin. Die Frau ist schwer in Ordnung, aber Rainer macht mit seiner Sauferei ihr und dem armen Jack-Russel-Terrier das Leben schwer. Wenn er betrunken ist, tritt er grundlos den Hund durch die Wohnung und wenn Hedwig ihm zu Hilfe kommen möchte, kriegt sie mitunter auch noch einen Tritt ab. Ich verstehe nicht, warum sie den Kerl nicht rausschmeißt, sie hat nichts als Ärger mit ihm." Nun war ich im Bilde, und was ich da gehört hatte, gefiel mir ganz und gar nicht.

Etwas später am Abend gesellte ich mich zu meinem Mann, der nach Beendigung der Grillerei sein geliebtes Cola-Mix-Getränk genoss. Ich wollte ihn gerade über Rainer aufklären, da stand dieser auch schon hinter uns und schien erstaunlich nüchtern zu sein.

„Um noch einmal auf den Hund zurückzukommen," eröffnete er das Gespräch. „Gerhard meinte, ihr würdet ihn vielleicht in der Zeit nehmen, in der meine Freundin im Krankenhaus ist. Sie bekommt ein neues Knie und muss danach noch auf Reha. Es ginge also um einen Zeitraum von sechs bis acht Wochen. Vielleicht auch etwas länger, denn sie kann bestimmt einige Zeit nicht mit ihm spazieren gehen. Ich würde natürlich für die Verpflegung aufkommen, Hauptsache, er ist in guten Händen."

Da mir der kleine Hund unbekannterweise leid tat, sagte ich zu. So ein kleines Hundchen fiel in unserem Haufen bestimmt gar nicht auf und würde sich über Spielgefährten sicher freuen. Außerdem würde er zumindest in dieser Zeit keine Tritte abbekommen.

Bereits am Ende der nächsten Woche stand Rainer dann mit Trixi, der Jack-Russel-Hündin vor unserer Tür. Sie war eine Hübsche, weiß mit braunen Ohren und lustigen braunen Flecken auf dem Rücken. Doch sie benahm sich bei Weitem nicht so nett, wie sie aussah. Ununterbrochen bellte sie uns und unsere Hunde an und ließ sich durch nichts beruhigen. Ich nahm die mitgebrachte Leine, die Bürste und den Futternapf und meinte, es wäre fürs Erste das Beste, wenn Rainer das Feld räumen würde. Auf sich allein gestellt, würde sich ihre Respektlosigkeit den anderen gegenüber bald legen. Doch weit gefehlt. Kaum war ihr Herrchen weg, stürzte sie sich auf die Katzen, die, völlig überrascht von dem plötzlichen Angriff, das Weite suchten. Als ich ihr mit dem Zeigefinger drohte und laut „Nein" rief, geriet ich in den Fokus ihrer Wut und augenblicklich versuchte sie mich in den Finger zu beißen.

So etwas hatte ich noch nie erlebt und ich überlegte, wie ich der aggressiven Hündin beikommen konnte. Ich erinnerte mich an Biancas Worte und wollte den Hund nicht gleich am ersten Tag ausschelten. Schließlich kam mir die Idee, mit all unseren Hunden einen Spaziergang zu unternehmen, damit Trixi sich erst einmal ins Rudel einzufügen lernte.

Barry und Max kümmerten sich keinen Deut um das Gekläff des Neuzugangs. Lisa ließ allenthalben ein warnendes Knurren ertönen und die alte Anka bildete das Schlusslicht und schien den Kopf zu schütteln über so viel Frechheit.

Der Weg, auf dem wir üblicherweise unterwegs waren, hatte eine Länge von etwa 400 Metern. Trixi schaffte es auf dem Hinweg über die volle Distanz, Barry anzukläffen und immer wieder von hinten ins Bein zu beißen. Auf dem Rückweg hatte er nach fünfzig Metern die Schnauze gründlich voll davon. Er drehte sich mit einem Ruck um und packte sie ohne Vorwarnung am Wickel. Erst als sie völlig ruhig in seinem Maul hing und keine Gegenwehr mehr leistete, ließ er sie fallen. Den Rest des Heimwegs wackelte sie stumm und protestlos hinter den anderen her. Das war Lektion Nummer eins. Hätte ich gewusst, wie viele noch folgen mussten, um aus Trixi einen angenehmen Zeitgenossen zu machen, hätte ich sie ihrem Besitzer umgehend vor die Haustür gesetzt. Dieser kleine Terrier brachte mich an meine Grenzen und alle anderen zur Verzweiflung.

Sie bemerkte schnell, dass sie im Rudel den letzten Rang bekleidete und versuchte daher, sich besonders eng an mich anzuschließen. Kaum saß ich auf der Bank oder auf dem Sofa, klebte Trixi so eng wie möglich an meiner Seite. Wenn jemand anders, egal ob Hund, Katze oder Mensch den gleichen Anspruch erhob, ging sie auf ihn los wie eine Rakete. Trixi fackelte nicht lange, sie biss sofort zu. Mein Mann hatte des Öfteren Bisswunden an den Händen, wenn er mich abends vor dem Fernseher umarmen wollte. Die Katzen ließen es sich eine gewisse Zeit lang gefallen, dass Trixi hinter ihnen herjagte. Als es aber einmal für unseren Bär-Bär eng zu werden drohte, drehte er sich selbstbewusst um und zerfetzte Trixis Nase. Sie wurde dadurch zwar entsetzlich wütend, hielt aber in Zukunft gebührenden Abstand. Besonders schlimm wurde es, wenn Fremde unser Haus betraten. Sie attackierte sie mit Gebell und mit den Zähnen, so konnte es einfach nicht mehr weitergehen.

Klapse mit der Zeitung fruchteten überhaupt nicht, sie zerfetzte dann einfach das Papier, um sich für den Angriff zu rächen. Sehr schnell fand ich heraus, dass ihre Aggressivität einzig und allein auf ihre Unsicherheit zurückzuführen war. Um sie ein wenig selbstsicherer zu machen, lobte ich sie für jede Kleinigkeit und führte mit ihr zusammen das Rudel bei Spaziergängen an. Inzwischen hatte sie gelernt, die anderen Hunde mit Respekt zu behandeln, nur Lisa gegenüber benahm sie sich manchmal noch recht frech.

Um ihre Beiß-Attacken in den Griff zu bekommen, schickte ich sie bei derartigen Verfehlungen aus dem Zimmer und ließ sie zehn bis fünfzehn Minuten vor der Tür sitzen. Das interpretierte sie sehr schnell als Strafe fürs Zubeißen und schon einige Wochen nach ihrer Ankunft besserte sich diese Untugend.

Sie lernte, sich kämmen und die Ohren reinigen zu lassen, wofür sie mich einige Male böse angefletscht hatte. Bei mir wagte sie es jedoch niemals, die Zähne einzusetzen, so als wüsste sie, dass es allein auf mich ankam, ob sie blieb oder nicht. Ihr Frauchen hatte die Operation gut überstanden und war mittlerweile in der Reha-Klinik. Rainer hielt sein Wort und sorgte für Trixis Verpflegung. Er hielt uns über die Genesung seiner Lebensgefährtin auf dem Laufenden und staunte nicht schlecht über Trixis positive Entwicklung in den wenigen Wochen.

Trotz all der erfreulichen Ergebnisse, die ich bei der Hündin erzielte, sehnte ich den Tag herbei, an dem ich sie an ihr Frauchen zurückgeben konnte. An manchen Tagen vergaß sie einfach alles, was ich ihr beizubringen versuchte und fiel zurück in ihr mürrisches Wesen. Ihre Erziehung kostete mich so viel Kraft, wie ich das von keinem anderen Hund kannte. Abends war ich oft total erledigt, wenn sie meine Nerven durch ihren Ungehorsam und ihren Dickschädel wieder einmal überstrapaziert hatte.

Ich zählte die Wochen, bis Hedwig ihre Jack-Russel-Dame wieder in Empfang nehmen konnte und schwor mir, niemals einen Hund dieser Rasse ins Haus zu holen. Um so härter traf es mich, als Rainer eines Tages leichenblass in unserer Küche stand und mit tonloser Stimme verkündete, Hedwig sei an einer Lungenembolie ganz plötzlich verstorben. Ich weiß gar nicht mehr, welche Gedanken mir nach seiner Eröffnung durch den Kopf gingen.

Ich hatte die arme Frau nur flüchtig kennengelernt, deshalb konnte ich nicht um sie trauern. Aber es tat mir aufrichtig leid um Rainer und den Hund. Als er verkündete, er werde Trixi nun ins Tierheim bringen, wusste ich mit Sicherheit, dass diese Lösung nicht in Hedwigs Sinn gewesen wäre. Ich würde der Verstorbenen die letzte Ehre erweisen, indem ich Trixi endgültig bei uns aufnahm.

Ich habe diese Entscheidung noch oft in den nächsten Jahren bereut, aber immer, wenn ich in die braunen Augen der kleinen Hündin sah, schämte ich mich für meine Gedanken. Mit den Jahren wurde das Zusammenleben mit ihr immer erträglicher. Sie brauchte eben mehr Zuwendung als die anderen Hunde, vielleicht liegt das ja im Wesen dieser Rasse.

Mein Mann bedauerte es immer wieder, wenn Trixi ihm die kalte Schulter zeigte. Sie allein bestimmte, wer ihre Gunst verdiente. Umgekehrt hatte sie manchmal Lust, mit ihm zu kuscheln und wenn er ihr dann nicht sofort zu einhundert Prozent seine Aufmerksamkeit widmete, erleichterte sie sich in flüssiger Form direkt neben ihm auf den Teppich. Wie gesagt, manchmal war es nicht einfach mit ihr.

Wir fuhren mit den Hunden an die Inn-Auen und gingen kilometerweit spazieren. Zwischendurch setzten wir uns auf eine Bank zum Ausruhen. Trixi war, wie immer, sofort an meiner Seite. Mein Mann lockte sie zu sich hinüber, aber sie ignorierte ihn völlig und blieb, wo sie war. Nach einigen Minuten erhob sie sich und machte ein paar Schritte auf ihn zu. Er rief freudig: „Ach sieh mal, jetzt kommt sie freiwillig zu mir!" In diesem Moment würgte die Hündin und übergab ihren Mageninhalt auf den Schoß meines Mannes. Danach kam sie würdevoll zurück auf ihren Platz an meiner Seite und sah triumphierend zu ihm hinüber mit einem Gesichtsausdruck, der sagen mochte: „So, das hast du jetzt davon!"

Der so schändlich Bespuckte schimpfte und zeterte und ich lachte, bis mir die Tränen in die Augen traten. Das war Trixi, wie sie jeder kannte, eigensinnig, schlecht gelaunt und immer eine Überraschung auf Lager. Eine Diva eben.

37…Blizzard

Eines Morgens, als ich gerade mit dem Misten der Pferdeställe begonnen hatte, wurde ich auf einen Konvoi aufmerksam, der sich geradewegs auf unser Anwesen zu bewegte. Vier Fahrzeuge mit Pferdeanhängern rollten unseren Feldweg entlang, darunter Gerhards alter Jeep.

Als ich den ankommenden Fahrzeugen entgegen ging, sprang Gerhard auch schon aus seinem Wagen. Noch bevor die anderen Fahrer ihm folgen konnten, packte er mich am Arm und zog mich ins Haus.

„Du musst mir helfen" flüsterte er atemlos. „Ich habe Schwierigkeiten mit der Justiz. Meine Exfrau verlangt Unterhalt, den ich nicht bezahlen kann und nun sperren die mich ein. Am Wochenende habe ich einem Mann zugesagt, dass er fünf Pferde bei mir einstellen kann. Mein Freund

Klaus kümmert sich um die anderen Tiere auf meiner Ranch, aber diese fünf Pferde muss ich anderswo unterbringen. Kannst du sie für ein paar Wochen bei dir aufnehmen?"

Die Sache war zwar reichlich seltsam, aber Gerhard hatte mir oft geholfen, wenn Not an Mann war und darum wollte ich ihn in seiner Not nicht im Stich lassen und sagte zu.

Die fünf Pferde wurden also ausgeladen und in den Offenstall geführt. Der unerwartete Zuwachs stellte mich vor einige Probleme. Nach der Verträglichkeitsprüfung mussten die Gruppen neu sortiert und der Futtervorrat aufgestockt werden. Außerdem fiel natürlich jede Menge zusätzliche Arbeit an, die ich irgendwie bewältigen musste.

Unter den fünf neuen Pferden befand sich eine Stute mit einem schätzungsweise vier Monate alten Fohlen. Der kleine Hengst war ein echter Hingucker, lackschwarz, mit zwei weißen Fesseln an den Hinterbeinen und einem winzigen weißen Fleck auf der Stirn. Seine ebenfalls schwarze Mutter hatte den typischen Hechtkopf eines Arabers, überschritt aber deutlich die für diese Rasse übliche Größe.

Ein etwa zweijähriger Hengst, der ebenfalls sehr gut gebaut war, bestach durch äußerst harmonische Schwarz-weiß-Färbung und einem auffallenden Temperament in seinen Bewegungen. Die zwei braunen Wallache, die ebenfalls zu den Neuankömmlingen zählten, schienen schon älteren Baujahrs zu sein und benahmen sich sehr zurückhaltend. Gerhard war mit seinen Fahrern umgehend wieder von der Bildfläche verschwunden und ich kannte nicht einmal die Namen der Tiere.

Mein Mann war nicht gerade erfreut über die Neuankömmlinge, zumal wir nicht einmal wussten, wer der Besitzer war und wer für die Versorgung aufkommen würde.

Daher war ich sehr erleichtert, als am darauffolgenden Wochenende ein Mann anrief, der sich als der Besitzer der fünf Pferde vorstellte. Die Stimme am Telefon kam mir irgendwie bekannt vor, aber ich konnte kein Gesicht dazu finden. Er bat uns, die Tiere bis zum nächsten Monat bei uns zu behalten, danach werde er sich um den Abtransport in seinen eigenen Stall kümmern. Die gesamte Herde stammte aus einem Notverkauf, die ehemalige Besitzerin war ausgewandert und hatte sich von all ihren Tieren getrennt. Er selbst sei gerade im Ausland tätig und habe daher Gerhard mit der Abholung beauftragt.

Ich staunte nicht schlecht, als noch vor Ende des Monats das frühere Herrchen von Max bei uns auftauchte und sich als stolzer Besitzer der fünf Pferde zu erkennen gab. Nach einem überschwänglichen Begrüßungsritual von Seiten des Hundes gingen wir zum Pferdestall, wo Johann sich seinen Erwerb zum ersten Mal ansah. In Anbetracht des lächerlich niedrigen Preises hatte er die Herde sozusagen blind gekauft und sich auf Gerhard verlassen, der das Geschäft in seinem Namen abwickeln sollte. Anhand der Pferdepässe, die er mit sich führte, ermittelten wir die Namen und die Abstammung der jeweiligen Tiere.

Bei den braunen Wallachen handelte es sich um Quarter-Horses, die unaussprechlich lange Namen im Pass trugen, so dass wir uns auf „Sunny" und „Ozzy" einigten. Der schwarz-weiße Schecke hieß „Tom Dooly" und gehörte zur Rasse der Pintos.

Von der Stute und dem Fohlen fehlten sämtliche Papiere. Johann hatte lediglich die Information, dass es sich dabei um eine Shagya-Araberstute handelte, die auf den Namen „Eleila" hörte. Sie war angeblich mit einem Berber-Hengst gedeckt worden und von dem schwarz geborenen Fohlen erwartete man in den kommenden Jahren eine Schimmel-Färbung wie bei seinem Vater. Sein Name war daher „Blizzard".

Johann versprach, gleich nach seiner Heimkehr, den Stall für die neu erworbenen Tiere vorzubereiten und sie, sobald es ihm möglich war, abzuholen. In Anbetracht der beengten Unterbringung war ich sehr dankbar dafür. Er hielt Wort und schon zwei Wochen nach seinem Besuch holte ein Bekannter von ihm die ersten Pferde bei uns ab. Wir verluden die beiden Quarter-Horses und die Stute, Tom Dooly und das Fohlen sollten später abgeholt werden.

Blizzard war todtraurig über den Verlust seiner Mutter und schrie aus Leibeskräften. Ich tröstete ihn, so gut es ging und beschäftigte mich den ganzen Tag mit ihm, in der Hoffnung, der Fahrer würde bald auftauchen um die restlichen Tiere abzuholen. Stattdessen kam ein Anruf von Johann, der erklärte, er könne die beiden noch nicht unterbringen.

Seine Worte versetzten mich in Panik und ich hielt ihm augenblicklich eine Standpauke. „Wie stellst du dir das vor? Das Fohlen ist noch kein halbes Jahr alt und soll nun von plötzlich ohne seine Mutter zurecht kommen. Der Kleine schreit sich schon den ganzen Tag die Seele aus dem Leib."

Ziemlich zerknirscht antwortete Johann: „Meine Freundin will hier kein Fohlen haben, tut mir leid. Ich werde ihn umgehend zum Kauf anbieten. Du hast natürlich das Vorkaufsrecht."

Schon wieder schob er also seine Lebensgefährtin vor, um ein Tier loszuwerden. Entweder war die Alte völlig bescheuert, oder es handelte sich um eine Verkaufsstrategie der beiden. Ich erklärte ihm kurzerhand, dass ich kein weiteres Pferd kaufen würde, da ich mit meinen dreien schon genug Auslagen hätte und obendrein kein Hengstfohlen haben wollte. Die Kastration und der Beritt würden Unsummen verschlingen, die mein Mann ganz sicher nicht billigen würde.

So einigten wir uns darauf, dass für Blizzard so schnell wie möglich ein neues Zuhause gefunden werden müsse. In der Zwischenzeit würde ich mich natürlich um ihn kümmern, was blieb mir auch anderes übrig.

Um sein Wehgeschrei auf ein Mindestmaß zu reduzieren, nahm ich den kleinen Hengst in den kommenden Wochen immer wieder aus dem Stall und ließ ihn an meinen Tätigkeiten teilhaben. Er lief mir überall hin nach und betrachtete mich sozusagen als Mutterersatz. Ich striegelte ihn, hob seine Beinchen auf und merkte bald, wie klug und aufmerksam er war. Nichts musste man ihm zweimal erklären, er kapierte alles beim ersten Mal und vergaß auch nicht die kleinste Kleinigkeit.

Unerschrocken begegnete er allen Dingen, untersuchte raschelnde Planen und Gestrüppe und ließ sich durch nichts aus der Ruhe bringen. Seine Trittsicherheit in diesem Alter überraschte nicht nur mich. Er konnte sich auf fünfzehn Zentimeter breiten Sockeln mühelos fortbewegen und scheute auch die Stufen vor dem Eingang zum Wohnhaus nicht. So kam es, dass er einige Male die offene Haustür nutzte und plötzlich im Flur stand, um die Karottenvorräte zu untersuchen.

Innerhalb kürzester Zeit war er mein kleiner Trabant; überall wo ich war, war auch er. Darum brachte es mich momentan aus der Fassung, als Johann sich meldete und erklärte, er werde Blizzard jetzt abholen, da seine Freundin sich erweichen hatte lassen und den Hengst bis zum Verkauf im Stall dulden würde. Nach dieser Ankündigung schluckte ich die aufsteigenden Tränen weg und ermahnte mich selbst zur Vernunft. Ein weiteres Pferd konnte ich mir wirklich nicht leisten und Blizzard würde sicher einen Käufer finden, der es gut mit ihm meinte.

Die Trennung fiel mir sehr schwer. Als ich das wunderschöne, prächtig gediehene Hengstfohlen, das mir auf Schritt und Tritt folgte, auf den Hänger führte, kam ich mir vor wie eine Verräterin. Johann hatte ihn mir noch einmal für eine lächerlich niedrige Summe angeboten, doch schweren Herzens hatte ich erneut abgelehnt.

Als er fort war, fehlte er mir entsetzlich. Egal, was ich anfing, schielte ich hinter mich, in Erwartung, den kleinen Hengst zu sehen, der mir überall gefolgt war. Eine ganze Woche verging, aber der Verlust war immer noch schwer zu verdauen. Nach zehn Tagen rief Johann an:

„Du musst kommen. Bitte. Der Kleine stirbt. Er frisst nicht und wir mussten ihm unter Zwang Wasser einflößen, weil er auch nicht trinkt. Er steht völlig apathisch auf der Weide und wehrt nicht einmal die Fliegen ab. Bitte komm und sieh nach ihm, ich weiß wirklich nicht mehr, was ich machen soll."

Ich ließ mir kurz den Weg beschreiben und setzte mich ins Auto. Eine Stunde später konnte ich mich selbst von der Tragödie überzeugen. Das wunderschöne, lackschwarze Fohlen, das ich vor zehn Tagen auf den Anhänger geführt hatte, war nicht wiederzuerkennen. Übersät von Fliegen stand er weitab von den anderen Pferden mit hängendem Kopf auf der Weide. Grau und schmutzig, eingefallen und glanzlos wartete er auf sein Ende. Als ich mit tränenerstickter Stimme seinen Namen rief, torkelte er mit letzter Kraft auf mich zu und ich schlang die Arme um seinen Hals.

„Ich schenk ihn dir," sagte Johann leise. „Er stirbt mir hier sowieso. Ich fahr ihn dir wieder heim."

Als ich diesmal mit ihm auf den Anhänger ging, versprach ich ihm im Stillen, dass ich ihn nie wieder hergeben würde.

Wie versprochen, brachte Johann ihn zurück nach Hause und als er die gewohnte Umgebung sah, begrüßte er seine Freunde mit einem lautstarken Wiehern. Molly war die Erste, die ihn freudig in Empfang nahm. Sein erster Weg führte ihn zur Heuraufe, wo er genüsslich zu kauen begann, danach trottete er noch etwas unsicher und entkräftet auf die Weide und legte sich mitten ins Grün.

Wir nahmen unsere alten Gewohnheiten wieder auf. Ich ließ ihn aus dem Stall und er trottete hinter mir her. Bald war er wieder das schöne, glänzende Fohlen, auf das ich so stolz war. In der Herde war er am liebsten mit Swadie unterwegs, kam aber auch mit den anderen Pferden gut aus. Das änderte sich, als er zum Junghengst heranreifte. Immer wieder versuchte er, seine vermeintlichen Rivalen herauszufordern und die anfangs spielerischen Kämpfe gerieten immer mehr zu ernst gemeinten Auseinandersetzungen. Als er anfing, sich zunehmend für Molly zu interessieren, blieb mir nichts anderes, als ihn kastrieren zu lassen.

Zu dieser Zeit geriet ich mit meinem Mann des Öfteren in Streit, weil seiner Meinung nach zu viele Pferde in unserer Pension mir gehörten. Whiskys Behandlung, die sich über Jahre hinweggezogen hatte, hatte ein großes Loch in unseren ohnehin knappen Etat gerissen. Mollys Huforthopädie musste finanziert werden und nun stand die Kastration an. Kurzum, unsere Ausgaben für die Pferde überstiegen bei Weitem die Einnahmen. Obwohl ich anfangs die Sache herunterspielte und meine Lieblinge verbal verteidigte, musste ich mit der Zeit einsehen, dass mein Mann recht hatte. Es wurde immer schwieriger die Rechnungen pünktlich zu begleichen und nach endlosen Diskussionen einigten wir uns, eines der Pferde zu verkaufen und kein Weiteres mehr anzuschaffen.

Nun kam die schwere Entscheidung, welches der Tiere uns verlassen sollte. Brandy kam nicht in Frage, da er von Zeit zu Zeit Probleme mit beginnender Hufrehe hatte. Blizzard stand sowieso außerhalb jeder Diskussion und Django war zu alt, um ihn zu verkaufen. So entschied ich mich schweren Herzens dafür, für Molly ein neues Zuhause zu suchen.

Wir schalteten eine Anzeige und die ersten Kaufinteressenten meldeten sich. Da ich mich beim Preis sehr zurückhielt, waren es sehr viele, die Molly haben wollten. Ich hatte vorher noch nie ein Pferd verkauft und somit keine Ahnung, welche Vollidioten sich in der Kaufszene bewegen.

Am Wochenende zum Beispiel kamen die „Interessenten" in Scharen. Praktisch jeder, der bei schönem Wetter nichts Besseres zu tun hatte, kam, um sich das Pferd anzusehen. Bei einigen war ich mir sicher, dass sie von Tieren im Allgemeinen und von Pferden im Besonderen keine blasse Ahnung hatten. Ebenso hätten wir die Ziegen zum Verkauf anbieten können, es kam nicht so drauf an.

Andere glänzten mit Wissen, das sie nicht besaßen und wieder andere glaubten, ein Pferd jederzeit in der Garage einquartieren zu können. Zu Beginn der Odyssee klärte ich die Leute noch auf, dass ein solches Tier Mist produziert, der auch entsorgt sein möchte und altes Brot beileibe kein geeignetes Futter ist. Später wurde es mir einfach zu dumm und ich drehte mich um und ging ins Haus, was mir umgehend den Ruf einer arroganten Ziege einbrachte.

Nach vielen Fehlschlägen und Resignation meinerseits taten sich dann doch letztendlich zwei ernsthafte Bewerber hervor, denen ich zutraute, Mollys Bedürfnissen gerecht zu werden. Ein Pärchen mit einer zwölfjährigen Tochter kam in die engere Auswahl. Doch als ich ihnen meine Stute zu einem gemeinsamen Spaziergang anvertraute, bemerkte ich die Unsicherheit der Erwachsenen. Sie hatten eindeutig Angst vor dem großen Pferd und mir fehlte die Herzlichkeit. Molly sollte auf keinen Fall als Sportgerät missbraucht werden. Darum freute ich mich über die zweite Person, die sich von Anfang an wie eine Freundin der Stute gegenüber verhalten hatte. Liebevoll und sicher führte sie sie ins Gelände und sprach leise mit ihr. Auf dem Heimweg ließ sie das Pferd grasen und setzte sich an den Wegrand, um ihr dabei zuzusehen. Später zeigte sie mir Fotos von ihrem Anwesen und dem Pferd ihrer Tochter, mit der sie in Zukunft zusammen ausreiten wollte. Vor drei Monaten hatte sie ihre alte Stute durch eine Schlundverstopfung verloren und wollte sich nun wieder Ersatz beschaffen, weil ihr die Geländeritte sehr fehlten. Mir gefiel, was ich sah und hörte und so verkaufte ich Molly an sie.

Abgesehen davon, dass ich nie wieder ein Pferd verkaufen möchte, war diese Entscheidung die Beste, die ich treffen konnte. Bis zum heutigen Tag ruft die nette Frau immer mal wieder an und erzählt mir, wie gut Molly und sie sich immer noch verstehen. Sie lässt ihre Hufe so behandeln, wie es nötig ist und schildert, wie brav und verlässlich die Stute in jeder Lebenslage reagiert.

Mit dem guten Gefühl, Molly ein erfreuliches Leben gesichert zu haben, beschäftigte ich mich nun noch mehr mit Blizzard, um aus ihm ein ebenso braves, ruhiges Tier zu machen. Er lernte, rückwärts zu gehen, auf einem Podest zu stehen und ein Kompliment zu machen. Er konnte den

Deckel der Futterkiste aufheben, daraus Futter klauen und, wenn ich ihn dabei erwischte, den Deckel mit einem lauten Knall wieder schließen. In der Herde entwickelte er sich langsam aber sicher zur Führernatur. Von seiner Kastration hatte er nicht das Mindeste mitbekommen. Nach wie vor versuchte er, sämtliche Stuten zu beglücken und die Wallache als Rivalen zu betrachten. Als die Stute einer Einstellerin ein Fohlen bekam, betrachtete er es als sein Eigentum und brachte ihm die gleichen unnützen Dinge bei, die auch er so gut beherrschte.

Die kleine Aisha kam an einem kalten Novembertag zur Welt. Da die Mutterstute vorher in einer großen Herde Araberpferde untergebracht war, wusste auch ihre Besitzerin das Deckdatum nicht, so dass wir schon Wochen vor der Geburt des Nachts im Vierstundentakt abwechselnd in den Stall schlichen, um nur ja nichts zu verpassen. Die kleine Araberstute wurde dann am helllichten Vormittag geboren, mitten auf der Weide, umgeben von den anderen Pferden.

Sie war das erste Fohlen, das auf unserem Hof zur Welt kam und daher etwas ganz Besonderes. Blizzard war offensichtlich der gleichen Meinung, denn er ließ das feingliedrige Wesen keinen Moment aus den Augen. Nach der Geburt zeigte Aisha sich schüchtern und kam nur selten hinter ihrer Mutter hervor. Doch schon nach wenigen Wochen benutzte sie diese nur noch als Milchspenderin und lief den lieben langen Tag hinter Blizzard her.

Eines Nachts wachte ich auf und registrierte ein merkwürdiges Geräusch, das von der Pferdeweide zu kommen schien. Zuerst erklang ein dumpfes „Peng peng –peng peng" danach ein gedämpfteres „Ping ping – ping ping". Ich hörte eine Weile zu und konnte mir das Geräusch beim besten Willen nicht erklären. So beschloss ich, dem Spuk auf den Grund zu gehen und schnappte mir eine Taschenlampe. Der Anblick, der sich mir bot, war wirklich seltsam. Wir hatten vor Kurzem eine neue, größere Heuraufe gekauft, sie aber noch nicht fertig montiert. Der Metallkorpus stand wie ein großes „U" auf der Weide. Blizzard erteilte „seinem" Fohlen anscheinend wieder einmal Unterricht in Blödsinn, denn er stieg völlig unbeirrt von vorne in den Metallkorpus um ihn auf der Rückseite wieder zu verlassen. Aisha stakste mühsam aber vehement auf dem gleichen Weg hinter ihm her. Das Ganze wiederholte sich noch unzählige Male und bis heute habe ich vergebens nach dem Sinn dieser Übung gesucht. Nachdem der Ursprung des Geklappers und Geklimpers geklärt war, ging ich wieder zu Bett. Meinetwegen konnten sie den Unsinn die ganze Nacht fortsetzen, wenn sie nichts Besseres zu tun hatten. Glauben würde mir das sowieso keiner.

Den nächsten Beweis seiner aufopfernden Vaterrolle lieferte Blizzard einige Wochen später. Bei einem unserer Nachbarn, der allerdings einen halben Kilometer von uns entfernt wohnt, brannte eine Scheune lichterloh. Die Feuerwehrleute wollten das Wasser vom nahegelegenen Fluss hochpumpen und die Schläuche auf dem kürzesten Weg durch unsere Weide verlegen. Blizzard, der in Anbetracht der hektisch werkelnden Männer Gefahr für Aisha witterte, galoppierte mit erhobenem Schweif und angelegten Ohren auf die völlig Überraschten zu und verjagte sie mit lautem Geschrei aus seinem Revier. Dass die Scheune dadurch fast völlig niederbrannte, interessierte ihn nicht im Mindesten, Hauptsache, Aisha war gerettet.

Wie sich im Laufe der Jahre zeigte, wurde Blizzard, der „Schneesturm", seinem Namen nie gerecht, denn wider aller Erwartungen blieb er bis heute kohlrabenschwarz, während Aisha, die ebenfalls schwarz geboren wurde, sich immer mehr zu einem wunderschönen Apfelschimmel entwickelt.

Nach Blizzards viertem Geburtstag entschied ich mich, ihn in Beritt zu geben. Einerseits entwickelte er ein nervtötendes Machogehabe, andererseits gab er sich immer noch so kindlich verspielt, so dass ihm diese Arbeit mit einem anderen Menschen als mir sicher gut tun würde.

Die Bereiter, die mit ihm auf unserem Anwesen arbeiten wollten, sagten mir aufgrund ihrer Hau-Ruck-Methoden gar nicht zu. Einer wie der andere trachteten danach, „dem Lümmel schon zu zeigen, wo es langging". Ihnen fehlte eindeutig die Sensibilität und das Verständnis für meinen schwarzen Freund. Ein Mann mit langjähriger Ausbildererfahrung entsprach zwar meinen Vorstellungen, war aber mit meinen begrenzten Mitteln nicht zu finanzieren.

Rein zufällig lernte ich dann eine junge Frau kennen, die schon seit längerer Zeit die Pferde eines Bekannten ausbildete. Ich sah ihr ein paar Mal zu, und mir gefiel, was sie machte. Leider war es ihr aus beruflichen Gründen nicht möglich, Blizzard in seiner gewohnten Umgebung in Beritt zu nehmen. So blieb mir nichts anderes übrig, als ihn in den zwölf Kilometer entfernten Stall umzuquartieren, sollte aus ihm ein gut geschultes Reitpferd werden.

Der Abtransport mit dem Pferdeanhänger gestaltete sich problemlos, weil Blizzard mir überall hin folgte. Schwierig wurde es in dem für ihn fremden Stall. Er kannte bis dahin keine Boxenhaltung und fühlte sich wahrscheinlich wie ein eingekerkerter Schwerverbrecher. Eine kleine Entschädigung stand in seiner Nachbarbox, eine goldfarbene Stute namens Roxana, die es ihm sofort angetan hatte.

Obwohl er so angenehme Gesellschaft hatte, verweigerte er, nachdem ich weg war, sein Futter. Laut Aussage des Stallbesitzers nutzte er aber wenigstens das Tränkebecken. So musste ich, wenn Blizzard nicht verhungern sollte, wohl oder übel zweimal am Tag zu meinem Pferd fahren und bei ihm bleiben, bis sein Futter alle war.

Oft blieb ich da und überzeugte mich von seinen Fortschritten bei der Bodenarbeit. Die junge Frau hatte viel Geduld und Einfühlungsvermögen und so dauerte es nicht lange, bis Blizzard zum ersten Mal einen Reiter auf seinem Rücken dulden sollte. Er war ruhig und ausgeglichen an der Longe gelaufen, doch als seine Lehrmeisterin vorsichtig einen Fuß in den Steigbügel setzte, drehte er sich so abrupt in die andere Richtung, dass die Ärmste in einem Bogen davongeschleudert wurde. Leider verdrehte sie sich dabei heftig das linke Knie. Humpelnd verließ sie den Reitplatz, nachdem sie mir den Übeltäter in die Hand gedrückt hatte.

Eine ärztliche Untersuchung ergab, dass eine Operation nötig war, um das Knie zu stabilisieren, ein Innenband war gerissen. Trotz ihrer Behinderung bestand sie darauf, Blizzard weiterhin zu trainieren. „Jetzt sind wir in der kurzen Zeit so weit gekommen," meinte sie bedauernd. „Wenn sich jetzt keiner draufsetzt, war alles umsonst und wir müssen wieder von vorne anfangen. Versuch du es doch mal mit dem Aufsteigen. Er kennt dich und ich sage dir, was du machen sollst."

Etwas zögernd willigte ich schließlich ein. Laut ihrer Anweisung stieg ich auf ein Podest, um seinen Rücken zu schonen und ihn nicht unnötig aus dem Gleichgewicht zu bringen. Dann setzte ich den linken Fuß in den Steigbügel und legte mich bäuchlings auf den Sattel. Blizzard stand still wie eine Eins. Vorsichtig hob ich nun den rechten Fuß über sein Hinterteil und dann saß ich aufrecht im Sattel. Mein Pferd machte noch immer keinen Mucks. Atemlos wurde ich mir nun der Tatsache bewusst, dass ich soeben mein eigenes Pferd zum ersten Mal reiten würde und langsam stellte sich ein überwältigendes Glücksgefühl ein.

„Darf ich dich longieren?", fragte die Ausbilderin und ich nickte zaghaft. Irgendwann in grauer Vorzeit hatte ich einen Reitkurs besucht und konnte wohl leichttraben. Ich hatte dem Reitsport aber nie besonderen Gefallen abgewinnen können und ritt weder gut noch gerne. Jetzt drehte ich mehrere Runden an der Longe auf meinem geliebten Rappen und genoss es in vollen Zügen. Sein Trab war unglaublich weich und kraftvoll. Zum Abschluss gingen wir dann noch eine Runde im Schritt durchs Dorf und Blizzard tat, als hätte er nie etwas anderes gemacht.

Ich war so glücklich an diesem Tag, nicht zuletzt deshalb, weil ich meinen Freund nun bald wieder nach Hause holen konnte, wo er mir die ganze Zeit schrecklich gefehlt hatte.

Als seine Herde ihn laut wiehernd in Empfang nahm, schwor ich mir, ihn nie wieder fortzubringen, komme, was da wolle.

Blizzard war, wie gesagt, ein sehr schicker, tadellos gebauter Wallach und ein etwas groß geratener aber wohl proportionierter Vertreter seiner Rasse. Als Araber-Berber vereinte er die besten Eigenschaften seiner Eltern zu gleichen Teilen. Der Kopf schwang in Augenhöhe zur leichten Hechtform und endete an der Nase mit einem Ramms, der ihm einen eigenwilligen Charakter bescheinigte. Sein leicht gebogener Hals war von beiden Seiten mit schwarzer Mähne behangen, deren Spitzen im Sonnenlicht bordeauxfarben glänzte. Seine Beine, einschließlich seiner Hinterhand hätte man in einem Rasseportrait nicht schöner zeichnen können, kurzum, er war perfekt, nicht nur in meinen Augen.

Aus diesem Grund hatte so mancher unserer Pensionsgäste den sehnlichen Wunsch, ihn reiten zu dürfen. Einige von ihnen bekamen meine Erlaubnis unter der Bedingung, liebevollen Umgang mit ihm zu pflegen. Ich hätte mir die ganzen Ermahnungen sparen können, weil keiner von ihnen es schaffte, mehr als einen Fuß in den Steigbügel zu setzen. Auf seinen Rücken durfte nur einer, nämlich ich. Etwas später ließ er in meiner Gegenwart eine Freundin von mir aufsteigen, buckelte sie kurz danach aber so böse ab, dass ich Gänsehaut vom Zusehen bekam.

Seine Ablehnung anderen Reitern gegenüber hat sich bis zum heutigen Tag nicht geändert. Er ist zwar mittlerweile etwas älter und ruhiger, aber nach wie vor ist der Platz auf seinem Rücken für mich reserviert. Da ich aber dem Reiten, jetzt auch bedingt durch mein Alter, nach wie vor nichts abgewinnen kann, haben wir beide eine Übereinkunft getroffen: Blizzard ist das einzige Reitpferd, das nicht geritten wird. Ich habe nicht den Eindruck, dass er etwas vermisst.

38...Wendy

Beim Wechseln der Weide wird das hohe Gras auf gleiche Höhe gemäht und die Koppel anschließend mit der Wiesenegge bearbeitet. Wir benutzten für die Mäharbeiten, vielbelächelt von den umliegenden Landwirten, einen Oldtimertraktor mit einem Mähbalken. Zum einen sind unsere Weiden nicht so umfangreich, zum anderen hasse ich diese Kreiselmähwerke, weil ihnen so viele Tiere chancenlos zum Opfer fallen.

Als mein Mann eine Stelle mit sehr hohem Gras mähte, blockierte plötzlich das Messer des Mähbalkens. Die Ursache dafür war ein winzig kleines Reh, das seine Mutter dort abgelegt hatte und in dessen Hals nun eine große Wunde klaffte. Der zuständige Jäger, den wir umgehend herbeigerufen hatten, wollte das kleine Ding erschießen. Das konnte ich natürlich nicht zulassen, und bat ihn, mir das Tier zur Pflege zu überlassen.

Achselzuckend stimmte er zu und meinte, es würde sowieso nicht lange leben. Freudestrahlend setzte ich mich mit meinem Patienten ins Auto und brachte ihn erst einmal zum Tierarzt. Er untersuchte die Wunde und meinte, das sähe schlimmer aus, als es ist. Er desinfizierte den tiefen Schnitt und gab dem Rehlein abschließend eine Spritze, von der ich annahm, dass sie gegen Tetanus sei. Danach nahm ich mein Findelkind mit nach Hause und setzte es in eine geräumige Holzkiste. Ich suchte wieder einmal mein Nuckelfläschchen und die Babymilch hervor und fertigte eine Mahlzeit.

Das Kitz trank beinahe sofort, es sog die Milch so gierig auf, als hätte es schon tagelang gehungert. Nachdem es seinen Hunger gestillt hatte, trug ich es eine Weile auf dem Arm, wo es schließlich einschlief. Meine Schwiegermutter empfahl mir, die Hunde fernzuhalten. Sie war der Meinung, Barry, Lisa und Max könnten Lust auf Wildbret bekommen. Trotz der Warnung ließ ich die neugierigen Hunde unter meiner Aufsicht das Reh beschnuppern und siehe da – kein einziger machte Anstalten, ihm gefährlich zu werden. Im Gegenteil! Sehr zu meiner Freude reinigten sie abwechselnd die Kehrseite von Bambi und entsorgten so auf natürlichem Wege seine Ausscheidungen.

Wendy, wie wir sie nannten, gedieh prächtig. Wir versorgten die Wunde zweimal am Tag und fütterten sie anfangs alle zwei Stunden. Ihr Appetit war erstaunlich, ebenso ihre Entwicklung. Schon nach zwei Tagen stand sie auf ihren dünnen Beinchen und erkundete die Küche. Auf die rutschigen Fliesen legten wir Läufer, um ihr die Fortbewegung zu erleichtern. Ich knüpfte ihr ein kleines Geschirr, damit wir sie im Freien spazieren führen konnten. Die Hunde wichen nicht von Wendys Seite und bewachten sie auf Schritt und Tritt.

Bald beteiligte sich auch meine Mutter an der Fütterung und den Spaziergängen. Sie war es auch, die eines Tages bemerkte, dass Wendys Hinterbeine eine seltsam steife Haltung zeigten. Voller Sorge brachte ich sie erneut zum Tierarzt, der die niederschmetternde Diagnose stellte. Wendy würde unweigerlich an Tetanus sterben. Schweren Herzens stimmte ich zu, als er empfahl, ihr den grauenvollen Tod zu ersparen und sie auf der Stelle einzuschläfern.

Mit allem hatte ich gerechnet, nur nicht damit, eine tote Wendy mit nach Hause zu nehmen. Die ganze Familie trauerte um das kleine Reh, das wir in der kurzen Zeit so lieb gewonnen hatten.

39...Teddy

Mein Mann und ich sind, was Geburts- und Gedenktage anbelangt, absolut gleichgesinnt, nämlich gar nicht. Wir vergessen jedes Jahr unseren Hochzeitstag, sogar den dreißigsten haben wir beide verpennt. Geburtstage werden nur gefeiert, wenn uns Familienmitglieder oder Bekannte rechtzeitig daran erinnern. Uns ist beiden niemals klar, ob Ostern nun vor Pfingsten stattfindet, oder danach und so etwas wie Valentinstag hat in unserem Kalender nichts zu suchen. Mein Mann dachte sogar eine ganze Weile, es ginge um Valen-Dienstag, und wunderte sich über die Tatsache, dass er an einem Mittwoch gefeiert wurde. Liebe Leute, das ist kein Witz, das ist eine Tatsache, und ich bin die Letzte, die darüber lachen darf.

In unserem Leben zählen eben wichtigere Dinge, und da wir beide gleich ignorant veranlagt sind, hat keiner einen Grund, dem anderen wegen irgendeines verpassten Gedenktages böse zu sein. Umso erstaunter war ich, als ausgerechnet mein Mann mir am Valentinstag ein Geschenk machte. Ein Bekannter von ihm hatte seinen Urlaub in der Slowakei verbracht und aus irgendeinem Grund entschieden, sich dort einen Hund anzuschaffen. Da ihm die Welpen so gut gefielen, nahm er gleich zwei davon mit, einen für sich und einen für mich. Er hatte den kleinen Hund unter seinem T-Shirt versteckt und als er ihn hervorholte, blieb mir erst einmal die Spucke weg. Der Welpe war, seiner Größe und seinem Entwicklungsstand nach zu beurteilen, viel zu früh von seiner Mutter getrennt worden. Meine Tochter winselte vor Entzücken selbst wie ein kleiner Hund, als sie das weiße Knäuel entdeckte. Voller Freude rief sie: „Mama, guck mal, der sieht aus wie der kleine Eisbär aus der Coca-Cola-Werbung!" Da musste ich ihr recht geben.

Das winzige Hundebaby sah wirklich umwerfend niedlich aus mit seinen schwarzen Äuglein und der schwarzen Nase. Der Puschelschwanz war aufgedreht wie bei einem Ferkel und mit seinem vorwitzig spitzen Schnäuzchen beschnupperte es die großen Hunde. Verglichen mit diesem Wonneproppen war sogar Trixi geradezu riesig. Selbst die Katzen brachten es auf die doppelte Größe.

Ich bezweifelte, dass dieses kleine Ding in der Lage war, selbst zu fressen, doch als ich ihm ein Schüsselchen mit Hundefutter hinstellte, machte er sich gierig darüber her. Danach schlief er ein und wachte erst am nächsten Morgen wieder auf. Ich bestand darauf, ihn sofort untersuchen und impfen zu lassen, da Hunde aus dem Ausland manchmal katastrophale Krankheiten einschleppen, wenn sie auf so unorthodoxe Weise über die Grenzen geschmuggelt werden.

Der Tierarzt untersuchte das Hündchen, konnte aber außer ein paar Flöhen keine beängstigenden Defizite feststellen. „Teddy" diesen Namen hatte meine Tochter ausgesucht, weil die Ähnlichkeit mit einem Plüschtier nicht abzustreiten war, bekam einen Impfpass, das Geschlecht wurde als männlich vermerkt. Nach sechs Wochen sollten wir mit unserem Neuzugang zur Nachimpfung kommen.

In dieser Zeit gewann Teddy viele Fans in unserem Freundeskreis. Praktisch jeder, der den Hund zu sehen bekam, brach in Begeisterungsstürme aus. „Ach wie lieb, ach wie entzückend, ach wie putzig!" Jeder liebte Teddy, auch unsere anderen Hunde gingen sehr liebevoll mit ihm um.

Schließlich waren die sechs Wochen vorbei und die Nachimpfung stand an. Der Tierarzt untersuchte den kaum größer gewordenen Hund und stellte dabei fest, dass sich die Hoden noch nicht in der richtigen Position befanden. Seine Frau, die ihm manchmal assistierte, kam hinzu. Sie begutachtete das Hündchen und meinte dann sarkastisch: „Da kannst du aber lange warten, bis sich die Hoden in die richtige Position begeben, das ist nämlich eine Hundedame."

Ungläubig kontrollierte der Arzt erneut das Geschlecht, woraufhin sich sein Gesicht mehr und mehr mit einer leichten Röte überzog. „Tja, da müssen wir den Eintrag im Impfpass wohl ändern," meinte er etwas zerknirscht. „Egal," meinte ich lachend, „der Name passt sowohl für einen Rüden als auch für eine kleine Hundedame. Hauptsache, sie ist gesund."

Das Aussehen unserer Teddy passte ohnehin viel besser zu einer weiblichen Ausgabe. Als Teddy ausgewachsen war, hatte sie alle typischen Merkmale eines reinrassigen Japan-Spitzes. In der Rassebeschreibung steht, dass diese Spitze wenig bellen und eher fürs Haus geeignet sind. Schade nur, dass Teddy nicht lesen kann. Vom Welpenalter an bis heute kläfft sie bei jeder noch so nichtigen Gelegenheit und ist manchmal partout nicht geneigt, ins Haus zu kommen.

Seit sie bei uns ist, haben sich meine Träume von eigenen Hühnern zerschlagen. Teddy verfolgt alles, was Federn hat. Selbst der Staubwedel wurde ein Opfer ihres Federwahns. An manchen Tagen musste ich die erlegten Vögel mit der Schubkarre einsammeln. Tauben, Fasane, Amseln, Rebhühner, alles, was um den Hof schwirrte, wurde vernichtet. In ihrem Jagdeifer entwickelte sie eine interessante Technik. Sie versteckte sich am Ausgang des Offenstalls hinter einem Häufchen Stroh, das sie immer wieder ein kleines Stück vor sich her schob. Geduckt schlich sie sich auf diese Weise immer näher an ihr ausgespähtes Opfer. Wenn der jeweilige Vogel sich in die Lüfte erheben wollte, sprang Teddy hoch und war somit auf gleicher Höhe mit dem zum Tode verurteilten Federvieh.

Sämtliche Versuche, ihr diese Unart auszutreiben, scheiterten kläglich. Mittlerweile hat sich meine Vogelmörderin aber eher aufs Mäuseausbuddeln verlegt, worin sie auch sehr erfolgreich ist. Leider findet sie kein Ende beim Graben, so dass sie immer wieder Probleme mit den Bandscheiben hat. Sie am Buddeln zu hindern ist ebenso unmöglich, wie vorher am Vogelmorden und so bekommt sie regelmäßig eine Behandlung durch eine Heilpraktikerin, die sie mit Reizstrom und Akupunktur immer wieder auf Vordermann bringt.

Ich glaube, die Lust auf den Vogelfang hat ihr eine Elster verdorben, von denen sehr viele unseren Garten besiedeln. Noch nie ist sie einer von ihnen habhaft geworden, diese Vögel sind sowohl schlau als auch frech.

Eines Tages kaute Teddy genüsslich an einem Knochen. Zwischendurch beschloss sie, ihn für später einzugraben und legte ihn kurz zur Seite, um die richtige Stelle auszukundschaften. Dabei ließ sie ihn kurzfristig aus den Augen. Diese Unaufmerksamkeit nutzte eine Elster, um Teddy den Knochen vor der Nase wegzuklauen und damit aufs Hausdach zu fliegen. Wie von Sinnen kläffte der Spitz die Diebin an und rannte hin und her, natürlich ohne Erfolg. Resigniert zog sie von dannen und zweifelte von da an wohl an ihren Fähigkeiten, denn die Vogeljagd war unmittelbar danach passé´.

Eine weitere Leidenschaft von Teddy ist es, sich das schneeweiße Fell tagsüber so einzusauen, dass man sich abends überlegt, ob man den dunkelbraunen Hund vor der Tür überhaupt kennt. Anscheinend verfügt sie aber über eine selbstreinigende Ausstattung, denn am Morgen danach strahlt sie wieder in alter Pracht.

Während ich diese Zeilen schreibe, fällt mir wieder einmal auf, wie schnell die Zeit vergeht. Teddy vollendet im kommenden Februar bereits ihr elftes Lebensjahr. Sie hat mittlerweile ein Stockmaß von 35 cm erreicht und ist momentan die Kleinste unter unseren Hunden. Umso bemerkenswerter finde ich es, dass sie, unangefochten von den anderen, ihre Mahlzeiten genießt, wann immer sie es für richtig hält. Sie ist keineswegs verfressen, eher ist das Gegenteil der Fall. Sie mag Käse, Fisch und rohes Fleisch, Wiener Würstchen sind überhaupt nicht ihr Fall, ebenso wenig wie Dosenfutter. Tatsache ist, wenn Teddy geruht, sich zum Futternapf zu begeben, haben die anderen Hunde Pause. Sogar die Doggen warten dann in respektvoller Entfernung, bis Hoheit ihr Mahl beendet hat. Anscheinend ist sie nicht nur für mich, sondern auch in den Augen ihrer Artgenossen etwas ganz Besonderes. Hoffentlich dürfen wir noch viele Jahre mit ihr verbringen.

Das wünsche ich mir natürlich von all unseren Tieren, doch, egal wie alt sie auch werden, es ist immer zu früh, wenn sie dann gehen müssen.

Bei manchen trauert man Wochen, einige vermisst man monatelang und bei den ganz Besonderen trauert man Jahre. Zu diesen ganz besonderen Tieren gehört für mich Teddy und mir graut heute schon vor dem Tag, an dem sie gehen muss, aber daran will ich heute noch nicht denken.

40…Lucy

Unser Unterhaltsverweigerer Gerhard brummte nun tatsächlich für sechs Monate im Gefängnis. Da auch sein Freund den Pensionsbetrieb recht unzuverlässig versorgte, holten die Einsteller ihre Pferde der Reihe nach ab, um sie in anderen Ställen unterzubringen. Übrig blieb Rainer, den keiner haben wollte, Gerhards Hund „Lucy", seine zwei Katzen und eine tschechische Bereiterin.

Letztere hatte er drei Monate zuvor übers Internet kennengelernt und ihr die Anreise finanziert. Bei der Auswahl dieser Dame hatten wohl auch spätere Hochzeitspläne eine Rolle gespielt, doch in erster Linie sollte sie als Ausbilderin in seinem Betrieb arbeiten. Nun stand die arme Teresa, die der deutschen Sprache nur in Happen mächtig war, vor einem leeren Pferdestall und ohne Geld, um die Heimreise anzutreten.

Die Relikte aus Gerhards Pferde-Ära taten mir leid und so packte ich kurzerhand alles, was Beine hatte, ins Auto und nahm die Ärmsten mit zu mir nach Hause. Teresa wurde im Zimmer meiner Tochter mit einquartiert, worüber sich anfangs beide sehr freuten. Lucy wurde von den anderen Hunden ohne Probleme akzeptiert. Sie war eine belgische Schäferhündin, etwa fünf Jahre alt und, wie sich bald herausstellte, sehr intelligent. Sie und meine Tochter waren vom ersten Tag an die besten Freundinnen. Mit diesem Hund hatte ich praktisch keine Arbeit, nur während der Schulstunden blieb sie bei mir. Schon nach wenigen Wochen hatte Lucy den Stundenplan eingespeichert und holte unsere Tochter jeden Tag am Anfang des Feldweges ab, um sie nach Hause zu begleiten.

Uns gegenüber verhielt sie sich respektvoll und artig, doch ihre große Liebe gehörte meinem Kind. Ganze Nachmittage verbrachten die beiden mit Stöckchen-Werfen, Ballspielen, Spaziergängen, Fährten suchen und schwimmen. Die Hündin war für jeden Blödsinn zu haben, Hauptsache ihr kleines Frauchen machte mit.

Der erste Gesundheitscheck beim Tierarzt ergab, dass Lucy über ein ausgesprochen schlechtes Gebiss verfügte. Dummerweise waren ihre Lieblingsspielzeuge Steine in allen Größen, die sie anschleppte und jedem vor die Füße warf, um ihn zum Spielen aufzufordern. Wir tauschten die Steine jedes Mal in Gummibälle oder Plüschtiere aus, aber Lucy fand immer wieder neue Brocken, die sie anbringen konnte. Einmal versuchte sie sogar, am Feldrand einen Grenzstein auszugraben, so besessen war sie von den zahnschädigenden Dingern. Apportieren war ihre absolute Leidenschaft. Man musste allerdings aufpassen, wohin man die Gegenstände warf, die sie zurückbringen sollte. Ohne darauf zu achten, welche etwaigen Hindernisse ihren Lauf bremsen würden, setzte sie allem nach, was durch die Luft flog. Als das Wurfgeschoss meines Mannes, eine bunte Frisbeescheibe, den Kurs änderte und übers Brückengeländer flog, schoss Lucy unbeirrt hinterher. Glücklicherweise floss unter der Brücke genügend Wasser, denn Lucy wäre auch auf Bruchsteinen gelandet. Es kam nur darauf an, die Beute ins Maul zu bekommen und dem Werfenden zurückzubringen.

Die Hündin war etwa zwei Jahre bei uns, da machten sich deutliche Gelenkschädigungen bemerkbar. Wir waren gezwungen, sie in ihren ungestümen Bewegungen einzuschränken, weite Spaziergänge sollten vermieden werden, ebenso wie Treppen und Steilhänge.

An einem wunderschönen Sommernachmittag kam Katja, die beste Freundin unserer Tochter mit dem Fahrrad an und verkündete, sie wolle an einen acht Kilometer entfernten Baggersee radeln. Trixi, die Katja sehr liebte, sollte auch mitkommen, doch die Entfernung hielt ich für die kurzen Beinchen unserer untrainierten Jack-Russell-Hündin bei der Hitze für eine arge Zumutung.

Die beiden Mädchen stellten ihre Fahrräder in den Hof und tuschelten aufgeregt miteinander. Kurze Zeit später, nachdem sie im Holzschuppen und in der Garage zugange gewesen waren, riefen sie nach mir.

Als sie mir stolz ihre Fahrräder vorführten, brach ich kopfschüttelnd in Gelächter aus. Katja hatte auf dem Gepäckträger ihres Fahrrads einen Einkaufskorb montiert, in dem, mit einem weichen Kissen und einem Puppensonnenschirm ausgestattet, Trixi thronte. Unsere Tochter hatte, kunstvoll mit Expandern und Seilen, den alten Leiterwagen am Rad befestigt. Unter einem Leintuch zum Sonnenschutz erwartete Lucy voller Vorfreude die Abfahrt.

Meine Heiterkeit steigerte sich noch mehr, als die Mädchen nun in die Pedale traten. Durch Trixis Gewicht wurde das Schutzblech immer wieder auf den Fahrradreifen gedrückt, was eine fortwährende Vibration auslöste. Die Terrier-Hündin wurde durchgeschüttelt, es war ein wahres Wunder, dass ihre Zähne nicht klapperten. Trotzdem saß sie völlig ungerührt im Korb und genoss den Ausblick und die Tatsache, nicht laufen zu müssen.

Der Leiterwagen hatte wohl in den letzten zehn Jahren unbenützt im Holzschuppen gestanden. Nun quiekte eines der Räder geradezu ohrenbetäubend. Als ich jedoch endlich die Ölkanne gefunden hatte, waren die vier Abenteurer schon über alle Berge.

Am Abend, als sie wieder zu Hause eintrudelten, wurde es dank ihrer Erzählungen noch einmal so richtig zum Lachen. Auf dem Weg zum Baggersee war der seltsame Hundetransport an einem Sommerfest vorbeigeradelt. Die Leute, die im Bierzelt lautstarke Blasmusik hörten, kamen wegen der lauten Quietscherei auf die Straße gelaufen und zu guter Letzt war auch die Musik verstummt.

Ich konnte mir die Gesichter der Leute gut vorstellen, als sie das ratternde Schutzblech und den laut protestierenden Leiterwagen mit den Hunden sahen. Ich hoffte nur, dass keiner der gestörten Sommerfestler meine Tochter erkannt und mit mir in Verbindung gebracht hatte.

Teresa blieb eine Weile bei uns wohnen und lernte dann einen netten Mann kennen, den sie kurz darauf geheiratet hat. Von Gerhard haben weder sie noch ich je wieder etwas gehört.

Rainer, mittlerweile im Besitz seines zwölften Pferdes, zog aus Ermangelung eines anderen Pensionsplatzes ebenfalls bei uns ein. Nein, nicht er, sondern seine Schimmelstute stand eine gewisse Zeit bei uns im Stall. Sein Verhalten uns und den anderen Pferdebesitzern gegenüber aber machte es notwendig, ihn alsbald zum Weiterziehen aufzufordern. Er fand tatsächlich in unserem Landkreis noch einen Stall, wo man ihn noch nicht kannte und demzufolge aufnahm. Wie lange es dort mit ihm gut ging, entzieht sich meiner Kenntnis.

Die zwei Katzen, die ebenfalls bei uns ein neues Zuhause fanden, lebten sich schnell ein und waren bald bei allen sehr beliebt. Eine davon, eine dreifarbige Glückskatze namens Resi fühlte sich auf sämtlichen Pferderücken pudelwohl, vor allem wenn die Sonne daraufschien.

Die andere, eine grau-braune Tigerkatze, erschien immer dort, wo Lucy gerade war, egal ob sie schlief oder spielte. Umgekehrt suchte auch die Hündin die Gesellschaft der Samtpfote. Oft fanden wir die beiden in inniger Umarmung auf dem Sofa liegend, beide heftig schnarchend. Draußen kam es vor, dass der Tiger mit der Frisbeescheibe von Lucy auf und davonlief. Wenn allerdings Max auf die Idee kam, sie ihr abzujagen, ließ er die Scheibe fallen und setzte sich in erhöhter Position auf Beobachtungsposten.

Paradox war, dass die beiden Katzen sich gegenseitig überhaupt nicht leiden konnten und sogar ein paar Mal übel aneinandergerieten, während jede von ihnen sich hervorragend mit den anderen Katzen auf dem Hof verstand.

41...Alina

Von einer meiner Einstellerinnen erfuhr ich, dass eine Berner Sennen-Hündin im Alter von zwei Jahren heimatlos zu werden drohte. Ihre bisherigen Besitzer planten einen Umzug und erwarteten obendrein in Kürze ein Kind. Ich erinnerte mich oft und gerne an die Zeit mit Susi, die uns unseren innigst geliebten Barry geboren hatte. Darum beschloss ich, mir den Hund wenigstens einmal anzusehen.

Die Zeit zur Abgabe drängte, und so wäre Alina unweigerlich im Tierheim gelandet.

Sie war eine ausgesprochen hübsche Vertreterin ihrer Rasse, mit perfekt symmetrischer Musterung am Kopf und wachen Augen. Allerdings hatte man eindeutig versäumt, sie zu erziehen, denn bereits am Gartentor warf sie mich zur Begrüßung fast um. Auf ihrem ungestümen Temperament beruhte auch die Sorge des Pärchens, das seinen Nachwuchs dadurch gefährdet sah. Ich musste gestehen, dass Alina ohne grundlegende Zurechtweisung eine Gefahr sowohl für Kinder als auch für alte Menschen darstellte. Sie wusste ihre überschwängliche Freude nicht anders auszudrücken als durch Hochspringen und rempeln.

Im Haus benahm sie sich etwas gezügelter, sprang aber auch hier an allem und jedem hoch und versuchte ständig, die Aufmerksamkeit auf sich zu lenken. In Anbetracht ihres Alters erschien mir diese Unart aber durchaus korrigierbar und da sie ansonsten keine Charakterschwächen aufwies, setzte ich sie kurzerhand in mein Auto und nahm sie mit nach Hause.

Teddy war die erste, die Alina begrüßte. Sie sagte kurz „Hallo" und verkrümelte sich dann auf ihren Platz im Heu. Die Berner Sennen-Hündin war ihr zu wild. Anhand ihrer geringen Größe war Teddy immer darauf bedacht, dem Gerangel mit größeren Hunden aus dem Weg zu gehen. Trixi schoss wie wild auf den Neuankömmling zu und verbellte sie tüchtig, was Alina aber nichts auszumachen schien. Barry, der nun schon ein stattliches Alter erreicht hatte, hielt es wie Teddy. Er sagte kurz „Guten Tag", um dann wieder im Haus zu verschwinden, wo seine Couch auf seine Rückkehr wartete.

Max hingegen war total aus dem Häuschen, als er die schöne Hundedame sichtete. Um sich gleich im rechten Licht zu präsentieren, drehte er vor Alinas Augen seine berühmten Runden. Nachdem sie ihm eine Weile fasziniert zugesehen hatte, lief sie in seinem Windschatten hinter ihm her. Sie schaffte immerhin sieben Runden. Als sie müde wurde, setzte sie sich laut hechelnd in die Mitte und drehte nur noch bewundernd den Kopf in Richtung des unermüdlich Kreisenden.

Endlich hatte Max sein Pflichtprogramm absolviert und nun begab er sich zu seiner Angebeteten und legte sich neben sie ins Gras. Stolz sah er mich aus seinen graubraunen Augen an und die Sprechblase über seinem Kopf hatte wohl folgenden Text: „Das hast du gut gemacht, Frauchen, das ist die hübscheste Berner Sennen-Dame, die ich kenne. Und jetzt lass uns allein, bitte."

Auch meine Familienmitglieder ließen sich schnell von Alina bezaubern. Ihr Temperament wirkte in der Eingewöhnungsphase noch etwas gebremst und, anschmiegsam wie sie war, hatte sie in Windeseile alle Herzen erobert.

Als sie ihre Anspringattacken schließlich wieder aufnahm, bestraften wir sie mit Nichtbeachtung, was bei ihr total gut wirkte. Als Schmeichlerin konnte ihr gar nichts Schlimmeres passieren, als ohne Beachtung zu bleiben und so ließ sie die Remplerei bald sein.

Max war ihr Freund in allen Lebenslagen. Mit ihm war sie den ganzen Tag zusammen, egal, ob es ums spielen, spazieren gehen oder fressen ging – die beiden waren unzertrennlich. Manchmal dachte ich an die alte Anka und war froh, dass sie diese zwei ausgelassenen Hunde nicht mehr erleben musste. Wenn sie in ihrem Element waren, wurde auf alles, was da im Weg stand, überhaupt keine Rücksicht genommen. Teddy sonderte sich sofort ab, wenn die beiden auf sie zu rannten und suchte Schutz unter Autos und Anhängern. Sie beteiligte sich lediglich an der Buddelei, wenn Max und Alina wieder die halbe Wiese auf der Suche nach Mäusen und Maulwürfen umgruben. Dabei passierte es dann schon mal, dass Max in seiner Leidenschaft Löcher grub und die hinter sich befindliche Teddy völlig zuschüttete. Erst als sie Erde in die Augen bekam, suchte sie sich ein eigenes Loch.

Selbst Barry, der immer schon ein ruhiger Hund gewesen war und jetzt im Alter meist mit Lisa die meiste Zeit döste, ließ sich manchmal dazu hinreißen, mit Max und Alina zu toben und zu graben.

Trixi saß in sicherer Entfernung und sah dem Treiben der anderen misstrauisch zu. Ganz im Gegensatz zu anderen Jack-Russells mied sie hartnäckig jede Art von Aktivität. Sogar auf Spaziergängen trottete sie meist missmutig hinterher. Wasser mochte sie noch weniger als Barry und schmutzige Pfoten waren ihr ebenso verhasst.

Als Alina etwa zehn Monate bei uns war, wiederholte sich die Love-Story von Apollo und Susi. Max verschwand mit seiner Angebeteten für zwei Tage und danach war Alina guter Hoffnung.

Zur selben Zeit ereignete sich noch etwas, das nicht ganz so erfreulich war. Unser Nachbar zur Linken, der in gut vierhundert Metern Entfernung eine Landwirtschaft betrieb, hatte seit kurzer Zeit einen neuen Hund, nachdem sein alter Arco das Zeitliche gesegnet hatte. Von Arco hatten wir in den fast fünfzehn Jahren, die er bei seiner Familie verbrachte nicht viel gesehen oder gehört.

Mit Ares verhielt sich das anders. Er tauchte alle paar Tage bei uns auf und wurde erst verbellt und dann ins Rudel aufgenommen. Max hielt ihn zwar immer auf Abstand zum Rest der Truppe, doch spielen und toben war erlaubt.

Eines Tages merkte ich schon frühmorgens, dass unsere Teddy unpässlich war. Sie fraß nicht, lag wie tot auf ihrem Fensterbrett in der Küche und hatte eine heiße Nase. Am Nachmittag brachte ich sie zum Tierarzt. Die Diagnose traf mich mit voller Wucht und unerwartet. Teddy war schwanger, und das schon im zweiten Drittel.

Dafür konnte nur einer verantwortlich sein und das war Ares. Mir war allerdings in dieser Hinsicht nie aufgefallen, wie sich die beiden vergnügten. Eine Röntgenaufnahme ergab, dass die Jungen in Teddys Bauch schon jetzt so groß waren, dass es bei der Geburt unweigerlich zu Komplikationen kommen würde. Sofort entschied ich mich für eine Abtreibung und gleichzeitige Sterilisation. Teddy steckte die Sache großartig weg und schon am selben Abend gesellte sie sich zu mir auf die Couch, um sich bedauern zu lassen. Nun hatten wir eine Sorge weniger und konzentrierten uns auf Alinas Mutterschaft.

Ich hoffte inständig, dass sie nicht das gleiche Los wie Susi ereilen würde und tat alles in meiner Macht stehende, um der Hündin die Trächtigkeit so angenehm wie möglich zu gestalten. Über ein paar Hunde von Barrys Sorte freuten wir uns wie verrückt.

Weihnachten kam und am 27. Dezember war der Tag der Niederkunft da. Alinas Fruchtblase platzte und innerhalb der nächsten Stunde sollte ein Welpe zur Welt kommen. Die Stunde verging, dann noch eine halbe, und dann packte ich Alina ins Auto und fuhr mit ihr zum Tierarzt, begleitet von meiner Tochter, die sich ebenfalls die größten Sorgen machte. Ständig hatten wir Susis Schicksal im Kopf.

Der Doktor untersuchte die Hündin, konnte aber keine Komplikationen feststellen. Sicherheitshalber machte er eine Röntgenaufnahme, aber auch hier schien alles in Ordnung zu sein. „Ich sehe hier drei kleine Köpfe," stellte er fest. „Einer davon befindet sich schon im Geburtskanal. Ich denke, dass es nicht mehr lange dauert. Ansonsten kann ich jetzt nichts für sie tun."

Wir fuhren mit gemischten Gefühlen wieder nach Hause und warteten weiter. Endlich, nach einer weiteren halben Stunde, kam der erste Welpe. Er war schwarz-weiß wie sein Vater und bestimmt doppelt so groß wie seinerzeit unser Barry. Er lebte genau eine Viertelstunde und hörte dann plötzlich auf zu atmen. Sämtliche Wiederbelebungsversuche blieben erfolglos. Traurig legten wir den toten Welpen zur Seite, als sich auch schon der nächste ankündigte. Ein schwarzes Mädchen wurde geboren, das wir keine Sekunde aus den Augen ließen, unmittelbar danach kam ein grauer Rüde zur Welt.

Der Tierarzt hatte von drei Köpfen gesprochen, also beschloss ich, die blutigen Laken im Korb zu wechseln, um den beiden lebenden Hundekindern ein kuscheliges Bettchen zu bereiten. Alina hatte sie bereits trocken geleckt und nun saugten sie voller Behagen an ihren Zitzen. Meine Tochter war trotz der fortgeschrittenen Stunde nicht dazu zu bewegen, ins Bett zu gehen. Nach wie vor war sie um das Wohlergehen der kleinen Familie besorgt. Als ich sie fast überzeugt hatte, nun nichts mehr für die Hundekinder tun zu können, presste Alina erneut und ein schwarzes Hundekind lag im Korb, das von seiner Mutter freudig begrüßt und geleckt wurde. Wir notierten die Zeit, es war 23.30 Uhr, als der schwarze Rüde zur Welt kam.

Diesen Kopf hatte der Tierarzt wohl nicht erkennen können, ebenso wenig wie die anderen sieben, die bis zum Morgengrauen geboren wurden. In der Zwischenzeit drohten mir die sauberen Laken auszugehen, die ich nach jeder Geburt ins Körbchen legte, in der Annahme, der jeweilig geworfene Welpe sei der letzte.

Um 3.30 Uhr hatten wir zehn propere Hundekinder, fünf schwarze, zwei schwarz-weiße und drei graue Welpen lagen bei Alina und schliefen satt und zufrieden. Meine Tochter war überglücklich und wir beide hundemüde. Am liebsten hätte ich mich zu den schlafenden Welpen gelegt, doch der Platz hätte nicht ausgereicht.

Da die Nacht sehr kurz war, brachte ich es nicht übers Herz, meine Tochter am nächsten Tag in die Schule zu schicken. Ausnahmsweise durfte sie zu Hause bleiben, was angesichts der quicklebendigen, ständig hungrigen Hundekorbfüllung natürlich ein Fest für sie war.

Am Vormittag durfte auch Max seine Kinder besichtigen, allerdings nur aus sicherer Entfernung, denn Alina kannte in dieser Hinsicht keine Gnade. Noch nicht einmal die Katzen durften sich dem Korb nähern. In den ersten zwei Wochen verließ die stolze Hundemama ihren Nachwuchs nur, um zu fressen, zu trinken und ihre Notdurft zu verrichten. Die kleine Bande hatte ständig Hunger und irgendein Welpe maunzte und quiekte immer, während die anderen schliefen. Alina bekam das beste Futter und magerte trotzdem ab. Die zehn Hundekinder forderten ihren Tribut. Nach vier Wochen wollte die gestresste Mutter von ihrem Nachwuchs nichts mehr wissen. Die Babys tapsten mittlerweile unbeholfen durch die Gegend und verrichteten ihr Geschäft, wo immer sie sich gerade aufhielten. Sie mitten im Januar ins Freie zu schaffen, stand außer Frage und so zimmerte mein Mann aus einigen Sperrholzplatten ein Kinderzimmer, damit wir nicht ständig in eine Pfütze oder ein Häufchen traten.

Bereits um vier Uhr morgens stand ich auf, hatte die Augen noch nicht ganz offen, aber schon Putzeimer und Lappen zur Hand.

Alina schlief in sicherem Abstand und sah mir müde zu, wie ich das Kinderzimmer reinigte, während zehn kleine Hundekinder um meine Beine wuselten und schon wieder Hunger hatten. Tagsüber war ich beschäftigt mit Hundefutter kochen, Kinderzimmer putzen und fünf Mahlzeiten zu verteilen. Alina ließ sich einmal am Tag dazu herab, ihre Bande im Stehen zu säugen, mehr war nicht drin.

Ausgerechnet unsere griesgrämige Trixi bemühte sich nun um die zehn Welpen, die fast schon ihre Größe erreicht hatten. Sie überwand die Sperrholz-Absperrung und setzte sich inmitten der Rasselbande und spielte das Kindermädchen für sie. Geduldig ließ sie sich an den Ohren zerren und in den Schwanz beißen, ohne jemals wütend zu werden.

Nach fünf Wochen übernahm Max mit Inbrunst seine Vaterrolle. Die Jungen, die nun schon mehrmals am Tag ins Freie durften, hingen an ihm wie die Kletten. Egal, wohin er sie führte, sie folgten ihm auf Schritt und Tritt. Er lehrte sie, sich auf dem Gelände zurechtzufinden und hielt sie verantwortungsvoll von den Teichen fern. Ihre Mutter sah dem Treiben gelangweilt zu und erholte sich von ihren Strapazen. Langsam rundete sich ihr ausgezehrter Körper wieder und nach einer Weile kehrte auch ihr nimmermüdes Temperament zurück. Ausgelassen tobte sie mit Max und den Welpen um die Wette, zog sich aber anschließend sofort wieder zurück, um dem Vater die Erziehung zu überlassen.

Für uns stellte sich nun die schwere Aufgabe, aus dem bunten Haufen den Welpen auszusuchen, den wir behalten wollten, denn alle herzugeben hätte uns das Herz zerrissen. Mein Favorit war ein grauer Rüde, der mit zahlreichen schwarzen Flecken auf dem Rücken und weißen Stiefelchen Barry sehr ähnelte. Meine Tochter aber hatte sich in ein schwarz-weiß geflecktes Hundemädchen verguckt, die trotz ihrer Weiblichkeit die größte im Wurf war. Meine Mutter meinte, es wäre egal, Hauptsache, einer bliebe da. Mein Mann, der die Welpen nur an den Wochenenden zu sehen bekam, enthielt sich der Stimme und überließ uns die Wahl. Letztendlich bekam unsere Tochter ihren Willen, weil sie sich gar so vehement für ihr Hundemädchen einsetzte.

Nachdem wir uns also entschieden hatten, galt es, einen Namen zu finden. Daisy und Cora kamen in die engere Wahl, Hattie klang so ähnlich wie Teddy, Bella fanden wir zu pauschal, nichts wollte so recht zu unserer Berner Dogge passen. Als unsere Tochter Wind bekam von der Namenssuche, meinte sie nur: „Wieso, die hat doch schon einen Namen." Ich wusste augenblicklich, worauf sie hinauswollte. Immer, wenn sie den Kleinen beim Spielen zugesehen hatte, rief sie nach ihrer „Dicken". Unbestreitbar handelte es sich um die Dickste und Größte im Wurf, und so blieb es dabei, wir hatten für unsere „Dicke" einen Namen gefunden.

Die anderen neun Hundekinder vermittelten wir an nette Familien, wo ihr Leben einen schönen, weiteren Verlauf nehmen konnte. Die Auswahl war riesengroß, da sich auf unsere Fotoanzeige über siebzig Bewerber meldeten. In den letzten Wochen vor dem Abgabetermin besuchten die ersten Interessenten den von ihnen ausgesuchten Hund, manche täglich, andere an den Wochenenden. Ich störte mich nicht an den vielen Menschen im Haus, sondern fand es positiv. Erstens lernten die Hundchen ihre zukünftigen Besitzer gleich kennen und umgekehrt, zweitens konnte ich mir so ein Bild von den Leuten machen, die unsere Welpen adoptieren wollten. In Anbetracht der vielen Zuschriften und Rückmeldungen, die ich auch jetzt nach sechs Jahren noch bekomme, glaube ich, damals alles richtig gemacht zu haben.

Trotzdem tat es unendlich weh, die kleinen Wonneproppen herzugeben. Jedes Mal, wenn einer von ihnen abgeholt wurde, weinten wir und waren schrecklich traurig. Als mein Grauer ging, dachte ich, ich müsste ihn zurückholen, tat es aber dann doch nicht. Hätte ich geahnt, was in den nächsten drei Monaten geschehen würde, hätte ich mich entschlossen, einen zweiten Welpen zu behalten, aber wer von uns kann schon in die Zukunft sehen.

Es begann im März, als Alina erneut läufig wurde. Um nicht wieder einen Wurf junger Hunde zu produzieren, brachten wir Max zur Kastration. Später sollte auch Alina sterilisiert werden. Das in dieser Reihenfolge zu planen, war der entscheidende Fehler. Während Max sich von seiner OP erholte, besuchte uns wieder einmal, wie so oft, Ares vom Nachbarhof. Er setzte sich schon frühmorgens vor unsere Haustür und wartete auf das Erscheinen seiner Angebeteten, die seinem Werben natürlich freudig folgte. Nichts Gutes ahnend, fing ich Alina bei ihrer Rückkehr noch auf dem Hof ab und brachte sie umgehend zum Tierarzt. Eine Spritze sollte das Schlimmste verhindern, nach drei Tagen vereinbarten wir den Termin zur Sterilisation.

Auch für Alina verlief der Eingriff ohne Probleme und schneller als gedacht, drehte sie wieder ihre Runden mit Max. Leider hatte sie aber nun Gefallen an ihren Streifzügen mit Ares gefunden und nutzte jede unbeobachtete Sekunde, um mit ihm um die Ecke zu verschwinden. Auch wenn wir noch so gut aufpassten, schafften es die beiden immer wieder, unbemerkt das Weite zu suchen und sich stundenlang herumzutreiben. Auf einem ihrer Ausflüge entdeckten die beiden dann die Hühner des Nachbarn. Ares kannte das Federvieh von klein auf, für Alina war es neu. Anfangs brachte sie ein und dasselbe Huhn viermal am Tag bei uns an. Ich setzte das verängstigte Tier in den Kofferraum und fuhr damit zum Nachbarn, wo ich es vorsichtig in den Hühnerstall setzte. Kaum traf ich mit dem Auto zu Hause ein, stand Alina mit dem Huhn schon wieder auf dem Hof. Am darauffolgenden Tag wiederholte sich die Szene erneut, bis es dem Vogel zu viel wurde und er verstarb.

Kaum hatte die Hündin Blut geleckt, verlegte sie sich darauf, den Hühnern gleich an Ort und Stelle den Garaus zu machen. War das erste Huhn von meiner Nachbarin noch als verschmerzbarer Verlust betrachtet worden, entlockten ihr die darauffolgenden Morde an den Federtieren böse Kommentare. Da war von Futtermangel die Rede, von Verletzung der Aufsichtspflicht und von Drohungen mit der Polizei und der Tierschutzbehörde.

Wir versuchten auf jede erdenkliche Art, Alina von ihren Raubzügen abzuhalten, jedoch ohne Erfolg. Immer wieder tauchte Ares auf und versuchte, seine Gespielin aus dem Haus zu locken. Bald durfte sie nur noch an der Leine das Haus verlassen, sie im Rudel mitlaufen zu lassen, ging gar nicht mehr. Sie tat mir leid, wenn sie an der Kette im Hof saß und den anderen sehnsüchtig hinterher blickte. Der Bau eines Hundezwingers wurde erwogen und wieder verworfen.

Wir hielten Kriegsrat und kamen überein, dass für Alina ein neues Zuhause gefunden werden musste. Noch nie hatte ich einen Hund, der zu unserer Familie gehörte, weggegeben, aber Alina ließ mir keine andere Wahl. Irgendwann würden auch die anderen Hunde, in erster Linie Max und die Dicke auf den Gedanken kommen, der Hündin zu folgen. Das Ergebnis davon wollte ich mir gar nicht ausmalen.

Einer guten Freundin verdankten wir, dass Alina einen Platz bei einem Pärchen mittleren Alters bekam, die rund vier Hektar Grund ihr Eigen nannten. Die Fläche war vollständig eingezäunt, so dass die Berner Sennen-Hündin und der Boxer, der schon seit sieben Jahren bei den beiden wohnte, gefahrlos für sich und andere herumtollen konnten. Besonders der Mann freute sich ungemein über den Familienzuwachs, weil ihn diese

Rasse schon immer fasziniert hatte. Der Abschied fiel sehr schwer, aber ich dachte an Alina, die ihre besten Jahre nun ohne Leine und Zwinger erleben durfte. Manchmal ist es einfach besser, ein Tier wegzugeben, wenn ihm anderswo ein schöneres Leben zuteil wird.

Gerade einmal eine Woche, nachdem Alina und verlassen hatte, verließ uns auch Barry, allerdings auf eine andere Weise. Im stolzen Alter von vierzehn Jahren, für diese Rasse ein biblisches Alter, starb er an Nierenversagen. Wussten Sie, dass Doggen eine durchschnittliche Lebenserwartung von zweieinhalb Jahren haben, weil die meisten noch vor ihrem ersten Geburtstag an Magendrehung sterben? Barry war zwar ein Mischlingsrüde, stand aber in der Größe seinen reinrassigen Artgenossen in nichts nach. Darum waren wir froh, dass wir ihn so lange bei uns haben durften. Sein Heimgang erschütterte nicht nur uns, sondern vor allem auch Lisa, die ja sozusagen ihr ganzes Leben mit ihm verbracht hatte. Von diesem Tag an war Lisa nie mehr dieselbe. Sie war freundlich zu allen Familienmitgliedern, ließ sich auch von Freunden und Fremden streicheln, aber ihrem Leben ohne Barry fehlte die Begeisterung. Oft lief sie auf die Wiesen, die sie früher zusammen besucht hatten, um mit traurigem Blick resigniert heimzukehren.

Zu allem Überfluss starb im selben Jahr noch unser bezaubernder Max. Drei Hunde in einem Jahr zu verlieren war mehr, als ich ertragen konnte. Täglich besuchte ich mit meiner übriggebliebenen Meute die Gräber von Barry und Max, die unser Bekannter mit dem Bagger ausgehoben hatte. Die ganze Familie trauerte um die sanften Riesen und wenn meine Dicke nicht gewesen wäre, die jetzt ganz besonders meine Aufmerksamkeit und Fürsorge brauchte, wäre ich in ebenso tiefe Verzweiflung gefallen, wie damals nach Whiskys Tod. Die Gräber besuche ich noch heute und denke immer wieder gerne an die drei Riesenhunde, die mir so viel Freude gemacht haben: Apollo, Barry und Max. Sie haben meine große Liebe zu Doggen begründet, die ich nie in meinem Leben missen möchte. Natürlich liebe ich auch die anderen Hunde, die bei mir leben oder gelebt haben, aber mein Haufen ist nur komplett, wenn eine Dogge, oder besser noch, eine Berner Dogge dabei ist.

42... Anka II

Erinnern Sie sich noch an eines der ersten Kapitel in diesem Buch? Richtig, Sie haben sich auch nicht verlesen, unsere Anka, die wir vor sechzehn Jahren aus dem Tierheim geholt hatten, lebte immer noch, obwohl wir nun bereits im Jahr 2004 angekommen sind. So manchem jüngeren Hund hatte sie mittlerweile ins Grab geblickt. In all den Jahren lebte sie ihr Hundeleben still und unauffällig, sie war nie aufdringlich, hatte aber natürlich nichts gegen jede erdenkliche Zuwendung. Als sie bei uns Einzug gehalten hatte, war sie vermutlich zwei Jahre alt, wie der Tierarzt uns bestätigte.

In all den Jahren war sie nie ernsthaft krank gewesen, war nie durch irgendwelche Untaten aufgefallen und war stets zuverlässig und treu wie Gold.

In letzter Zeit blieb sie bei den Spaziergängen, auf denen sie bislang wacker mitgetrottet war, immer öfter stehen. Hechelnd suchte sie Abkühlung in allen möglichen Bächen und Gräben. Auf unserem Hof suchte sie immer wieder den Teich auf, wo sie sich eine halbe Stunde lang bis zum Bauch ins Wasser stellte. Zunächst hielten wir es für eine Marotte, bis ich dann öfters ihre Nase befühlte und sie trocken und heiß vorfand.

Bei mir schrillten alle Alarmglocken und so verfrachtete ich Anka ins Auto und brachte sie, nichts Gutes ahnend, zum Tierarzt. Er untersuchte sie eingehend, röntgte sie und zeigte mir anschließend mit ernstem Gesichtsausdruck die Aufnahme. In Ankas Gebärmutter hatte sich ein riesiger Tumor gebildet, der ihr offensichtlich sehr zu schaffen machte. Gleichzeitig riet er mir aufgrund des hohen Alters der Hündin von einer Operation ab.

„Sehen Sie," meinte er, „wenn ihr Kreislauf schlapp macht, und sie stirbt mir während der Operation, müssen Sie dennoch die Kosten tragen. Wenn Sie einverstanden sind, gebe ich ihr eine Spritze, nach der sie sanft einschläft und sie muss sich nicht bis zum bitteren Ende quälen."

Ich hatte einen riesigen Kloß im Hals, als ich in die flehenden Augen der kranken Hündin sah. Sie hing doch so sehr am Leben, kam überall mit hin, wie ein schwarzer Schatten. So viele Jahre hatte sie uns überall hin begleitet und nun sollte hier und jetzt Schluss sein. Das war mehr, als ich ertragen konnte. Sicher war sie alt und man musste schon lange damit rechnen, dass sie nicht ewig leben würde, aber das hier kam mir zu plötzlich.

„Es wäre aber möglich, sie zu operieren?" fragte ich zaghaft. „Sicher", antwortete er „möglich ist es. Es ist nur so, dass ich ehrlich gesagt noch nie so einem alten Hund einen derart großen Tumor entfernt habe. Versuchen könnte man es schon."

„Schön, dann machen Sie es", entschied ich kurzerhand. „Wann soll sie operiert werden?" Er setzte die OP für den gleichen Abend an. Ich informierte meine Tochter, die meine Entscheidung sofort unterstützte.

„Anka packt das", meinte sie zuversichtlich. „Wirst schon sehen, die hält das aus." Ihr Wort in Gottes Ohr, ich war mir da nicht so sicher. Trotzdem hätte ich die Hündin zu keinem Zeitpunkt aufgegeben. Sie war mir in den vielen Jahren genauso vertraut wie jedes andere Familienmitglied und für die hätte ich auch alles getan, was in meiner Macht stand.

Eine Stunde später lag Anka auf dem Operationstisch. Die Narkose wirkte bereits und meine Tochter und ich durften durch das große Fenster zusehen, wie der Arzt den Tumor aus ihrem Bauch entfernte. Er füllte einen Zehn-Liter-Eimer über die Hälfte aus. Eine Probe fürs Labor wurde entnommen und Ankas Bauch in einer aufwändigen Prozedur wieder zugenäht.

Danach durften wir sie mit nach Hause nehmen, damit sie in ihrer gewohnten Umgebung aufwachen konnte. Bisher war alles perfekt gelaufen. Wir legten sie in die Küche auf eine weiche Unterlage und hielten stundenlang Wache. Als Anka gegen Mitternacht die Augen aufschlug und uns sofort mit einem verhaltenen Schwanzwedeln begrüßte, weinten wir beide vor Freude. Mit ruhigen Atemzügen schlief die Hündin wieder ein und auch wir gingen in unsere Betten.

Nach wenigen Stunden Schlaf schlich ich voller Erwartung in die Küche und fand Anka hellwach und mit klarem Blick auf ihrem Lager. Als sie mich sah, stand sie auf und kam auf wackligen Beinen auf mich zu. Ich umarmte sie voller Freude, als auch meine Tochter sich zu uns gesellte und Anka ihre Glückwünsche entgegenbrachte.

Die Wunde am Bauch verheilte schneller, als gedacht. Nach zehn Tagen wurden die Fäden entfernt und auch aus dem Labor wurde Entwarnung gegeben. Der Tumor war gutartig. Ich war so froh über meine Entscheidung und zahlte die Tierarztrechnung mit Freuden.

Anka blieb uns noch drei Jahre lang erhalten. In ihrem einundzwanzigsten Lebensjahr bekam sie kurz hintereinander drei Schlaganfälle, von denen der letzte sie so schwer traf, dass sie nicht mehr aufstehen konnte. Der Tierarzt kam und als er ihr die gefürchtete Spritze gab, meinte er: „Das ist der erste Hund in meiner ganzen Laufbahn, den ich mit einundzwanzig Jahren einschläfern muss." Die Trauer war natürlich bei uns allen groß, aber wir trösteten uns mit dem Gedanken an das lange, schöne Leben, das sie bei uns hatte.

Wenn ich heute zurückdenke, freue ich mich immer noch über die drei Jahre, die ich ihr und uns mit meiner Entscheidung geschenkt habe. Sie waren es in jeder Hinsicht wert.

43…Ria

Eine Pferdebesitzerin, deren Scheckstute seit mehreren Jahren in unserem Pensionsstall untergebracht war, kam eines Tages völlig aufgelöst mit ihrem VW-Bus angerast und bat mich, sofort mitzukommen. Sie müsse mir etwas Unglaubliches zeigen und finde keine Worte, mir die Situation zu erklären, ich sollte mir am Besten selbst ein Bild machen. Also stieg ich zu ihr in den Bus und war höchst gespannt, was es denn so Aufregendes geben mochte.

Wir fuhren höchstens drei Kilometer zu einem Ort, der mir durch einen Hofladen bekannt war. Am Ende der kleinen Ortschaft bogen wir in eine Hofeinfahrt ein und stiegen aus. Für`s Erste konnte ich nichts Bemerkenswertes entdecken. Außer einem zweistöckigen Wohnhaus mit Garage und einem großen Holzschuppen auf der gegenüberliegenden Seite gab es nichts, was besondere Aufmerksamkeit verdient hätte.

Doris zog mich am Arm zu dem Holzstadel und öffnete das Tor einen Spalt breit. Jetzt sah ich, was ihre Bestürzung hervorgerufen hatte. In einem etwa einen Meter hohen dunklen Verhau, der früher wohl einmal als

Hasenstall funktioniert hatte, stand mit eingezogenem Kopf ein Mini-Shetland-Pony. Der Verschlag hatte eine Breite von höchstens sechzig Zentimetern, das arme Geschöpf konnte sich da drinnen beim besten Willen nicht einmal umdrehen. Sein Stockmaß mochte irgendwo zwischen sechzig und siebzig Zentimetern liegen, Max und Barry hatten in etwa die gleiche Größe gehabt wie das Minipferdchen.

Als das Licht durch den Türspalt fiel, kniff es die Augen zusammen, gab aber keinen Ton von sich. In diesem Moment erschien ein junger Mann hinter uns und wollte wissen, ob wir Interesse an dem Pony hätten. Doris bejahte und er öffnete die Gittertür, um das arme Ding ins Freie zu zerren. Zitternd setzte es vorsichtig einen Fuß vor den anderen. Die Hufe sahen aus, als wären sie vor vielen Jahren zum letzten Mal geschnitten worden. Wie die Spitzen von Holländerpantoffeln wölbten sich die Hornzehen.

„Ich schenk es euch," sagte der Mann, „aber nur, wenn ihr niemandem sagt, wo es herkommt." Er erzählte uns noch eine Riesenstory von seiner Scheidung und seinem Kind, für das das Pony gekauft worden war, das ihn jetzt aber nicht mehr besuchte. Ich machte mir in der Zeit Gedanken darüber, wie wir die kleine Ria nach Hause schaffen sollten, denn eins war sicher: Noch eine Nacht würde ich sie hier nicht lassen.

Doris hatte die zündende Idee, das Pferdchen in ihrem VW-Bus zu transportieren. Wir bauten eine kleine Rampe aus Brettern und hievten mit vereinten Kräften Ria durch die Schiebetür in den Wohnteil des Busses. Ich setzte mich auf das Bett und hielt den Kopf des Ponys fest an meine Schulter gedrückt. Behutsam lenkte Doris den Bus auf Schleichwegen heimwärts, denn eine Konfrontation mit der Polizei hätte in diesem Fall sicher unangenehme Folgen für uns gehabt.

Ohne Zwischenfälle kamen wir zu Hause an und befreiten Ria aus dem ungewohnten Transportfahrzeug. Während der Fahrt hatte sie keinen Mucks gemacht und war brav stehengeblieben. Als sie nun auf dem Hof stand und die anderen Pferde witterte, ließ sie ein lautes Wiehern vernehmen, dessen Lautstärke man dem kleinen Wicht gar nicht zugetraut hätte. Ria in die Herde zu geben, war völlig unmöglich. Sie konnte ihre Beinchen schlecht koordinieren, viel zu lange hatte sie in dem engen Verschlag gestanden. Außerdem mussten in erster Linie ihre Hufe geschnitten werden, so wie sie jetzt aussahen, musste jeder Schritt eine Qual für sie sein.

Unser Hufschmied räumte uns für den Abend noch einen Termin ein, worüber wir alle sehr froh waren. Zu viert hoben wir Ria auf eine Laderampe vom Autoanhänger, damit der Schmied sich nicht so arg bücken musste. Sie ließ alles widerstandslos über sich ergehen und nach einer halben Stunde sahen die Hüfchen schon viel besser aus, wenn auch noch nicht optimal. Dafür waren noch einige Termine nötig, doch jetzt konnte sie wenigstens einigermaßen normal laufen.

Ihre Aufmerksamkeit galt in erster Linie den anderen Pferden, die sich seit ihrer Ankunft auf dem Paddock versammelt hatten und ebenso neugierig auf das Minding starrten. Wir führten sie am Weidezaun entlang, um die Neugierde auf beiden Seiten zu befriedigen. Während wir uns noch Gedanken um die optimalste Art der Vergesellschaftung machten, löste Ria das Problem auf ihre Weise: Sie schlüpfte kurzerhand durch das unterste der drei stromführenden Seile und stand, ehe wir es uns versahen, mitten in der Herde. Von jedem einzelnen wurde sie beschnüffelt und für gut befunden. Minuten später graste die ganze Bande wieder friedlich auf der Weide, Ria wurde als vollwertiges Mitglied aufgenommen.

Ihren riesigen Mähnenpuschel, der sie anscheinend den Strom nicht fühlen ließ, nutzte sie weidlich aus und ging durch den Zaun, wann immer es ihr passte. Sie entfernte sich jedoch nie weiter als zehn Meter von den anderen und kehrte auch immer wieder zu ihnen zurück. Bedenklich wurde die Situation erst, als auf den umliegenden Feldern Mais und Gerste wuchsen, die das zierliche Pony nun ganz bestimmt nicht fressen sollte. Uns blieb nichts anderes übrig, als ein viertes Seil dicht über dem Boden zu ziehen und ein extra starkes Weidezaun-Gerät an dieses anzuschließen, um Ria die Ausflüge zu verleiden. Das klappte sehr gut, denn nun war es die Nase, die den Stromzaun bei Ausbruchsversuchen berührte, und die ist bekanntlich sehr empfindlich.

44...Dicke

Unsere schwarz-weiß gefleckte Berner Dogge gedieh prächtig. Gemeinsam mit Teddy tobte sie auf dem Grundstück umher und rannte dabei nicht selten die kleineren Hunde über den Haufen. Ihre Mutter vermisste sie anscheinend überhaupt nicht. Wie alle unsere Doggen ging sie vorbildlich an der Leine und verstand sich mit allen Tieren auf dem Hof prächtig. Den Pferden ging sie aus dem Weg. Nicht etwa, weil sie mit ihnen schlechte Erfahrungen gemacht hätte. Die schlechten Erfahrungen bezogen sich eher auf den Elektrozaun, der die Pferde umgab. Da die Dicke mich überall hin begleiten wollte, hatte sie beim Betreten der Weide ein paar heftige Schläge kassiert, bis sie endlich realisierte, dass die weißen Bänder schuld an dieser Unannehmlichkeit waren.

Von da an saß sie in respektvoller Entfernung und wartete ungeduldig auf mein Erscheinen, wenn ich die Weide entmistete.

Bei den Abendspaziergängen bekam sie des Öfteren die gleichen Anfälle wie ihr Vater Max und zog ihre Bahnen in den gleichen Radien wie er es getan hatte. Sogar Lisa ließ sich manchmal von ihr anstecken und die ganze Meute rannte im Kreis, als ginge es um ihr Leben. Trixi, die in den letzten Jahren ständig an Gewicht zugelegt hatte, tat sich schwer mit dem Laufen, versuchte aber, auf ihren kurzen Beinen mit den anderen Schritt zu halten. Danach war sie total ausgepowert und musste sofort auf ihre Schlafcouch. Die ungestüme Rennerei der Dicken fand eines Tages ein jähes Ende, als sie in irrsinniger Geschwindigkeit das Maisfeld am Rand unserer Auffahrt durchpflügte und beim Verlassen desselben frontal gegen einen Telefonmasten knallte. Der Aufprall war so heftig, dass sie meterweit ins Maisfeld zurückgeschleudert wurde. Nach diesem Unfall, der ihr bestimmt Kopfschmerzen bereitete, lief sie etwas zurückhaltender durch die Landschaft. Unserer Teddy gefiel das gut, denn allzu oft war sie der Dicken durch ihre Rüpelhaftigkeit zwischen die Beine geraten und hatte sich nur mühsam nach unfreiwilligen Saltos wieder aufrappeln können.

Eine Sache machte unserer Dicken vom frühesten Welpenalter an schwer zu schaffen, nämlich Männer. Keiner weiß, warum das so ist, denn sie ist in unserer Familie wohlbehalten aufgewachsen und kein Mann hat sie je misshandelt oder auch nur schief angesehen. Trotzdem hat sie Todesangst, sobald ein männliches Wesen vor der Tür steht, manchmal auch vor großen Frauen mit tiefer Stimme.

Im ersten Moment bellt sie wie eine Wahnsinnige, um gleich darauf irgendwo im ersten Stock oder unter der Eckbank Schutz zu suchen und zu zittern, bis der gefürchtete Gast das Haus wieder verlässt.

Im Ernst, hätte ich diese Hündin von einem Züchter erworben, würde ich ihm wahrscheinlich die fürchterlichsten Dinge unterstellen, die er ihr zugefügt haben könnte.

Die Dicke ist in jeder Hinsicht eine Mimose. Ich kann mich nicht erinnern, dass ich sie jemals anschreien musste, wenn sie einen Fehler machte. Es genügt vollauf, sie ernst und lange anzusehen, wonach sie sich auf den Rücken legt und den Bauch zur versöhnlichen Unterwerfung anbietet. Ständig ist sie bemüht, alles richtig zu machen, damit nur ja keiner sie böse anguckt.

Sie liebt alles, was klein ist, egal ob Hund, Katze, Kind oder Karnickel, nur gegen eine Tierart hegt sie eine ausgesprochene Abneigung, nämlich gegen Igel. Entdeckt sie eines dieser ihr verhassten Tiere, beißt sie sofort hinein, und dabei ist ihr völlig egal, wenn der Igel sich zu einer Stachelkugel zusammenrollt. Mit einem lauten Knacken befördert sie die armen Dinger in Sekundenschnelle in den Igelhimmel, egal welche Größe sie erreicht haben. Ich weiß nicht, wie viele Male ich sie deswegen schon ausgescholten habe. Obwohl sie in jeder Hinsicht ein Mimöschen ist, bei den Stachelbällen fruchtet kein böser Blick und kein Schreien. Sie müssen ihrer Ansicht nach vom Erdboden getilgt werden, warum auch immer. Das Einzige, was ich für die verfolgten Kreaturen tun kann, ist, sie so schnell wie möglich aus dem Blickfeld der Hündin in ein sicheres Versteck zu bringen. Fragen Sie mich nicht, wie viele Stachelwunden ich schon an den Händen hatte.

Zum Glück beschränkt sich ihr unbändiger Hass einzig und allein auf diese Spezies. Allen anderen Tieren ist sie äußerst zugetan und obwohl sie ein sehr großer, kräftiger Hund ist, benimmt sie sich in Anwesenheit von Kindern oder kleinen Tieren sehr zurückhaltend und vorsichtig.

Den besten Beweis für ihre liebevolle Fürsorge gerade im Umgang mit Neugeborenen lieferte sie uns beim Eintreffen unseres nächsten Sorgenkindes, über das ich im Anschluss berichten möchte.

45...Baby

An einem Freitag-Abend im Mai stand urplötzlich ein benachbarter Landwirt vor unserer Tür. Nachdem er meine Tochter und mich begrüßt und ich ihn in die Küche gebeten hatte, zog er ein kleines, graues Etwas unter seinem Pullover hervor. Hilfesuchend streckte er mir ein höchstens zwei Wochen altes Kätzchen entgegen, welches nicht einmal meine Handfläche ausfüllte.

Während meine Tochter bereits in Freudenschreie ausbrach, fragte ich nach der Ursache für den späten Besuch und die Anwesenheit des elend aussehenden Katzenkindes, das sich bereits ziemlich kalt anfühlte.

Er erklärte zerknirscht, dass er die Katzenmutter beim Grasmähen getötet hatte. Bereits am Vortag sei ihm dieses Malheur passiert und seitdem hatten er und seine Frau nach den versteckten Kätzchen gesucht. Erst vor wenigen Minuten hatte sein Sohn sie dann auf dem Heuboden entdeckt, zwei seien aber bereits tot gewesen. Da es in der Nachbarschaft hinlänglich bekannt war, dass wir öfter Tiere bei uns aufnahmen, wollte er mich bitten, mich um das letzte Waisenkind zu kümmern.

Insgeheim erstaunte mich seine Bitte, denn Landwirte sind, gerade was Katzen anbelangt, meist ziemlich herzlos und gleichgültig. Meine Tochter, die nach all den Jahren bereits genau wusste, auf was es ankam, hatte in Windeseile bereits eine kleine Plüschmulde mit einer Wärmflasche ausgestattet, in die wir das Kätzchen nun betteten. Kurz nachdem der kleine graue Kater die Wärme spürte, fing er kläglich an zu miauen. In diesem Fall war das ein gutes Zeichen, denn das Geschrei bewies, dass die kleine Kreatur durchaus noch am Leben hing und nach Nahrung verlangte.

Der Landwirt, der sein kleines Verreckerl nun in guten Händen wusste, verabschiedete sich, um seine Stallarbeit fortzusetzen. Gleich nachdem er das Haus verlassen hatte, wagte unsere Dicke sich zu uns in die Küche, um den laut klagenden Neuling zu begutachten. Sie legte sich neben die Plüschmulde und legte ihren Kopf neben das Kätzchen, das nicht einmal die halbe Länge ihrer Hundenase maß. Fragend sah die Dicke mir zu, wie ich fieberhaft nach den Trinkfläschchen suchte, die wir nach der Aufzucht unserer vier Findlinge aufbewahrt hatten. Endlich fand ich sie im hinteren Teil des Drehkarussells, zusammen mit einem Rest von Trockenmilch, dessen Verfallsdatum zwar mittlerweile überschritten war, worauf ich in Anbetracht der Notlage aber keine Rücksicht nehmen konnte. Ich rührte das Pulver mit warmem Wasser an und als ich dem hungrigen Kätzchen den Sauger ins Mäulchen steckte, dauerte es keine Minute, bis es gierig die lebensrettende Flüssigkeit aufsaugte.

Nach der Mahlzeit legte ich den winzigen Kater, der gerade im Begriff war, die Äuglein zu öffnen, wieder in sein warmes Bett. Wie selbstverständlich begann die Dicke, seine Kehrseite zu lecken, was ihm offensichtlich sehr behagte. Kurze Zeit später war er friedlich eingeschlafen.

In den folgenden Tagen und Wochen waren sämtliche Familienmitglieder bestrebt, dem „Baby" sein Fläschchen zu verabreichen und es anschließend der Dicken zur Pflege zu überantworten. Meine Mutter hatte zu Anfang die größten Bedenken und meinte: „Der Riesen-Hund legt sich bestimmt irgendwann aus Versehen auf die Katze oder er tritt sie tot." Nichts davon geschah. Mit der ihr eigenen Sensibilität sorgte sich die Hündin um das hilflose Wesen, als wäre es ihr eigenes Junges. Nach dem Sauberlecken war das Kätzchen zwar oft so nass, das es beinahe triefte und wir es mit einem Frottee-Handtuch trocknen mussten, sonst aber war alles in bester Ordnung. Nach fünf Wochen fraß unser „Baby" bereits selbständig, wurde aber immer noch von seiner Ersatz-Mama geputzt und behütet.

Der Landwirt, der uns nach einigen Wochen mit seinem Sohn besuchte und sich nach dem Kätzchen erkundigte, staunte Bauklötze, als er seinen Schützling zwischen den Pfoten des riesigen Hundes wiederfand. „Das ist ja Wahnsinn" meinte er, „wenn der Hund den Kopf auf die Vorderpfoten legt, ist der Kleine platt." Nachdem er die Szene eine Weile betrachtet hatte, war allerdings auch er von der Sanftheit der Hündin überzeugt und gratulierte uns zur gelungenen Aufzucht des kleinen Sorgenkindes. „Das hätte ich kaum für möglich gehalten" gab er zu. „So wie der Kleine aussah, dachte ich, der stirbt spätestens am nächsten Tag. Das haben Sie wirklich gut gemacht."

Aus unserem Baby wurde ein stattlicher Kater, der seinen Namen trotz seiner Entwicklung natürlich beibehalten hat.

46...Von Kühen und Menschen

Zwei Jahre, nachdem meine Mutter zu uns gezogen war, bekam ich im Herbst die schlimmsten Arthritis-Schübe, die ich seit Ausbruch der Krankheit vor etwa sechs Jahren je erlebt hatte. Meine Hände schmerzten an manchen Tagen so sehr, dass ich begann, mit der Axt im Holzschuppen Zwiegespräche zu führen, die mich auf Dauer von meinen Leiden erlösen konnte. Meine Arbeit im Buchdrucker-Gewerbe konnte ich schon geraume Zeit nicht mehr ausüben. Zwar lief unsere kleine Pferdepension nicht schlecht, aber leben konnte man davon natürlich nicht. Andererseits musste der Kredit immer noch abbezahlt werden und der Verdienst von meinem Mann reichte dafür bei Weitem nicht aus. Obendrein hatten wir ja noch jede Menge hungriger Mäuler zu stopfen. Immer, wenn ich Gut Aiderbichl in den Medien sah, dachte ich, wie gut Herr Aufhauser es verstand, Spenden für seine tolle Tierschutzorganisation zu organisieren. Wir mussten alles selbst bezahlen und keiner fragte, wie wir das anstellten. Wäre ich doch auch so medientauglich wie dieser Herr, dann könnte ich problemlos all unseren Tieren ein gutes Zuhause bieten und obendrein noch einen tollen Jeep fahren.

Meine Rostlauben hatten meistens noch ein halbes Jahr TÜV und ich fuhr damit, weil kein anderer so bescheuert gewesen wäre, sich solche Karren anzueignen. Mir war es egal, wie mein jeweiliger fahrbarer Untersatz aussah, Hauptsache ich kam von A nach B und konnte meine Hunde zum Tierarzt oder sonst wohin befördern.

Angesichts der Arbeitslosigkeit und meiner schmerzenden Hände drohte ich in Depressionen zu versinken. Oft verfluchte ich mich selbst, weil ich kein einziges Mal, wenn ein Tier in Not geriet, mich abwenden und „Nein" sagen konnte. Mein gutes Herz würde eines Tages noch meine ganze Familie ruinieren. Eine gute Freundin von mir, die ähnlich veranlagt ist wie ich, aber keine Familie hat, hörte sich an manchen Tagen meine Klagen und Befürchtungen an. Eines Tages rief sie mich an und erzählte mir aufgeregt von einem Angebot, das ein Bekannter ihr unterbreitet hatte. Der Maschinenring unseres Landkreises suchte dringend Mitarbeiter in der Betriebshilfe. Diese Institution bietet den Landwirten in der Region den Dienst von freiberuflichen Mitarbeitern an, die bei Krankheit oder

Urlaub auf deren Höfen einspringen und sich um die verschiedensten Tätigkeiten kümmern.

Der Job ist äußerst vielseitig und abwechslungsreich. Wird die Bäuerin krank, versorgt die Betriebshelferin Haus, Garten und Kinder. Ebenso wird der Bauer im Stall in den verschiedensten Bereichen vertreten, zum Beispiel beim Melken und Füttern der Kühe oder beim Misten der Ställe.

Der Stundenlohn verschlug mir im ersten Moment die Sprache und ich beschloss, nicht alles zu glauben, was man mir erzählte.

Nach unserem Telefonat machte ich mir erst einmal Gedanken über meine augenblickliche Situation.

Die Schmerzen in den Händen hielten sich bei Einnahme von Medikamenten in Grenzen, solange ich es mit Kälte und Belastung nicht übertrieb. Die Stallarbeit machte mir die wenigsten Probleme, solange ich Handschuhe trug und nicht im Wasser herumpantschte. Ein monatliches Einkommen war die einzige Lösung unserer finanziellen Dauerbelastung. Punktum, ich nahm das Telefonbuch zur Hand und suchte die Nummer vom Maschinenring heraus.

Meine telefonische Bewerbung wurde hocherfreut entgegengenommen. Die nette Dame am anderen Ende der Leitung war derart erpicht darauf, mich als Mitarbeiterin zu gewinnen, vor allem nachdem sie von meiner Ausbildung als Kinderpflegerin erfuhr, dass ich mich langsam zu fragen begann, wo der Haken an der Sache war. Bei diesem Stundenlohn mussten sich arbeitswillige Bürger doch um diese Tätigkeit prügeln! Die Aufnahme als Betriebshelferin war einzig und allein an die Tatsache geknüpft, einen eigenen landwirtschaftlichen Betrieb zu bewirtschaften und Beiträge zur Berufsgenossenschaft zu entrichten. Erfreut stellte ich fest, dass ich beide Anforderungen erfüllen konnte und zehn Minuten später war ich eingetragene freie Mitarbeiterin des Maschinenringes.

Mein Mann nahm diese Tatsache mit weit weniger Euphorie als ich zur Kenntnis. Er befürchtete, diese Tätigkeit könnte zuviel für mich werden und misstraute der überaus guten Bezahlung.

Meinen ersten Einsatz bekam ich schon wenige Tage nach meiner Bewerbung. Ich sollte eine Landwirtin vertreten, die an der Hüfte operiert wurde und von der Berufsgenossenschaft für acht Wochen eine Betriebshilfe zugesprochen bekam.

Die Leute waren ausgesprochen nett, als ich am ersten Tag, von Tuten und Blasen keine Ahnung, aber mit dem besten Willen, meine Sache gut zu machen, um sechs Uhr morgens vor ihrer Tür stand. In den ersten Tagen kümmerte ich mich ausschließlich um den Haushalt. Ich kochte Kaffee, richtete den Frühstückstisch her und belud die Spülmaschine mit dem Geschirr vom Vortag. Pünktlich um neun Uhr verließ ich den Hof und fuhr nach Hause, wo ich meine Tiere versorgte und mich um meinen eigenen Haushalt bemühte. Abends fuhr ich wieder zur Arbeit und versorgte die Familie der Bäuerin, kochte Mittagessen vor und schrubbte die Küche und die Flure.

Schon bald bemerkte der Landwirt mein Interesse an den Tieren und lud mich ein, ihm einmal bei der Stallarbeit zu helfen. Seine Frau hatte die Operation gut überstanden und sich für eine ambulante Reha entschieden, die es ihr ermöglichte, tagsüber ein wenig die Familienangelegenheiten zu verwalten. Sie war normalerweise täglich fürs Melken zuständig gewesen, nun blieb die ganze Stallarbeit an ihrem Mann hängen. Bei fast achtzig Tieren keine Kleinigkeit, und so freute ich mich, ihm ein wenig Arbeit abnehmen zu können.

Für Kühe hatte ich mich insgeheim schon immer begeistert und voller Eifer ließ ich mich von dem netten Bauern in die Geheimnisse der Milchwirtschaft einweihen. Zum ersten Mal im Leben durfte ich eine Kuh melken, ein frisch geborenes Kalb füttern und die Milchkammer bedienen. Ich war in meinem Element. Nach den acht Wochen war ich traurig, die Familie verlassen zu müssen. Mir fehlten die Kühe, der Stall und alle anderen Tätigkeiten und so wartete ich ungeduldig auf meinen nächsten Einsatz in der Landwirtschaft.

Der kam bald und danach noch viele andere. Die Bezahlung war beinahe noch besser, als man mir anfangs versprochen hatte, weil wir auch Fahrtgeld zur Arbeitsstelle bekamen, und so war schließlich auch mein Mann überzeugt von meiner neuen Tätigkeit.

Nach einem Jahr hatte ich mich so gut eingearbeitet, dass ich jedes Melksystem und jede Spülanlage beherrschte. Das Beste an der Sache war, dass sämtliche Kühe, die ich melken sollte, mich ausgesprochen gerne mochten. Ich hatte nicht einmal mit den Tieren Probleme, die die Landwirte oft selbst als hoffnungslose Fälle an den Schlachthof abgeben wollten. Keine Kuh schlug nach mir oder verweigerte mir die Milch und so war ich auf den Höfen bald begehrt. Jeder verlangte nach der „Kuhflüsterin". Ich möchte hier wirklich nicht prahlen, ich weiß auch gar nicht, was ich so Besonderes mache. Ich tue genau das, was alle Milchwirte tun: Ich melke die Kühe. Wenn jemand mich nach meiner „besonderen Methode" fragt, kann ich ihm die Frage nicht einmal beantworten. Ich weiß nur, dass ich Kühe liebe, ihnen keine Schmerzen zufügen möchte und sie für ihre Mitarbeit als Milchlieferantinnen unglaublich respektiere.

Am meisten freue ich mich, wenn die kleinen Kälber so lange wie möglich bei ihren Müttern bleiben dürfen, obwohl das in den meisten Ställen nicht so gehandhabt wird. Die Kälber kommen gleich nach der Geburt in kleine Gitterställe und werden dort zunächst mit Flaschen und dann mit Eimern gefüttert. Das ist schade, aber ich kann es nicht ändern und so versuche ich, für die Zeit, in der ich dort arbeite, ihnen das Leben so angenehm wie möglich zu machen.

Insgesamt betrachtet sind die Landwirte, bei denen ich zur Aushilfe tätig bin, durchwegs nett und freundlich. Sie freuen sich über jede Art von Hilfe und sind weder großkotzig noch ablehnend. Ich mag meine Tätigkeit in diesem Bereich unwahrscheinlich gerne und frage mich manchmal, warum ich nicht viel früher an diesen Berufszweig geraten bin.

47…Machtlos

Trotz aller Liebe zu meinem neuen Aufgabenfeld muss ich einen Einsatz erwähnen, den ich lieber nicht angenommen hätte. Nach dem ersten Tag auf einem Reiterhof, der fünfundzwanzig Kilometer von uns entfernt liegt, war ich erst einmal ernüchtert und schockiert. In den darauffolgenden Wochen versuchte ich, zusammen mit zwei weiteren Mitarbeitern zu retten, was noch zu retten war.

Der erste Eindruck von dem Pferdehof war überwältigend. Im Hauptstall waren zwölf Pferde untergebracht. Die großzügig bemessenen Boxen wurden von Edelstahlgittern abgetrennt, auf den Gittern über den Toren prangten goldene Zierkugeln. Der Korkboden im Mittelgang dämpfte den Hufschlag und die hochmodernen Edelstahltränken hatten bestimmt eine Stange Geld gekostet.

Die ebenfalls zwölf Außenboxen befanden sich am Fuß eines steilen Abhangs und bestanden aus mahagonifarbenem, stabilem Holz.

Ließ man den Blick dem steilen Abhang nach oben folgen, sah man vier weitere Außenboxen, vor denen jeweils ein kleiner Paddock eingezäunt war. Dazwischen hatte man auf halber Höhe einen kleinen Reitplatz angelegt.

Außerdem gab es noch ein wunderschön im Landhausstil renoviertes Wohnhaus, einen gepflasterten Innenhof und vier Stut-Fohlen-Boxen mit Kameraüberwachung. Betrieben wurde die Anlage von einer 48-jährigen Unternehmensberaterin und ihrem Lebensgefährten, dessen Tätigkeit nicht bekannt war.

Die Stallbesitzerin hatte sich das Knieband gerissen und aus diesem Grund bei der Berufsgenossenschaft eine Aushilfe angefordert. Bei meinem Eintreffen wurde ich von Sybilla, der Bereiterin, in Empfang genommen. Nachdem wir uns vorgestellt hatten, drückte ich meine Ehrfurcht vor der schönen Stallanlage aus. Sybilla meinte daraufhin: „Warte nur, bis du die ersten Pferde gesehen hast." Die Tiere befanden sich im Augenblick auf der sogenannten „Waldweide", die einen halben Kilometer vom Anwesen entfernt lag.

Nach einer kurzen Einweisung machte ich mich an die Arbeit. Ich sollte die Boxen misten und mit Heu versorgen. Anschließend wollten wir zusammen die Pferde von der Weide holen und in den Stall bringen, wo sie ihre Abendration erhalten sollten.

Beim Betreten der ersten Box im Hauptstall wunderte ich mich über die Einstreu, die nur den mittleren Teil der Bodenfläche bedeckte. Außerdem brauchte man sehr viel Phantasie, um den schmutzigen, nassen Klumpen, der da lag, als Sägespäne zu identifizieren. Der Geruch von Ammoniak im gesamten Hauptstall war überwältigend. Bevor ich die zweite Box in Angriff nahm, öffnete ich erst einmal die Fenster im Mittelgang, aus Angst, zu ersticken. Nachdem ich den Hauptstall gemistet hatte, sah ich mich nach frischer Einstreu um, allerdings ohne Erfolg. Sybilla zeigte mir dann einen ausrangierten LKW-Anhänger, in dem ein Häufchen Sägespäne lag, mit dem ich nach meinen Vorstellungen nicht einmal eine der Pferdebehausungen einstreuen konnte, von den anderen siebenundzwanzig ganz zu schweigen.

„Wer sorgt denn hier für Nachschub?" Meine Frage kommentierte Sybilla mit einem verächtlichen Lachen. „Nachschub an was genau?" wollte sie ihrerseits wissen. „Sägespäne? Heu? Stroh? Hier gibt es nie genug von irgendwas. Das liegt daran, dass meine Chefin die Rechnungen nicht bezahlt. Wir bekommen im Umkreis von 70 Kilometern von keinem Bauern mehr Heu. Außerdem kommt kein Hufschmied mehr und der letzte Tierarzt dürfte auch schon mitgekriegt haben, dass hier nichts zu holen ist."

Oh Gott, dachte ich, das kann ja heiter werden. Nun, heiter wurde es keinesfalls. Die ausgemergelten Gestalten, die wir von der Weide holten, hatten mit Pferden nur die vier Beine und den Kopf gemeinsam. Der Rest davon war Elend pur. Von den 29 Tieren ging bestimmt ein Drittel lahm, und wir brauchten für den halben Kilometer eine gute halbe Stunde. Der Rest der Pferde, die noch laufen konnten, bewegte sich ebenfalls so langsam, was wohl der Auszehrung zugeschrieben werden konnte.

Nachdem wir die Boxentüren geschlossen und die Tiere mit ein paar lächerlichen Heustängeln versorgt hatten, machte ich meiner Empörung erstmal Luft.

„Sag mal, spinnt ihr hier alle? So kann man doch keine Pferde halten, das ist pure Tierquälerei. Ich werde jetzt sofort den Tierschutz alarmieren. Die armen Kreaturen müssen hier weg, die verhungern doch." Sybilla zuckte nur mit den Achseln. „Na dann, viel Spaß und gutes Gelingen. Jens, der Hausmeister und ich machen seit Wochen nichts anderes, als irgendeinen Verantwortlichen auf die Missstände hier aufmerksam zu machen. Wir bekommen schon seit Monaten kein Geld mehr für unsere Arbeit hier. Wir bleiben nur, bis sich hier endlich etwas tut. Ein paar Leute vom Tierschutz waren vor einem Monat hier. Sie haben die Boxen ausgemessen, die Tränkebecken kontrolliert und sind danach wieder abgezogen. Seitdem haben wir nichts mehr gehört, obwohl wir in sämtlichen Landkreisen Amtstierärzte und Tierschutz-Organisationen um Hilfe gebeten haben. Keiner will sich zuständig erklären."

Mit offenem Mund hörte ich zu und konnte es nicht fassen. Das durfte doch einfach nicht wahr sein. Ich fuhr nach Hause, ging zu meinen Pferden und fing an, hemmungslos zu weinen. Meine Mutter fand mich so aufgelöst im Stall und fragte nach dem Grund für meine Trauer. Auch sie wollte nicht glauben, was ich ihr berichtete.

Die folgenden Wochen waren die Hölle. Sybilla, die ein gutes Angebot von einem anderen Pferdehof erhalten hatte, strich nun doch vorzeitig die Segel. Jens tauchte sowieso nur noch zweimal die Woche auf, auch er hatte die Nase gründlich voll von den Missständen. Obendrein musste er eine kleine Familie versorgen und war auf ein Monatseinkommen angewiesen, das er hier offensichtlich nicht mehr bekommen würde.

Plötzlich war ich allein mit all dem Elend. In meiner Not schnappte ich mir eine Sense, um Gras von den umliegenden Straßenrändern zu mähen. Ich bettelte bei sämtlichen Landwirten in der Umgebung um Heu und Stroh, schüttelte die Apfelbäume, die sich in der Nähe befanden, um die 29 Tiere, von denen manche vor Hunger ihren eigenen Kot fraßen, am Leben zu erhalten. Des Öfteren lud ich zu Hause meinen Anhänger voll Heu und kaufte Karotten. Die Besitzerin, die mittlerweile aus dem Krankenhaus entlassen worden war, sah alles durch die rosarote Brille. Sie war der Meinung, alle Pferde vor dem Schlachter gerettet zu haben und reagierte auch nicht, als ich sie anschrie und ihr mit einer Anzeige drohte.

Nachdem ich bereits acht Tage auf diesem heruntergewirtschafteten Hof um das Überleben der Tiere gekämpft hatte, besuchte mich eines Tages eine Nachbarin, die altes Brot für die Pferde vorbeibrachte.

Außerdem trug sie eine Schüssel mit Kartoffelschalen bei sich. Ich erklärte ihr, dass dieses bestimmt gut gemeinte Mitbringsel bei aller Liebe und Not nicht die geeignete Ernährung für die Pferde wäre, da meinte sie lachend: „Nein, nein, nicht für die Pferde! Die Abfälle sind für die Thai-Schweinchen."

Verwundert sah ich sie an. Ich hatte in der ganzen Zeit nie die Anwesenheit von Schweinen bemerkt, obwohl ich dachte, das Grundstück mittlerweile genau zu kennen.

Die Frau begann, den Hang zu erklimmen und winkte mir, ihr zu folgen. Nun war ich aber gespannt. Und wirklich, hinter den vier hochgelegenen Außenboxen führte ein schmaler Pfad zu einem noch etwas höher gelegenen Plateau. Ich hatte es deshalb nicht bemerkt, weil es von einer Hecke umgeben war. Ich dachte, dort höre das Grundstück auf und keiner hatte mir von den Tieren erzählt. Die Nachbarin beruhigte mich, als ich ihr meine Befürchtungen schilderte.

„Keine Angst, mein Mann und ich versorgen die zwei Thais ganz gut. Wir bringen ihnen auch Wasser und streuen die Liegeflächen ein. Uns war schon lange klar, dass sich um die armen Viecherl keiner mehr kümmert, da machen wir es eben. Sind ja so nett, die beiden." Ihre Erzählung beruhigte mich sehr, ich hatte die Schweinchen schon verdurstet in ihrem Verschlag vermutet, acht Tage sind eine lange Zeit ohne Wasser und Futter.

Ich unterhielt mich noch eine ganze Weile mit der netten Frau, die ganz ungebeten die Verantwortung für die fremden Tiere übernommen hatte. Auch sie und ihr Mann hatten schon die Hilfe der Behörden gesucht und waren damit ebenso wenig erfolgreich gewesen wie wir.

Beim Zurückgehen fiel mir eine Etage unter der Schweineunterkunft ein kleiner Verschlag in die Augen, der mit einem löchrigen Eternitdach abgedeckt war. „Was hat sich denn hier aufgehalten?" wollte ich wissen. Gleichzeitig trat ich näher an die Hecke und spähte neugierig hindurch. Die Nachbarin konnte keine Auskunft über die Nutzung des Unterstandes geben und versuchte ihrerseits, einen Blick auf die Fläche hinter der Hecke zu erhaschen. Wir sahen einen lehmigen, kahlen Platz, etwa vier x sieben Meter groß, in dem sich einige Holzkisten stapelten. Die Erde war über und über mit kleinen Kothäufchen bedeckt. Die Natursteinmauer, die das Gelände terrassenartig von der Ebene der Schweine trennte, war an einer Stelle bräunlich verfärbt. Die Verfärbung stammte vom Urin der Borstentiere und was wir darunter entdeckten, schlug dem Fass den Boden aus.

Ein total abgemagertes Minipony, von dem man nur noch Schweif und Mähne sah, versuchte, seinen übermächtigen Durst an der Schweinepisse zu stillen. Nachdem wir den ersten Schreck überwunden hatten, suchten wir einen Eingang zu dem Verhau und traten dabei einen rostigen Zaun nieder. Das winzige, ausgemergelte Tier schaffte es aus eigener Kraft nicht mehr, uns den Abhang hinab zu folgen, und so schleppten wir es, so gut es ging, hinunter. Im Hauptstall angekommen, füllte ich eine kleine Schüssel mit Wasser. Das Pony durfte jetzt nicht zu viel auf einmal bekommen, soviel war klar.

Die Flüssigkeit weckte die Lebensgeister des Pferdchens, aber ach, wie es aussah! Die Hufe waren lange Zeit nicht mehr geschnitten worden, das Fell war an allen erdenklichen Stellen verfilzt und verschmutzt, die Mähne konnte man nur noch abschneiden.

Während ich noch versuchte, dem Pony vorsichtig weiteres Wasser einzuflößen, hatte sich die tränenüberströmte, wütende Nachbarin bereits auf den Weg ins Wohnhaus gemacht. Dort klingelte und klopfte sie wie wild, bis endlich die Stallbesitzerin im Morgenmantel die Tür öffnete. Ziemlich laut und gebärdenreich bekam sie nun die Szene, die sich uns soeben geboten hatte, an den Kopf geworfen.

Die Dame des Hauses stand mit offenem Mund da und versuchte, der erbosten Nachbarin zu erklären, dass dieses Pony das Eigentum ihres Lebensgefährten war, ein Geschenk, welches sie ihm zum Geburtstag gemacht hatte. Leider hätte der Gute es anscheinend vergessen und sie habe aufgrund ihrer Erkrankung nicht mehr daran gedacht. Nach dieser Aussage war es an uns, mit offenem Mund dazustehen und so viel Verantwortungslosigkeit zu verdauen.

Die nette Nachbarin entschwand, um ihren Mann und im Anschluss daran wieder einmal den Tierschutz zu informieren.

Ich ließ das Mini-Pony im Hof laufen, wo es an manchen Stellen grasen konnte und widmete mich wieder meinen eigentlichen Aufgaben.

Sieben Wochen lang hielt ich dieses Horror-Szenario aus. Keinen einzigen Tag wusste ich, womit ich um Gottes Willen die Pferde füttern sollte. Zu allem Unglück setzte nun auch noch eine Regenperiode ein, die das Wasser vom Hügel in die unteren Außenboxen fließen ließ. Die Pferde standen bis zum Bauch in der Brühe. Verzweiflung ist das einzige Wort, das mir einfällt, wenn ich an all die misslichen Umstände denke, die ich ganz allein zu bewältigen versuchte. Das Wasserfass auf der Waldweide war leer und die einzige Möglichkeit, es zu befüllen, war, es mit dem Jeep von der Weide zu holen. Die Stallbesitzerin war nicht in der Lage, zu fahren, wie sie vorgab. Ihr Knie war inzwischen bestens verheilt, doch man sah die Dame selten außerhalb des Wohnhauses. Ich denke, dass sie es schon aufgrund der zahlreichen Gläubiger, die beinahe täglich an ihre Tür klopften, nicht mehr verließ.

Als ich abends die Pferde von der Weide holte, legten sie ein noch nie dagewesenes Tempo vor, um an die Tränkebecken im Stall zu gelangen. Auf der vielbeanspruchten Weide wuchs ohnehin nur noch Ampfer, und so beschloss ich, die Pferde in den Boxen zu lassen, damit sie wenigstens mit Wasser versorgt waren.

Innerhalb von sieben Wochen hatte ich zehn Kilo abgenommen. Nicht dass es mir geschadet hätte, ich konnte einfach nichts mehr essen. Immer wenn ein voller Teller vor mir stand, musste ich an die hungernden Pferde denken und brachte nichts mehr hinunter. Mein Mann, der sich selbst von dem Elend überzeugt hatte, verbot mir schließlich, weiterhin dorthin zu fahren.

„Ich sehe mir das nicht länger mit an", meinte er eines Tages. „Du gehst vor die Hunde und kannst doch nichts daran ändern. Wenn nicht einmal die Behörden eingreifen, was willst du dann machen?"

Ich gab ihm recht und fuhr wieder hin. Schließlich war ich die Einzige, die die Tiere wenigstens noch ab und zu notdürftig mit etwas Gras und Heu versorgen konnte.

Endlich, nach all diesen Wochen, die mir wie Monate erschienen waren, gelang es mir mit Hilfe der Nachbarn, die mit einer Veröffentlichung in den Medien gedroht hatten, die Behörden auf die unbeschreiblichen Missstände aufmerksam zu machen. Nachdem die Amtstierärzte und einige Helfer einer Tierschutz-Organisation sich für die Evakuierung in andere Ställe ausgesprochen hatten, fuhr ich nach Hause und schwor mir, nie wieder einen Fuß auf dieses Gelände zu setzen. Meine letzte Kraft war aufgebraucht. Für zwei der Tiere kam jedoch jede Hilfe zu spät, mit aufgetriebenen Bäuchen lagen sie verhungert in ihren Boxen.

Ich brauchte Jahre, um das Erlebte ohne einen Tränenausbruch erzählen zu können, verarbeitet habe ich es immer noch nicht. Ich weiß auch nicht, ob ich das jemals kann. Immer wieder geht mir durch den Kopf, was ich noch alles hätte versuchen können und am Ende fühle ich mich immer noch machtlos.

48...Turbo

Wieder einmal stand Weihnachten vor der Tür und mir graute, wie in jedem Jahr, vor den zahlreichen Haustieren, die unvernünftigerweise von den Erwachsenen an Kinder verschenkt werden. Erfahrungsgemäß landete in jedem Jahr ein Teil von ihnen bei uns auf dem Hof. Vor allem Katzen und Meerschweinchen wurden schnell wieder abgegeben, man konnte ja nicht ahnen, dass die Kinder sich schon nach wenigen Tagen nicht mehr ganz so doll verantwortlich fühlten, wie sie es am Anfang beteuert hatten.

Mir verging jedes Mal gründlich die Lust an Weihnachten, wenn ich an die armen Viecher dachte, die von einem Besitzer zum nächsten geschoben, oder gar ausgesetzt wurden.

In jenem Jahr bekamen wir sogar noch vor Weihnachten Zuwachs, mit dem wir überhaupt nicht gerechnet hatten.

Meine Freundin lebte in der Nähe einer Frau, die in einem Anflug von Wahnsinn über fünfundzwanzig Hunde hielt, die sie als Therapie-Hunde auszubilden gedachte. Leider hatte die Gute keinen blassen Schimmer, kein Geld und eine sechsjährige Tochter, die das Jugendamt ihr nun wegzunehmen drohte, wenn sie den Hundebestand nicht reduzieren würde. Aus diesem Zwang heraus versuchte die Frau nun, so viele Hunde wie möglich bis zum Besichtigungstermin seitens des Jugendamtes außer Haus zu schaffen. Sie suchte Pflegeplätze für einige Wochen, um dem Amt ein Schnippchen zu schlagen, danach wollte sie die Hunde wieder zurückholen.

Meine Freundin holte mich ab und wir fuhren zu der in Not geratenen Frau, um uns einen Überblick zu verschaffen. Glauben Sie mir, ich bin einiges gewöhnt. Gerade als Betriebshelferin sieht man immer wieder Dinge, die einem die Sprache verschlagen, wie Sie aus dem vorangegangenen Kapitel ersehen konnten. Doch was ich in diesem Haus zu sehen bekam, lehrte mich, dass alles immer noch schlimmer kommen kann.

Auf etwa 120 Quadratmetern lebten über zwanzig Hunde der verschiedensten Rassen. Bei den meisten davon handelte es sich um riesige Hütehunde. Neben einem Magyar-Vizlar-Pärchen tummelten sich Cocker-Spaniel, Boxer und einige undefinierbare Ausführungen. Die Hunde liefen laut bellend durchs ganze Haus. Auf dem Küchentisch saß mit angezogenen Beinen ein blondes, zierliches Mädchen, das versuchte, sich vor den

Zähnen der großen Hunde in Sicherheit zu bringen, die allerdings „nur" spielen wollten.

In der Küche wuselten außer den erwachsenen Tieren noch neun Hundewelpen umher. Im ganzen Haus konnte man keinen einzigen Schritt machen, ohne in eine Lache oder ein Häufchen zu treten. Der Gestank war bestialisch. Oberhalb der Fliesenränder in den Räumen und vor allem im Flur hatten sich im Putz gelbliche Ausblühungen gebildet, nämlich dort, wo die Rüden regelmäßig ihr Bein hoben.

Die Frau wollte uns die Hunde zeigen, die schnellstens untergebracht werden sollten. Gefolgt vom größten Teil der Hundemeute steuerte sie mit uns auf eine Tür zu, hinter der sich eine Dusche und ein Waschbecken befanden. Nach dem Eintreten von mir und meiner Freundin schloss sie rasch die Tür hinter uns und deutete auf den Platz unter dem Waschbecken. Dort saß ein kniehoher, orange-weißer Hund mit eingezogenem Kopf. Sein schmaler Körper war über und über mit Wunden bedeckt. Verkrustetes Blut verunstaltete sein linkes Ohr. Als er die Meute vor der Tür bellen hörte, legte er sich hin, drehte den Bauch nach oben und ließ einen langgezogenen Schrei vernehmen, der an den eines Menschen erinnerte. Gleichzeitig urinierte er.

Die Frau lachte affektiert. „Ach Turbo, so musst du dich nun aber nicht aufführen", flötete sie. Zu uns gewandt erklärte sie: „Die großen Hunde haben ihn einmal erwischt und ihn das Fürchten gelehrt. Normal sind sie aber ganz brav."

Ursprünglich war ich mit der Absicht hergekommen, nach Besichtigung der Hunde geeignete Pflegefamilien zu finden. Nun wusste ich eines ganz sicher: Dieser Hund musste hier raus, und zwar so schnell wie möglich. Diese Erkenntnis stürzte mich in eine arge Zwickmühle. Einerseits hatte ich meinem Mann hoch und heilig versprochen, keinen weiteren Hund mehr anzuschleppen, zumal wir beide mittlerweile einzig und allein für unsere Tiere und den Kredit arbeiteten. Seit Jahren konnten wir keine Weihnachtsgeschenke kaufen, wollten wir alle Unkosten bestreiten. Andererseits riskierte ich lebenslängliche Alpträume, wenn ich diesen Hund nicht aus dieser Umgebung befreite. Das Bild von dem aus Todesangst urinierenden, schreienden Wesen hatte sich bereits in meine Seele gebrannt.

Als ich kurz darauf auch noch auf einen Border-Collie hingewiesen wurde, der seine Tage im Kofferraum eines Autos verbrachte, um ihn den Bissen der anderen Hunde zu entziehen, fiel ich aus allen Wolken. Wir hatten immerhin Temperaturen von -15° Celsius. Wie konnte diese Frau sich hier hinstellen, mir derartige Informationen zukommen lassen und dabei auch noch lächeln?

Erschüttert und erbost verließ ich diesen schrecklichen Ort, um meinen Mann wenigstens vorzuwarnen. Seine Begeisterung hielt sich wie erwartet in Grenzen, doch er kannte mich gut genug, um zu erkennen, dass die Situation mein Handeln dringend erforderte.

Da ich diesen Schauplatz kein zweites Mal betreten wollte, (ich hatte Angst, die Frau könnte einen zweiten Besuch nicht überleben) beauftragte ich unsere Tochter, die seit kurzem den Führerschein besaß, die beiden Hunde aus ihrem Elend zu befreien.

Sie setzte sich ins Auto und ich mich ans Telefon. Gottlob kenne ich einige wirklich tierliebe Familien, von denen eine sich sofort bereit erklärte, den Border-Collie aufzunehmen. Ein Vertreter dieser Rasse lebte schon seit vier Jahren bei ihnen, und da sie von diesem Exemplar restlos begeistert waren, freuten sie sich auf den unerwarteten Zuwachs.

Die Organisation „Hunde in Not", deren Vorstand ich kenne, konnte zwar keinen Hund aufnehmen, erklärte sich aber bereit, die Tierarztkosten für den Erstcheck zu übernehmen, nachdem sie gehört hatten, von wem die Tiere abgegeben wurden. Die Frau war schon seit Jahren bei sämtlichen Tierschutzorganisationen negativ aufgefallen und hatte – man mochte es kaum glauben – längst ein Tierhalteverbot ausgesprochen bekommen. Man empfahl uns, die Hunde sofort untersuchen und über das Ergebnis einen Bericht verfassen zu lassen.

Noch einmal telefonierte ich mit der Bekannten, die den Border-Collie aufnehmen wollte und wir trafen uns mit beiden Hunden am selben Abend bei dem Tierarzt, der bereits benachrichtigt worden war.

Turbo, den ich auf alle Fälle mit nach Hause nehmen wollte, hatte am ganzen Körper praktisch keinen Quadratzentimeter ohne Bisswunden. Das linke Ohr war komplett abgerissen. Da die Verwundung schon längere Zeit zurück lag, war der Riss verknorpelt und konnte nun nachträglich nicht mehr versorgt werden. Der linke Oberschenkel wies einen Durchbiss auf und eiterte stark. Nach der Erstversorgung vereinbarten wir einen weiteren Behandlungstermin. Ich war insgeheim sehr erleichtert, wenigstens diese Kosten nicht tragen zu müssen. Danach wurde „Masou", der Border-Collie untersucht.

Wir wussten nicht, wie viele Nächte er bei Minusgraden im Auto verbracht hatte. Fest stand, dass er eine Nierenbeckenentzündung davongetragen hatte. Außerdem war sein Ernährungszustand grenzwertig. Der unterkühlte Hund mit den trüben Augen zitterte am ganzen Körper. Auch er erhielt einen weiteren Behandlungstermin. Für beide Patienten sollten es noch viele Termine werden, Masou musste allerdings nach wenigen Wochen eingeschläfert werden. Seine Nieren funktionierten nicht richtig und obendrein wurde er aggressiv gegenüber dem kleinen Sohn in der Familie. Trotzdem trauerten sie sehr um ihn, schließlich war er der Letzte, der sich sein Schicksal ausgesucht hatte.

Turbo lebt immer noch bei uns. Obwohl wir uns zu Anfang entschlossen hatten, ihn abzugeben, sobald ein guter Platz gefunden werden konnte, war es ausgerechnet mein Mann, der „seinen Turbo" auf keinen Fall mehr hergeben wollte. Der charmante bretonische Spaniel, dessen Rasse wir aufgrund seiner Ohrtätowierung ermittelten, hatte sich von Anfang an meinen Mann als Herrchen ausgesucht. Schon nach wenigen Tagen war klar, dass man Turbo und Herrchen nicht mehr trennen konnte, ohne beiden das Herz zu brechen. Wenn mein Mann die Woche über mit dem LKW unterwegs ist, ist Turbo nur ein halber Hund. Er trauert vor sich hin, bis er am Wochenende seinen Herrn wieder in Empfang nehmen kann. Dann lebt er förmlich auf, begleitet ihn auf Schritt und Tritt und lässt ihn nicht aus den Augen. Sogar ins Bett darf er mit, das war noch nie da.

Ich gönne es den beiden, denn egal, wie viele Hunde wir hatten, sie waren immer in erster Linie auf mich fixiert. Da kam schon mal ein wenig Neid und Frustration auf. Nun hat mein Mann seinen eigenen, geliebten Hund, der nur ihn verehrt und das macht ihn stolz und glücklich. Turbo auch.

Als ich ihn unserer Hundemeute zum ersten Mal vorstellte, befürchtete ich, er würde die schlimmen Erlebnisse mir den anderen Hunden auf dieses Rudel übertragen, doch das Gegenteil war der Fall. Einer nach dem anderen kam, um ihn zu beschnuppern und willkommen zu heißen, und Turbo ließ es geschehen, ohne die geringste Furcht zu zeigen. Wie schon so oft, hatte ich Glück bei der Vergesellschaftung eines neuen Familienmitglieds. Ich glaube, meine Tiere haben sich schon so daran gewöhnt, ständig Neuzugänge zu begrüßen, dass sie es gar nicht anders kennen und für selbstverständlich erachten. Nachdem die Rangordnung geklärt wurde, herrscht tiefer Frieden bei uns auf dem Hof, das gilt auch für die Katzen und die Schafe. Jeder verträgt sich mit jedem und alle sind friedlich. Schon oft hat man mich gefragt, wie ich das hinkriege. Nun, ich mache gar nichts. Meine Tiere machen das.

49...Mary und Frieda

Bei einem meiner Einsätze auf einem nicht weit entfernten Hof lernte ich durch Zufall ein Pärchen kennen, das gerade im Begriff war, vom Osten Deutschlands nach Bayern zu ziehen.

Die beiden hatten ein kleines Anwesen gefunden, wo sie mit ihren Tieren in Kürze Einzug halten wollten. Die Leidenschaft des Mannes waren Federtiere in jeder Ausführung. Vom Wachtelpärchen bis zum Goldfasan hielt er alle möglichen Vögel, während seine Lebensgefährtin eine große Leidenschaft für Ziegen hatte.

Der Umzug mit dem ganzen Viehzeug gestaltete sich problematisch. Vor allem bei den Ziegen gab es ein Riesen-Problem. Eines der Muttertiere hatte ein Kitz bekommen, welches nach der Geburt tierärztliche Betreuung benötigte. Das Kleine hatte nicht gelernt, bei seiner Mutter zu trinken, und so wurde die Alte gemolken und das Kitz mit der Flasche gefüttert. Da durch den Umzug die Versorgung der beiden nicht möglich schien, war guter Rat teuer. Schließlich bot ich dem ratlosen Pärchen an, die Ziegen in der stressigen Umzugswoche zu beherbergen und für die regelmäßigen Mahlzeiten der kleinen „Frieda" zu sorgen.

Die beiden waren äußerst dankbar für mein Angebot und schon wenige Tage später hielt Ziegenmama Mary mit ihrer Tochter bei uns Einzug. Die schon etwas ältere Mary war hornlos, braun mit schwarzem Kopf und schwarzen Füßen, während Frieda mit drei verschiedenen Farben, weiß, schwarz und rötlich beeindruckte. Außerdem hatte sie im Gegensatz zu ihrer Mutter kleine, schon recht stabile Hörner. Der erste, der damit Bekanntschaft machte, war unser Turbo, denn Frieda hatte keine Angst vor Hunden. Als Turbo Anspruch auf die Milch erhob, die ich aus Mary herausquetschte, verteidigte das tapfere Geißlein seine Ration, indem sie dem frechen Milchdieb die Hörner in die Seite rammte. Von da an hatte Turbo zwar sein Interesse an der wohlschmeckenden Ziegenmilch nicht verloren, lauerte aber in respektvoller Entfernung auf die begehrte Flüssigkeit.

Der Ziegenstall war nach Gabis und Resis Ableben für andere Zwecke missbraucht worden und so hatten wir in Windeseile einen geräumigen neuen Stall mit Auslauf zurechtgezimmert. Leider hielt der Zaun die beiden Pensionsgäste nicht davon ab, uns einen Besuch in Haus und Hof abzustatten. Mary hatte eine Vorliebe für Gehölze, die meine Rosen nicht überlebten. Auch der Efeu an der Hausmauer litt unter Marys Fressattacken, ebenso die Gemüsebeete. Wir erhöhten den Zaun ringsum und hielten die beiden so eine Zeitlang in der Umzäunung, bis Frieda auf die Idee kam, sich unter dem Schafszaun durchzuzwängen. Morgens stand sie meckernd vor der Haustür, wo sie auch ihre kleinen, schwarzen Köttel verteilte, während die zurückgebliebene Mary sich die Seele aus dem Leib schrie, um die verlorene Tochter zur Rückkehr zu bewegen. Frieda, das herzlose Ding interessierte sich überhaupt nicht für ihre Mutter. Das einzige, was sie von ihr wollte, war die Milch. Ansonsten ging sie eigene Wege und wurde nach einer Weile auch ziemlich frech zu den Menschen und Hunden, die ihren Weg kreuzten.

Zu guter Letzt war ich einerseits heilfroh, als die beiden in ihr neues Zuhause abtransportiert wurden, andererseits fehlten sie mir natürlich.

Darum war ich gar nicht so abgeneigt, als ein Bekannter mich anrief, der zwei Quessant-Schafe loswerden wollte. Der verwaiste Ziegenstall war mir ein Dorn im Auge und ich freute mich darauf, ihn mit zwei heimatlos gewordenen Schafen zu beleben.

50...Xaver und Gretel

Gepriesen sei das Internet, obwohl ich am allerwenigsten damit anfangen kann. Meine Tochter hingegen ermittelte anhand dieses Mediums die Herkunft unserer neuen Hausgenossen. Es handelt sich dabei um die sogenannten „Trauerschafe" der französischen Insel Quessant. Sie bekamen ihren Namen durch ihr schwarzes Fell, das die Bewohner der Insel zu Trauerkleidung verarbeiten konnten, ohne es zu färben. Nachdem die Rasse fast ausgestorben war und es keine Böcke mehr gab, ging man dazu über, weiße, holländische Böcke einzukreuzen, um den Trauerschafen ihren Fortbestand zu sichern.

Gretel, das scheue Ding, war kohlrabenschwarz, während Xaver, der allgegenwärtige Futterbettler, von weißer Farbe war. Seine mehrfach gedrehten Hörner erinnerten mich an ein Mufflon und seine dünnen Beine an Streichhölzer.

Die beiden lebten sich schnell bei uns ein, hatten überhaupt keine Angst vor den Hunden und zogen mit mir stundenlang über die Weiden, wenn ich die Pferdeäpfel dort abmistete. Xaver ließ sich bei jeder Gelegenheit streicheln, aber Gretel weigert sich bis zum heutigen Tag, sich von irgendeinem Menschen berühren zu lassen.

Quessant-Schafe sind sektionalsträchtig, das heißt, sie bekommen im Frühjahr ihre Lämmer, genau wie Rehe ihre Kitze niemals im Winter zur Welt bringen. Im Gegensatz zu anderen Schafen bekommen sie niemals Zwillinge, im Übrigen handelt es sich um die kleinste Schafsrasse der Welt. Pünktlich zum Ostersonntag im darauffolgenden Jahr wurde unser erstes Lamm geboren. Das Böckchen war so klein, dass ich es beim ersten Hinsehen für ein fortgeworfenes Tempo-Taschentuch hielt. Schon nach einer Stunde marschierte der kleine „Franzl", wie wir ihn nannten, mit seiner Mama über die Wiese. Natürlich mussten wir dieses überaus süße Wesen bei jeder Gelegenheit auf den Arm nehmen und herumschleppen. Als Franzl die Größe eines Dackels erreicht hatte, folgte er uns auf Schritt und Tritt. Er kam in die Küche, um Brotkrümel zu erhalten, legte sich mit den Hunden ins Wohnzimmer auf das Sofa und missbrauchte seine Mama nur noch als Tankstelle.

Im Herbst musste Franzl kastriert werden, wollten wir keine Inzucht riskieren. Nach der Kastration wurde Franzl deutlich reservierter uns gegenüber, ließ sich aber nach wie vor zu kleinen Spaziergängen mit den Hunden überreden.

Mittlerweile ist unsere kleine Schafherde auf fünf Stück angewachsen, doch von den anderen beiden muss ich, wenn ich die Reihenfolge einhalten will, später erzählen.

51...Ein Jahr voller Abschiede

Das Jahr 2010 begann für uns alle mit einem bösen Erwachen. Kurz nach Neujahr bemerkten wir an Lucy, der belgischen Schäferhündin meiner Tochter, eine undefinierbare Geschwulst im linken Ohr. Der Tierarzt untersuchte sie und stellte einen Tumor fest, der sich hinter dem Auge des nun schon fünfzehnjährigen Hundes ausgebreitet hatte.

Ihr Frauchen wehrte sich vehement gegen die empfohlene Einschläferung und versuchte alles Menschenmögliche, um die bestehende Tatsache zu ignorieren. Ich warnte sie, nicht den gleichen Fehler zu begehen, den ich bei Whisky gemacht hatte, doch alles gute Zureden, weder von meiner, noch von allen anderen Seiten fand bei ihr Gehör. Ich wusste gut, wie sich meine Tochter fühlte, aber auch, dass aus Lucy kein junger gesunder Hund mehr werden würde. Nach drei Monaten und einem immer apathischer daliegenden Hund, den nichts mit der quicklebendigen Lucy von einst verband, durfte dann endlich der Tierarzt kommen und die todkranke Hündin erlösen.

Wir begruben sie neben all den anderen Hunden, die in unserer Familie gelebt hatten. Meine Tochter wurde mit dem Verlust nur sehr schwer fertig. Die anderen Hunde ignorierte sie, verglich sie immer wieder mit Lucy, wobei sie nicht gut wegkamen. Oft wachte sie nachts weinend auf und erzählte mir von Träumen, in denen der tote Hund zurückgekommen war und wieder neben ihrem Bett lag. Wenn sie dann aufwachte, stellte sie fest, dass der Platz neben ihrem Bett leer war und wieder ging die Trauer von vorne los.

Kurze Zeit später fiel unsere Jack-Russell-Hündin Trixi in Ohnmacht. Sie litt an einer Herz-Insuffizienz, die Anfälle kamen trotz der Medikamente immer öfter. Im Sommer begruben wir auch sie neben Lucy und den anderen.

Zwei Wochen später starben der sechzehnjährige Yorkshire-Terrier meiner Mutter und zwei unserer ältesten Katzen. Die Trauer in unserer Familie war unbeschreiblich, jeder hatte ein Tier verloren, das seit mehr als zehn Jahren bei uns gelebt hatte, und das innerhalb kurzer Zeit.

Nach einigen Monaten, in denen meine Tochter auch ihren jetzigen Freund kennengelernt hatte, erwog sie, sich wieder einen eigenen Hund zuzulegen. Am liebsten wollte sie wieder einen belgischen Schäferhund, weil sie an Lucy so viel Freude gehabt hatte. Nach wochenlangen Recherchen im Internet, in sämtlichen Tierheimen der Umgebung und in Zeitungen fuhr sie mit ihrem neuen Freund los, und tat recht geheimnisvoll.

Als die beiden zurückkamen, staunte ich nicht schlecht, denn was meine Tochter da auf dem Arm hielt, war keineswegs ein Schäferhundwelpe, sondern ein glubschäugiger, beigefarbener Mops.

52...Gina

Meine erste Reaktion war Entsetzen über dieses hundeähnliche Ding, das sich in den Arm meiner Tochter schmiegte und dabei laut röchelte. Die tief gelegene Nase erschwerte dem armen Hund das Atmen. Sein Aussehen erinnerte mich an einen Frosch, den man mit einem Ferkel gepaart hatte. Das Hundchen konnte natürlich nichts dafür, dass man ihn derart krank gezüchtet hatte. Umso mehr ärgerte ich mich über die Leute, die solche Dinger auch noch kaufen, und ich war dementsprechend wütend über meine Tochter und ihren Freund.

Nachdem sie mir aber die Ursache für den Erwerb des Möpsleins erklärten, war ich friedlicher gestimmt. Das Tier war bereits zehn Monate alt und litt unter starkem Milbenbefall. Daher war es praktisch unverkäuflich und beim Züchter geblieben, der nun mit der Eliminierung des ungeliebten Überbleibsels liebäugelte. Da meine Tochter ein ebenso gutes Herz für Tiere hat wie ich, tat ihr das Wesen leid und so wurde Gina unser neues Familienmitglied.

Sie war überraschend ausgeglichen und hatte keinerlei Problem mit den anderen Hausgenossen. Ob Hund, Katze oder Schaf, Gina trat allen furchtlos gegenüber und wurde ebenso problemlos von allen akzeptiert. Das Milbenproblem erwies sich als hartnäckig, aber mit der Zeit heilten die nässenden, juckenden Stellen, nachdem wir uns über Behandlung und Ernährung informiert hatten.

Zwar wuchsen an den befallenen Zonen keine Haare, aber das tat ihrer Beliebtheit keinen Abbruch. Jeder mochte Gina. Mit der allergrößten Selbstverständlichkeit meisterte sie Situationen, die für so ein kleines Kerlchen eine Riesen-Herausforderung darstellte. Bei Spaziergängen rannten die größeren Hunde wie Dicke und Turbo durchs hohe Gras, Gina lief einfach in den Spurrinnen hinterher. Kaum zu glauben, welche Strecken sie auf ihren kurzen Beinchen zurücklegte. Noch heute muss ich immer wieder lachen, wenn sie auf mich zutrabt. Dabei sehen die Vorderbeine aus, als könnte sie sie nicht knicken, kerzengerade, einer Marionette gleich, hebt sie sie in die Luft. Die Hinterbeine folgen dann automatisch -- ich meine, wo sollten sie denn auch alleine hin? Genau diesen Eindruck vermittelt unser Mops, wenn er läuft. Von hinten sieht das Ganze nicht weniger lustig aus, da sorgt das Schweineschwänzchen für Heiterkeit.

Mittlerweile liebe ich diesen unkomplizierten Hund, der keine großen Ansprüche stellt. Gina ist mit allem zufrieden. Wenn es Spaziergänge gibt, freut sie sich, wenn nicht, dann eben die Couch. Fressen tut sie für ihr Leben gern und man muss ständig aufpassen, dass sie nicht zu dick wird.

Aber mal ehrlich: Wer züchtet solche Hunde? Je älter Gina wird, umso größer werden die Probleme mit der Atmung, die ihr die tiefliegende Nase mit der grotesken Falte darüber bereitet. Manchmal schnarcht sie ohrenbetäubend, obwohl sie gar nicht schläft. Ich habe mir sagen lassen, dass viele Mopsbesitzer diese Sorgen teilen, warum zum Teufel steuert man da nicht gegen und kreuzt Hunde ein, die eine Nase vererben. So eine Zucht läuft auf Tierquälerei hinaus und ich kann mir einfach nicht vorstellen, dass vernünftige Hundekäufer diese Exemplare für gut und richtig befinden.

Sei es wie es will, Gina ist trotzdem toll. Sie kann ja nichts dafür, dass sie so aussieht. Ich hoffe auf ein langes, qualloses Leben, denn sie ist uns allen ganz schön ans Herz gewachsen mit ihrer ruhigen, ungewollt lustigen Art. Es wäre schrecklich für uns, sie leiden zu sehen.

Nach eineinhalb Jahren waren auch die kahlen Stellen im Fell verschwunden und nun sieht sie richtig gesund aus. Von dem starken Milbenbefall sind keine negativen Erscheinungen geblieben. Manchmal muss man eben etwas Geduld haben und mit der Ernährung konsequent sein, dann stellt sich letztendlich auch Erfolg ein.

53...Trixi Nr. 2

Gerade, als ich dachte, wir hätten jetzt eine richtig schöne, harmonische Hundefamilie, die ich auf gar keinen Fall zu vergrößern gedachte, machte mir das Schicksal wieder einmal einen Strich durch die Rechnung. Das heißt, eigentlich war es gar nicht das Schicksal, sondern meine Tochter, die, ebenso wie ich, niemals „nein" sagen kann, wenn ein Tier in Not gerät.

Am Morgen noch hatte ich mir noch geschworen, es bei Dicke, Turbo, Gina und Teddy zu belassen. Seit Jahren hatte ich zum ersten Mal nur vier Hunde durchzufüttern und fand Gefallen daran, für jeden einzelnen mehr Zeit zu haben.

Kurz nach Mittag tauchte meine Tochter in Begleitung einer Freundin auf und hielt einen kleinen Jack-Russell-Terrier im Arm.

„Sieh mal, Mama!" flötete sie. „Sieht die nicht fast so aus, wie unsere Trixi damals?" Das stimmte, eine gewisse Ähnlichkeit bestand. Ich musterte das Hundchen und fragte die Freundin, die danebenstand: „Ist das deiner?"

Sie schüttelte den Kopf und mir schwante bereits Fürchterliches. Meine Tochter schaltete sich sofort ein und meinte: „Nein, Mama, das ist jetzt dein Hund." „Na, da bin ich aber froh", entgegnete ich sarkastisch. „Bitte, verschone mich. Ich bin so glücklich mit meinem jetzigen Rudel, ich möchte keinen Hund."

Nun kam die Standard-Überredungs-Ausführung zum Zug: „Mama, wir müssen ihn nehmen, sonst muss er ins Tierheim." Danach begannen gleich zwei junge Frauen auf mich einzureden und mir die sieben Monate alte Jack-Russell-Hündin schmackhaft zu machen. Meine Erinnerungen an diese Rasse waren nun nicht die allerbesten. Ich hatte zwar Trixi sehr liebgewonnen und sie auch schmerzlich vermisst, hatte aber niemals den Wunsch geäußert, mir willentlich noch so eine Ausgabe zuzulegen. Aber seit wann kommt es eigentlich darauf an, was ich will? Wenn ein Hund in Not gerät, kann man sich die Rasse eben nicht aussuchen. Als mir die Mädchen aber mit dem Hund noch einen Sack voller Hundewindeln in den Arm legten, bereute ich meinen Entschluss, ihn zu behalten, beinahe sofort wieder. Das konnte ja heiter werden. Ein sieben Monate alter Hund, der noch nicht an Sauberkeit gewöhnt war, da stand mir ja wieder einiges bevor.

Wie sich herausstellte, war die kleine Hündin wieder einmal zum Weihnachtsfest an ein Kind verschenkt worden. Bereits im Februar jedoch waren die Eltern mit dem Welpen restlos überfordert und gedachten ihn nun ins Tierheim zu bringen. Wie bescheuert muss man eigentlich sein? Und wer durfte es wieder ausbaden? Natürlich – das Hundchen und ich.

Der Einfachheit halber nannten wir die Kleine Trixi, weil sie ihrer Vorgängerin so ähnlich sah. Sie lebte sich sehr schnell ein, wurde schon nach wenigen Tagen sauber und kam mit den anderen vier Hunden bestens zurecht.

Allerdings stellte sich schon in den ersten Wochen heraus, welchen negativen Einfluss Trixi auf das übrige Rudel ausübte. Sie hatte das Fensterbrett in der Küche erobert, welches normalerweise von Teddy belagert wurde. Die Spitz-Dame wich gezwungenermaßen auf die Eckbank aus, nach dem Motto: Der Klügere gibt nach. Trixi, die den Aussichtspunkt sichtlich genoss, begann bei der kleinsten Kleinigkeit, zu bellen. Draußen schwebte kein Blatt vom Baum, ohne drinnen von Trixi verbellt zu werden. Ihre hohe, schrille Stimme ertönte fortwährend – und die anderen Hunde fielen in das Stakkato ein. Jedes Mal. Immer wieder. Es nützte alles nichts. Ich versuchte, sie jedes einzelne Mal, wenn sie anfing zu bellen, in die Seite zu schubsen – ohne Erfolg. Unzählige Male öffnete ich die Tür und ließ die ganze Bande ins Freie, um ihnen zu zeigen, dass da nichts war – ohne Erfolg.

Freunde, die mich anriefen, meinten, es wäre nicht möglich, mit mir zu kommunizieren, da das andauernde Hundegebell jede Unterhaltung störte. Ich war so ziemlich am Ende mit meiner Weisheit. Ruhe kehrte erst um 22 Uhr ein, denn pünktlich um diese Zeit war Trixi müde. Egal, ob sie spielte, kuschelte, sich putzte oder Streicheleinheiten einforderte, Punkt 22 Uhr suchte sie ihr Körbchen auf, rollte sich zusammen und schlief tief und fest bis zum nächsten Morgen. Kaum öffnete sie die Augen, ging das Gekläff wieder von vorne los. Ich dankte insgeheim dem lieben Gott, dass die nächsten Nachbarn mehr als einen halben Kilometer entfernt wohnten und sich dadurch nicht gestört fühlen konnten.

Ein Freund unserer Familie kam zwei Wochen, nachdem wir Trixi bei uns aufgenommen hatten, zu Besuch und verliebte sich sofort in die kleine Hundedame. Die Sympathie wurde aufs Heftigste erwidert. Trixi saß bei ihrem neuen Freund, bis er Stunden später den Heimweg antrat. Hans, der eine Scheidung hinter sich hatte und seinen langjährigen Begleiter, einen Labrador-Mischling vor Kurzem begraben hatte, verliebte sich so sehr in die kleine Hündin, dass er mich eines Tages bat, sie ihm zu überlassen. Zuerst sträubte ich mich ein wenig. Trixi war erst neun Monate alt und sollte in dieser kurzen Zeit schon zum zweiten Mal den Besitzer wechseln. Bei diesem Gedanken hatte ich ein schlechtes Gewissen. Als ich jedoch erneut bemerkte, mit welch abgöttischer Hingabe sie Hans jedes Mal anhimmelte, wenn er zur Tür hereinkam, besann ich mich eines Besseren. Bei ihm würde sie der alleinige Star sein und ihr Herrchen nicht mit vier anderen Hunden teilen müssen. Diese Überlegung gab dann den Ausschlag und Trixi zog um. Die Freude der beiden, als sie sich zu ihm ins Auto setzte, war so groß, dass mir der Abschied leicht fiel. Trotz ihrer Kläfferei war sie mir in der kurzen Zeit ans Herz gewachsen und wenn ich abends um 22.00 Uhr ihr leeres Körbchen sah, traten mir doch immer wieder die Tränen in die Augen. Dennoch glaube ich, dass diese Entscheidung die richtige war. Trixi ist sehr glücklich mit ihrem neuen Herrchen und kommt nun eben mit ihm zu Besuch.

54...Carmen

Im Januar 2012 wurde ich zur Betriebshilfe auf einen wenige Kilometer entfernten Hof geschickt. Dort war die Bäuerin schwer erkrankt und der Einsatz war fürs Erste auf Mitte des Jahres begrenzt. So lange hatte ich noch auf keinem Hof gearbeitet und ich war gespannt auf meinen neuen Wirkungskreis. Mit den Leuten verstand ich mich auf Anhieb. Die Tochter des Hauses hatte soeben ein Baby bekommen und war deshalb natürlich nicht in der Lage, ihrem Vater bei der Stallarbeit behilflich zu sein. Meine Aufgabe war es, die Kalbinnen und die Kälber zu füttern und nach der Milchentnahme den Tank und die Melkzeuge zu reinigen. Das Ganze dauerte morgens und abends jeweils eineinhalb Stunden. Die Kürze der Arbeitszeit kam mir sehr gelegen, zumal meine Arthritis sich wieder bemerkbar machte und ich zu Hause einen Stall voller Pferde zu versorgen hatte.

Schon nach kurzer Zeit waren der Landwirt und ich ein eingespieltes Team und er war froh, wenn ich ihm bei den Arbeiten zur Hand ging, die er alleine nicht erledigen konnte. Während ich die Tiere fütterte, übernahm er das Melken der zwanzig Kühe. Zum Hof gehörten außer den Rindern noch eine große Hühnerherde nebst Gockel, eine ältere Haflingerstute und ein Dalmatiner namens Florian.

Bald fühlte ich mich wie zu Hause. Nachdem die Frau des Landwirts aus dem Krankenhaus zurück war und ich sie kennenlernte, stellte sich heraus, dass auch sie eine äußerst liebenswerte Person war. Die beiden hatten schon viele Schicksalsschläge hinnehmen müssen und wenn man sie näher kannte, drängte sich einem wiederholt der Gedanke auf: Es trifft immer die Falschen. Die beiden hatten ihr Leben lang hart gearbeitet und nun, im fortgeschrittenen Alter, wo das Leben eigentlich leichter werden sollte, erkrankte die Frau so schwer, dass sie wohl nie wieder würde arbeiten können. Auf die Dauer konnte ich aber nicht auf dem Hof bleiben und für den Mann war die Arbeit alleine nicht zu bewältigen.

An manchen Tagen konnte er wegen seiner aussichtslosen Lage die Tränen kaum zurückhalten und als dann Ende Juni auch noch seine Hüfte versagte und dringend operiert werden musste, brach für ihn eine Welt zusammen. „Ich falle für mindestens drei Monate aus.", sagte er voller Verzweiflung. „Wer soll denn dann die Kühe melken und sich um den Hof kümmern?"

Er tat mir so leid und ich redete ihm gut zu, damit er nicht alles nur noch schwarz sah. „Das kriegen wir schon irgendwie hin. Die Kühe kann ich sehr wohl melken, ich habe das schon öfter gemacht. Und bei allem anderen wird mir deine Tochter behilflich sein, da bin ich überzeugt."

Letztendlich blieb ihm nichts anderes übrig, als meinen Vorschlag zu akzeptieren, denn er konnte sich kaum noch bewegen mit seiner kaputten Hüfte. Bis zum Tag der Einweisung ins Krankenhaus beaufsichtigte er meine Stallarbeit, machte mich mit seinen Milchkühen bekannt und schrieb eifrig auf, was ich zu beachten hatte, wenn er fort war.

Schon eine Woche später kam die Stunde der Wahrheit, denn in der Nacht hatte sein kaputtes Bein den Dienst derart versagt, dass er sofort operiert werden sollte. Nun war ich allein mit allem, was einen Bauernhof ausmacht.

Morgens um 5.30 Uhr begann ich damit, die Kühe zu melken, danach überwachte ich die Abholung der Milch und fütterte die Kälber. Wenn der Kuhstall versorgt war, ging ich zu den Färsen und gab ihnen Futter. Danach entmistete ich die Stände und die Kälberboxen, brachte die alte Haflingerstute auf die Weide und ließ die Hühnerschar aus dem Stall ins Freie. Dazwischen galt es immer wieder, dem Dalmatiner seine Gummibälle zuzuwerfen, die er unermüdlich anschleppte und mir vor die Füße warf. Florian begleitete mich von der Sekunde meiner Ankunft bis zu meiner Abfahrt. Freudig bellend rannte er überall hin, wo ich gerade beschäftigt war. Wenn das Baby es zuließ, half mir die Tochter bei allen Arbeiten, aber manchmal war ich ganz alleine.

Zwei volle Monate kümmerte ich mich um den Hof, als wenn es mein eigener gewesen wäre. Als der Landwirt aus dem Krankenhaus zurückkehrte und sich vom reibungslosen Ablauf überzeugt hatte, war er unendlich dankbar für meine Dienste. Beruhigt zog er sich zurück, um seine Hüfte genesen zu lassen, obwohl es ihm schwer fiel.

Als es ihm besser ging und er wieder einwandfrei laufen konnte, dauerte es keine drei Wochen, da kündigte die andere Hüfte den Dienst auf. Nach langer Unterredung mit seiner Familie kam er zu dem Entschluss, die Milchkühe zu verkaufen und lediglich die Jungtiere zu behalten, da er die Landwirtschaft bis zum Eintritt ins Rentenalter fortführen musste.

Eine Anzeige wurde geschaltet und bald darauf kamen die ersten Interessenten für die Milchkühe.

In der nunmehr langen Zeit waren mir die Tiere so ans Herz gewachsen, ich vergoss wahrscheinlich mehr Tränen als meine Arbeitgeber. Vor allem eine Kuh hatte es mir von vornherein angetan. Sie hieß Carmen und war mir zu Beginn meiner Melktätigkeit als „nicht ganz einfache Kuh" beschrieben worden, der man eine Fußfessel anlegen musste, um nicht verletzt zu werden. Allen Warnungen zum Trotz verstanden Carmen und ich uns vom ersten Tag an ausgezeichnet und die Fußfessel kam nicht zum Einsatz. Nun sollte ausgerechnet sie zum Schlachter gehen, da ihre Milch eine überhöhte Anzahl von Zellen aufwies. Das passiert manchmal bei älteren Kühen, die eine Euterentzündung (Mastitis) hatten. Egal, was man anfängt, die Zellzahl reduziert sich nicht mehr. Diese Kühe werden dann als Milchlieferanten für die Kälber genutzt, denen die überhöhte Zellzahl eher zuträglich ist, als das sie ihnen schadet.

Ich zerbrach mir den Kopf, wie ich Carmen vor dem Schlachter bewahren konnte. Irgendwann kam ich dann auf die Idee, sie mit nach Hause zu nehmen und sie wie meine Pferde im Offenstall zu halten. Voller Freude malte ich mir aus, wie schön es für sie wäre, nicht mehr angebunden im Stall stehen zu müssen. Da gab es nur noch das Problem mit der Milch. Ich konnte sie schlecht von Hand melken, da so eine Hochleistungskuh gut und gerne 25 Liter pro Mahlzeit gibt. Außerdem wäre es durch meine Berufstätigkeit schwierig, sie früh und abends pünktlich zu melken. Nach einiger Überlegung konnte ich einen benachbarten Landwirt überreden, mir ein Leihkalb zur Verfügung zu stellen, das er nach dem Abmelken der Kuh wiederbekommen sollte. Nun musste nur noch Carmen das fremde Kalb akzeptieren und die Sache war geritzt.

Noch in der gleichen Woche verfrachteten wir meine Lieblingskuh in den Hänger und gleich darauf in ihr neues Zuhause. Kaum hatten wir sie dort ausgeladen, kam auch schon der nächste Hänger mit meinem „Melker". Carmen war mit all den neuen Eindrücken und Sehenswürdigkeiten so abgelenkt, dass sie dem Kalb, das sich gierig an ihrem Euter zu schaffen machte, gar keine große Beachtung schenkte. Der kleine Stier wurde auf den Namen „Alex" getauft. Nachdem die ganze Sache so gut abgelaufen war, gönnten wir uns alle einen netten Nachmittag und sahen dann wieder nach den Rindern. Die beiden hatten soeben die Weide für sich entdeckt und rannten voller Freude auf und ab, gottlob, ohne dabei den Zaun zu beschädigen. Carmen machte richtige Bocksprünge und dabei wackelte ihr Euter so lustig hin und her, dass wir uns vor Lachen bogen.

Ich war rundum glücklich. Diese Aktion war so pannenfrei verlaufen, wie ich es mir vorgestellt hatte. Dabei hätte so viel schief gehen können, doch manchmal hat man eben Glück.

Alex und Carmen blieben fast ein ganzes Jahr zusammen. Als der Stier beinahe so groß war wie seine Ziehmutter, holte der Landwirt ihn ab, um ihn als Zuchtstier für seine Herde zu beschäftigen. Um Carmen den Abschied leichter zu machen, überließ der Bauer uns eine andere Kuh, die ein Kalb säugte. Alma und Almette zogen bei uns ein. Nun hatte ich schon drei Rinder auf meinem Pferdehof und mein Mann bekam langsam Angst, ich würde einen Milchbetrieb ins Leben rufen. Im Gegensatz zu mir war er nicht sehr glücklich über meine Kuh. Seiner Meinung nach machte sie viel zu viel Arbeit. Daher war er sofort angetan, als der Landwirt, dem Alma und Almette gehörten, anbot, Carmen als Mutterkuh auf seiner Weide zu halten.

Ich sah schließlich ein, dass wir für eine Rinderhaltung auf längere Zeit nicht ausgerüstet waren.

Im Prinzip hatte ich ja meinen Plan durchgesetzt: Carmen durfte leben.

Sie fügte sich in der Mutterkuhherde bestens ein und bekam nach einem Jahr ein Kalb – das erste, das sie selber aufziehen durfte, nachdem ihr ihre vorher geborenen Kälber gleich nach der Geburt weggenommen worden waren. Alleine dafür war es wert, für Carmen zu kämpfen. Wenn ich sehe, wie glücklich sie mit ihrem Nachwuchs ist, hat sich das alles wirklich gelohnt.

Erst letzte Woche haben die netten Leute, von denen ich sie bekommen habe, sich nach meinem und ihrem Befinden erkundigt. Wir halten immer noch Kontakt und immer wieder versichern mir die beiden ihre Dankbarkeit für meine Hilfe damals. Ich freue mich, wenn die Leute meine Hilfe zu schätzen wissen. Da macht die Arbeit, auch wenn sie manchmal schwer ist, richtig Spaß.

55...Nachwuchs

Anfang März 2013, als unsere Dicke das vierte Lebensjahr vollendet hatte, wurde sie wieder einmal läufig und mir kam die Idee, sie zur Hundemama zu machen. Nachdem sie sich nun jahrelang um die Aufzucht und Bemutterung sämtlicher Kleintiere gekümmert hatte, wollte ich ihr einen eigenen Wurf gewähren, um den sie sich sorgen konnte.

Einen weiteren Grund für meinen Entschluss lieferte ein riesengroßer, bildhübscher Doggenrüde in unserem Bekanntenkreis. Ihn wollte ich als Vater für unsere zukünftigen Welpen haben. Die Dicke war wohl eben so angetan wie ich, denn kaum hatte er zusammen mit seinem Herrchen unser Grundstück betreten, bemühte sie sich um den gutaussehenden Jüngling.

Die beiden spielten eine Weile und untersuchten das Grundstück nach allem Möglichen. Das war offensichtlich Liebe auf den ersten Blick.

Die beiden entzogen sich Schritt um Schritt unseren Beobachtungen, um ungestört ihren Deckakt zu vollziehen. Ohne unser weiteres Zutun vergnügten die beiden Hunde sich den Nachmittag über und wurden in Windeseile beste Freunde.

Als nach der ersten Untersuchung einen Monat später die Schwangerschaft bestätigt wurde, war die Freude groß. Nun hatte ich nur noch die Hoffnung, dass die Geburt reibungslos verlaufen würde und die Anzahl der Welpen sich in Grenzen hielt. (Vielleicht gab es nur *einen*, den wir behalten wollten).

Zur gleichen Zeit sah unsere dreifarbige Glückskatze „Emily" Mutterfreuden entgegen und auch Gretel, unser schwarzes Schaf, schickte sich an, im Frühjahr wieder ein Lamm zu bekommen. Das waren drei Geburten, auf die wir uns sehr freuten. Allerdings sollte Emily im Anschluss sterilisiert werden. Nachdem sich unsere Katzenarmee im Laufe von fast dreißig Jahren von über 40 auf gerade mal fünf reduziert hatte, wollten wir auf dem eigenen Hof keine Massenzucht betreiben. Es gab ohnehin immer wieder Katzen, die aus den unterschiedlichsten Gründen heimatlos wurden. An dieser Stelle möchte ich anmerken, dass ich in diesem Buch unsere Katzen nur sporadisch erwähnt habe. Eine ausführliche Beschreibung aller würde ein weiteres Buch füllen, also verzeihen Sie die Vernachlässigung.

Die erste, die uns dann mit ihrem Nachwuchs beehrte, war Emily. Allerdings gab es bei der Geburt eine unvorhergesehene Komplikation. Der kleine Kater kam mit dem Hinterteil voran zur Welt und so musste ich nachhelfen, damit er nicht erstickte. Wir warteten gespannt auf die Fortsetzung, die jedoch ausblieb; „Emil" blieb ein Einzelkind.

Am nächsten Tag, zwei Tage nach dem errechneten Geburtstermin (wir saßen alle schon auf heißen Kohlen) machte sich dann unsere Dicke bereit für ihren Wurf. Sie begab sich in den Korb, den wir eigens für dieses Ereignis vorbereitet hatten und gebar ihren ersten Welpen. Ich weiß wohl, dass man die Hündin dabei in Ruhe lassen soll, aber ich glaube, in unserem Fall war es besser, ich saß daneben. Die Dicke ist so sehr auf mich fixiert, dass allein meine Anwesenheit sie bei allen Dingen unglaublich beruhigt.

Sie leckte den Welpen sauber und als er dann mit Erfolg zur Milchquelle robbte, sah ich, dass es sich um einen Rüden handelte, der die gleiche mausgraue Färbung hatte, wie seinerzeit unser Barry. Allerdings zeichneten sich im Grau unregelmäßige schwarze Flecken ab. Er war wunderschön und ich dachte: Das ist der, den ich behalten werde, sollten da noch mehr kommen.

Eine halbe Stunde lang geschah nichts mehr, dann purzelte plötzlich ein schwarzer Welpe daher, ebenfalls ein Rüde, den seine Mutter mit der gleichen Intensität behandelte wie seinen Vorgänger. Kaum war er versorgt, folgte eine schwarz-weiß gefleckte Schwester, danach war wieder Funkstille. Nach einer Stunde war ich der Meinung, der Geburtsvorgang sei nun abgeschlossen und freute mich an den drei properen Welpen, die zufrieden am Bauch ihrer Mutter lagen. Um der kleinen Familie etwas Ruhe und mir eine Tasse Kaffee zu gönnen, ging ich in die Küche. Als ich mit meiner Kaffeetasse zurück ins Wohnzimmer ging, sah ich zu meiner Überraschung einen vierten Welpen im Korb. Ich traute meinen Augen nicht. Da lag wirklich und wahrhaftig ein rotbrauner Rüde. Die Farbe stach förmlich ins Auge, damit hatte ich in meinen kühnsten Träumen nicht gerechnet. Bei zwei schwarz-weiß gefleckten Elterntieren erwartet man von weiß bis schwarz alles, nur kein rotbraun. Der außergewöhnliche kleine Kerl faszinierte mich von der ersten Sekunde an und ich begann, dem Erstgeborenen Abbitte zu leisten, wenn nicht er es sein würde, der bei uns blieb.

Den krönenden Abschluss bildete dann eine gelb-weiße Hündin, danach war endgültig Schluss mit der Entbindung. Ich wurde gar nicht fertig damit, die Dicke zu loben. Das hatte sie wirklich sehr gut gemacht. Im Körbchen lagen fünf völlig verschiedenfarbige Welpen, einer schöner als der andere, ein Bild wie aus einem Malkasten. Ich verschickte die ersten Nachrichten per SMS an Freunde und Bekannte, die ebenso erstaunt über den bunten Wurf waren wie ich.

Drei Tage später kamen Herrchen und Frauchen vom Vater der Welpen, und waren von dem bildhübschen Nachwuchs ebenso begeistert wie wir. Die Dicke gab sich alle Mühe und war, wie erwartet, eine vorbildliche Mutter. In den ersten zwei Wochen durfte kein anderer Hund sich dem Korb nähern, jedem wurde durch drohendes Knurren unmissverständlich klar gelegt, dass hier keiner was zu suchen hatte. Freunde und Bekannte hingegen durften die kleine Familie bestaunen und sogar anfassen. Die Welpen gediehen prächtig und verdoppelten jede Woche ihr Gewicht. Nach drei Wochen machte die Dicke, die in der ersten Woche den Korb kaum verlassen hatte, sich rar. Zufüttern war angesagt. Ich kochte Fleisch und jagte es durch den Mixer, um die fünfköpfige Bande bei Laune zu halten. Sie hatten praktisch ständig Hunger und machten sich gierig über alles her, was ich ihnen auftischte. Griesbrei gehörte zu ihrem Lieblingsgericht, ebenso wie Hackfleisch mit Reis. Nach der fünften Woche kam die Hundemama nur noch selten zum Säugen vorbei, vielmehr nahm sie sofort Reißaus, wenn die Welpen sie bedrängten.

Nun war auch die Zeit gekommen, für vier der Hundekinder ein neues Zuhause zu finden. „Josef", mein rotbraunes Sonderexemplar fand viel Anklang bei den Besichtigungen durch die potentiellen, neuen Besitzer, stand aber nicht zur Abgabe zur Verfügung. Nachdem ich ihn allein schon wegen der tollen Farbe auserkoren hatte, zeigte er im Laufe der Wochen, dass er obendrein der Intelligenteste und Ruhigste unter seinen Geschwistern war. Er spielte gern mit Josie, der braun-weißen Hündin, deren Gemüt seinem am Nächsten kam.

Joanna, die schwarz-weiß Gefleckte hatte das übersprudelndste Temperament von allen. Mit ihrer Ausdauer konnten nicht einmal die anderen beiden lebhaften Rüden mithalten. Sie war auch die erste, die sich im Knurren übte, wenn ihr etwas nicht geheuer schien.

Dean, schwarz wie die Nacht und unheimlich schnell im Wuchs, ließ schon beizeiten den Ansatz der perfekten Dogge erkennen. Sam, der Graue, stand ihm in nichts nach und fand ebenfalls sehr viel Anklang durch seine außergewöhnliche Fellzeichnung.

Der erste, der uns nach neun Wochen verließ, war Dean. Ich war todtraurig, hatte aber bei der Auswahl seines neuen Frauchens ein sehr gutes Gefühl und so fiel mir der Abschied nicht ganz so schwer. In den nächsten vier Tagen wurden Sam und Joanna von ihren neuen Besitzern abgeholt. Am Boden zerstört schwor ich, die restlichen beiden Hunde zu behalten. Die kleine Josie mit ihren treuen Augen und dem ruhigen, verständigen Wesen war mir neben Josef so sehr ans Herz gewachsen, dass ich sie nicht mehr hergeben mochte.

Eine Woche später rief mich eine Frau an, die schon am Telefon große Sympathie bei mir erweckte. Sie wollte einen Welpen für ihre zwölfjährige Tochter. Nach einem langen Gespräch, in dem ich ihr erklärte, dass Josie wegen ihrer Sensibilität und Intelligenz in sehr verantwortungsvolle Hände gehörte, vereinbarten wir einen Besichtigungstermin.

Die ganze Familie kam, um den Welpen kennenzulernen und ich war hingerissen von soviel Tierliebe und Hundeverstand. Hier wusste ich nun auch Josie gut aufgehoben und trotz aller Tränen, die ich um jedes einzelne Hundekind vergoss, war ich überzeugt, ihnen die besten Familien, die es für sie gab, ausgesucht zu haben. Bei Sam, dem Grauen, hatte ich sogar das Glück, die Besitzerin näher kennenzulernen. In den folgenden Wochen und Monaten besuchte sie uns des Öfteren, so dass ich mich von seiner ausgezeichneten Entwicklung mit eigenen Augen überzeugen konnte. Josef und er waren natürlich jedes Mal begeistert, wenn sie zusammen auf dem Hof herumtollen durften. Die Dicke war meist am Anfang mit von der Partie, später wurde es ihr dann zu heftig und sie zog sich auf ihre Couch zurück. Für sie war das Kapitel „Welpen" abgeschlossen und nur einige wenige Male wirkte sie erzieherisch auf die beiden Lümmel ein, wenn sie es gar zu bunt trieben.

Mittlerweile hat Sam mit fast acht Monaten eine Schulterhöhe von 78 Zentimetern erreicht und wiegt 48 Kilogramm. Josef ist sieben Zentimeter kleiner und wiegt 43 Kilogramm. Von Deans Frauchen habe ich zu Weihnachten eine Karte erhalten, auf der sie mit ihrem lackschwarzen Traumhund abgebildet ist. Die beiden sehen toll aus.

Ich freue mich immer wahnsinnig, wenn ich von „meinen" Hundekindern höre und sehe. Trotz all der erfreulichen Entwicklungen möchte ich nie im Leben Hunde züchten. Ich glaube, ich würde eines Tages an gebrochenem Herzen sterben und ich muss sagen, die Hundemütter verarbeiten den Abschied immer wesentlich besser als ich. Andererseits bin ich fast dazu gezwungen, mir meinen Nachwuchs an „Berner Doggen" selbst zu züchten, weil ich in all den Jahrzehnten, in denen ich anderswo nach diesen Hunden Ausschau hielt, nicht fündig geworden bin.

Den krönenden Abschluss als Nachwuchs des Jahres 2013 bildete dann unser „Willi", Sohn von Xaver und Gretel, den Quessant-Schafen. Obwohl ich zunächst ein wenig enttäuscht war (ich wollte gern ein schwarzes Mädchen), verliebte ich mich natürlich sofort in das weiße Lämmchen, das, wie ein Jahr zuvor sein Bruder Franzl, kaum größer als ein Kaninchen war. Doch mit dem kleinen Willi-Schaf hatte ich kurze Zeit später, als er so richtig gut laufen und springen konnte, viel mehr Ärger als ich mir hätte träumen lassen. Ständig kroch er unter dem Zaun hindurch und lief, ungeachtet der lauten Schreie seiner Mutter, auf die Pferdeweide.

Irgendwann hielt Gretel es dann nicht mehr aus vor Sorge und überwand nun ihrerseits den Zaun, indem sie sich so lange und fest dagegen warf, bis er völlig zerstört war. Xaver und Franzl folgten natürlich und irgendwann lief die ganze Herde, gefolgt von den neugierigen Pferden, Richtung Nachbar, wo ich sie dann wieder abholen musste. Ich weiß nicht, wie viele Male ich den Zaun repariert und die fünfhundert Meter hin und her zurück gelegt habe. Es war auf alle Fälle nervenaufreibend, ständig die Schafe heimzuholen. Als es mir dann irgendwann gelang, den Zaun so abzudichten, dass auch der kleine Frechdachs nicht mehr unten durch kriechen konnte, kam er auf die Idee, den Kopf durch die Gitter zu stecken, wo er dann wieder befreit werden musste – fünfundzwanzig Mal die Stunde, vierundzwanzig Stunden am Tag. Ich war wirklich manchmal am Ende mit meinen Nerven und wünschte mir, er möge schnell wachsen, damit sein Kopf nicht mehr durchs Gitter passte.

Nach drei Monaten besuchte uns ein ehemaliger Arbeitskollege meines Mannes, der schon in Rente ist. Er hat sich ein kleines Grundstück mit einem Teich angemietet, auf dem er sich Enten, Kaninchen und einige Kamerunschafe hält. Von Willi war er auf Anhieb so begeistert, dass er mich bat, ihn ihm den Sommer über zu „leihen". Im Winter sollten seine beiden Kamerunschafe geschlachtet werden und damit Willi nicht alleine bleiben musste, wollte er ihn im Herbst zurückbringen.

Nie vergesse ich das Geschrei von Gretel, als ihr jüngster Sohn den Hof verließ. Und obwohl ich das nie für möglich gehalten hätte – als er Ende Oktober zurückgebracht wurde, hat sie ihn sofort wiedererkannt. Mit ihm ist noch ein anderes Schaf gekommen – doch das ist eine andere Geschichte.

Manchmal kommt es vor, dass Willi seinen besten Freund vermisst und er dann ebenfalls laut blökend vor der Tür steht.

56. Pauli

Dieser Kamerun-Schafbock hat uns gerade noch gefehlt. Er wurde mit der Flasche aufgezogen und ich denke, daher fühlt er sich nicht wie ein Schaf, sondern eher wie ein Mensch. Während die anderen vier Schafe hübsch auf der Weide grasen, versucht Pauli ständig, ins Haus zu gelangen. Den halben Tag verbringt er vor der Haustür und wartet auf jemanden, der sie öffnet.

Hat er es erst einmal geschafft, in den Flur zu gelangen, wird man ihn ganz schwer wieder los. Alles muss auf Fressbarkeit untersucht werden. Von der Holzkiste bis zum Schuhschrank ist nichts vor ihm sicher. Wenn er dann zur Krönung noch den Weg in die Küche findet, steht er sofort vor dem Schrank mit dem Brot. Nur mit gutem Zureden und einer Brotscheibe kann man ihn von hier wieder nach draußen locken.

Manchmal kommt es vor, dass Willi plötzlich seinen besten Freund vermisst und dann mitunter ebenfalls laut blökend vor der Tür steht. Die beiden treiben sich öfters auf dem Hof herum und sind völlig harmlos. Leider gibt es Leute, die eine geradezu panische Angst bekommen, wenn sie die beiden freilaufenden Schafböcke entdecken.

Letzte Woche zum Beispiel wurde ein Paket für meine Tochter per UPS geliefert. Der nichtsahnende Herr stieg aus dem Wagen, schnappte sich das Päckchen und eilte auf die Haustür zu. Dort stand wieder einmal Pauli und wartete auf einen Türöffner. Voller Freude sah er den netten Herrn, der obendrein einen Karton in Händen hielt, der bestimmt randvoll mit Schafsfutter war. Pauli rannte in freudiger Erwartung auf den Paketboten zu und rief laut: „Bääh, bääh". Übersetzt heißt das: „Her mit meinem Futter und dann mach die Tür auf, damit ich rein kann." Leider interpretierte der nette Herr, der kein „Schafsdeutsch" sprach, Paulis gut gemeinte Annäherung als Attacke und trat eilig den Rückzug an. Zuerst entfernte er sich langsam im Rückwärtsgang, dann drehte er sich um und lief überhastet zu seinem rettenden Fahrzeug. Ein dummer Zufall wollte es, dass er ausgerechnet wenige Meter davor über Willi fiel, der seinerseits auf der Suche nach seinem Freund Pauli umherirrte. Dieser hatte den UPS-Fahrer schon längst abgeschrieben, vielmehr war er am Inhalt des Kartons interessiert, den der Flüchtende in seiner Not weit von sich geschleudert hatte.

Die Schuld an der ganzen Misere wurde natürlich wieder meinen Schafen angelastet, obwohl sie letztendlich überhaupt nichts dafür konnten. Solche und ähnliche Dinge passieren beinahe täglich bei uns. Mehrmals am Tag sieht man auch Pferdebesitzer, die ihrem Liebling einen Eimer voller Kraftfutter bringen möchten, kopflos davonstürzen, gefolgt von Pauli. Manchmal hat er Glück und der Eimer wird davongeschleudert. Eifrig macht er sich dann sofort über den Inhalt her und mir scheint, er grinst dabei übers ganze Gesicht.

Pauli wird wohl noch für viel Aufregung sorgen, in welcher Weise erfahren Sie aber im nächsten Teil meines Buches, denn nun sind wir in der Gegenwart angelangt. Hier, liebe Leser, endet der erste Teil meiner Tiergeschichten. Im zweiten Teil befinden wir uns dann im Hier und Heute. Sofern meine Zeit es erlaubt, werde ich tagebuchartig die neuesten Vorkommnisse mit meinen Tieren schildern. Langweilig wird es bei uns nie – im Gegenteil, manchmal täte mir ein wenig Langeweile ganz gut. Ich werde ja nicht jünger und vieles, was ich früher mit einem Lächeln weggesteckt habe, bereitet mir heutzutage schlaflose Nächte.

Manchmal ärgere ich mich über mich selbst, weil ich halt gar nie „Nein" sagen kann und immer wieder neue Tiere bei uns aufnehme, obwohl das finanziell eine Gradwanderung für die ganze Familie bedeutet. Vielleicht neigt man mit zunehmendem Alter auch zum Jammern. Trotzdem würde ich keines der mir anvertrauten Tiere weggeben wollen, ich hab sie ja alle so lieb.

Zum Abschluss dieses ersten Teils möchte ich Ihnen noch einen Text aus dem Lied von Milva mit auf den Weg geben, der mich immer davon überzeugt hat, dass es außer mir doch ein paar Menschen geben muss, die auch so sind:

Du hast ein beneidenswertes Naturell,

Du bist hart im Nehmen und vergisst sehr schnell.

Hätte ich doch auch nur so ein dickes Fell,

Du hast es gut!

Das was Du nicht sehen willst, das siehst Du nicht,

Darum kommst Du auch nie aus dem Gleichgewicht.

Du bist keiner, der sich seinen Kopf zerbricht,

Du hast es gut!

Hast Du`s gut!

Durch Deine Art

Bleibt Dir so mancher Kummer erspart.

Geht mein Gemüt mir auch gegen den Strich –

Du hast vom Glück nur halb so viel wie ich.

Mit diesem Text habe ich mich, als ich ihn zum ersten Mal hörte, irgendwie identifiziert und in gewisser Weise auch getröstet. Die Tatsache, dass jemand diese Worte aufschreibt, beweist mir, dass es noch mehr Idioten auf der Welt gibt, die sich alles, was Tiere und die Umwelt anbelangt, so zu Herzen nehmen wie ich. Ich würde mich freuen, Sie auch für den zweiten Teil meiner Erzählungen zu begeistern. Wenn nicht, so verabschiede ich mich an dieser Stelle recht herzlich von Ihnen und bedanke mich für die Zeit, die Sie mir und meinem Buch geschenkt haben.

Ihre Lena Bach

Danksagung

Hiermit möchte ich all den lieben Menschen danken, die uns seit vielen Jahren auf unserem Weg begleiten.

Mit diesem Buch mache ich meine Geschichte unsterblich. All die Tiere, die schon gegangen sind, werden ohnehin für immer in meinem Herzen sein, doch sie zu Papier zu bringen, ist doch etwas anderes.

Danken möchte ich auch Ihnen, liebe Leser, dass Sie sich für den Kauf meines Buches entschieden haben, denn ich kann Ihnen versichern, dass der Ertrag des Buchverkaufs wieder den leidenden Tieren zu Gute kommt.

Übersicht der mitwirkenden Tiere

01.................................Munkel und andere Tiere
02.................................Prinz
03.................................Hansi
04.................................Schweine, Ziegen und Bella
05.................................Hasso
06.................................Anka I
07.................................Noch einmal Bella
08.................................Ein böser Traum
09.................................Nachwuchs
10.................................Hausbau
11.................................Ein Abschied
12.................................Susi
13.................................Donna
14.................................Bär-Bär
15.................................Apollo I
16.................................Susi und Apollo
17.................................Ein Schock
18.................................Barry
19.................................Barry und Lisa
20.................................Whisky
21.................................Gabi und Resi
22.................................Jolanthe
23.................................Moonshadow
24.................................Apollo II
25.................................Vier Sorgenkinder
26.................................Barry und die Beule
27.................................Allgemeine Weisheiten
28.................................Goliath

29………………………………….Kiara
30………………………………….Django
31………………………………….Anton, der Verfressene
32………………………………….Walter
33………………………………….Molly
34………………………………….Whisky und Brandy
35………………………………….Max
36………………………………….Trixi I
37………………………………….Blizzard
38………………………………….Wendy
39………………………………….Teddy
40………………………………….Lucy
41………………………………….Alina
42………………………………….Anka II
43………………………………….Ria
44………………………………….Dicke
45………………………………….Baby
46………………………………….Von Kühen und Menschen
47………………………………….Machtlos
48………………………………….Turbo
49………………………………….Mary und Frieda
50………………………………….Xaver und Gretel
51………………………………….Ein Jahr voller Abschiede
52………………………………….Gina
53………………………………….Trixi II
54………………………………….Carmen
56………………………………….Nachwuchs
57………………………………….Pauli